드링킹
그 치명적 유혹

드링킹
그 치명적 유혹

혼술에서 중독까지,
결핍과 갈망을 품은 술의 맨얼굴

캐롤라인 냅 지음 | 고정아 옮김

나무처럼
Namubooks

어머니 진 냅과 아버지 피터 냅에게는 사랑을,
레베카와 모렐리에게는 감사를.

Contents

요약해서 말하자면 이런 식이다. 나는 사랑에 빠졌지만, 그 사랑
이 내가 아끼던 모든 것을 망쳐버린 탓에 결국 헤어졌다. 물론 이
런 일이 쉽거나 간단하게 이루어진 것은 아니다. 정밀하게 살펴보
자면, 우리의 관계는 내가 친구의 두 딸을 죽일 뻔했던 아찔한 순
간부터 어긋나기 시작했다.

몇 년 전 추수감사절에 나는 오랜 친구 제니퍼의 집에 들렀다.
저녁을 먹고서 제니퍼의 가족과 함께 산책하러 나갔다. 제니퍼의
두 딸은 다섯 살과 아홉 살이었다. 주근깨가 총총 박힌 얼굴에 예
쁜 웃음이 넘쳐나는 푸른 눈의 귀여운 아이들이었다. 나는 난폭한
엄마 친구가 되어 아이들을 쫓고 들어 올리고 하다가, 갑자기 엉뚱
한 기분에 사로잡혀 캥거루와 코알라 흉내를 동시에 내보겠다는
생각을 품었다.

나는 두 아이 가운데 언니인 엘리자베스를 등에 업고, 동생 줄
리아를 안았다. 줄리아는 내 목을 감아 안고, 내 허리에 다리를 둘
렀다. 이렇게 50킬로그램 남짓 되는 아이들을 안고 업은 나는 달리
기 시작했다. 그리고 스포츠 캐스터가 된 것처럼 떠들어댔다.

"네, 앞뒤로 업고 달리기. 정말 멋진 묘기입니다. 앞뒤로 업고 달리기!"

그러다가 그만 중심을 잃었다. 나는 엎어져서 바닥에 고꾸라졌다. 그때 다섯 살이던 줄리아가 어떻게 그 연약한 머리를 보도에 들이박지 않을 수 있었는지 지금도 기적이라고 여긴다. 부지불식간에 아이를 내 쪽으로 확 끌어당기고 내 다리가 먼저 땅에 떨어지도록 했던 것 같다.

무릎이 바닥에 부딪히면서 폭발하는 듯한 통증이 일었다. 아이들은 무사했지만, 나는 슬개골이 보일 만큼 깊은 상처를 입고 응급실로 실려 갔다.

내가 왜 그랬던가.

그날 밤 나는 지독히 취해 있었다. 취기 속에서 아이들을 재난에 빠뜨릴 뻔한 것이다. 석 달 뒤, 나는 술을 끊었다. 그 사건은 스무 해 동안 얽혀 있던 나와 알코올의 격정적이고 난마 같던 관계를 끊는 긴 발걸음의 출발이었다.

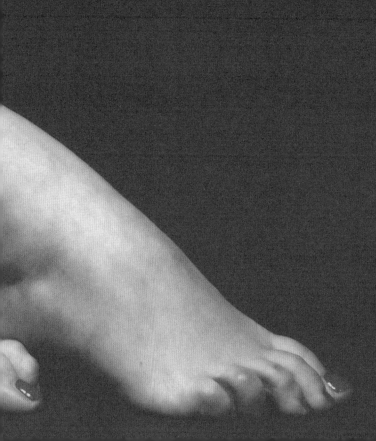

1

유
혹

I drank when I was happy
and I drank when I was anxious
and I drank when I was bored
and I drank when I was depressed.

Love

. . .

I DRANK

나는 마셨다.

리츠칼튼호텔에서 퓌메 블랑을 마시고, 회사 건너편의 칙칙한 중국 식당에서 조니워커 블랙 온더록스를 더블 샷으로 마시고, 그리고 집에서 혼자 마셨다.

나는 오랫동안 값비싼 적포도주를 마시면서 메를로의 나른하게 감기는 맛과 카베르네 소비뇽의 톡 쏘는 맛, 남프랑스산 보카스텔의 부드럽고 간결한 맛을 구별할 줄 알게 되었다. 하지만 실제로 그런 미묘한 맛의 차이 같은 것은 별로 신경 쓰지 않았다. 내게 그런 것은 부차적인 일에 불과할 뿐이었다.

술을 끊기 전, 집에는 언제나 코냑 두 병이 있었다. 한 병은 전시용으로 부엌 탁자에 보란 듯이 올려놓았고, 진짜는 낡은 토스터 옆 찬장 뒤에 잘 감춰두었다. 전시용 코냑은 상당히 합리적인 수위

감소세를 보였다. 보통 일주일에 1인치 정도. 하지만 진짜 코냑은 아주 빠르게, 때에 따라서는 며칠 가지 않아 사라졌다. 그때 나는 혼자 살았는데, 그러면서도 이런 이중 행위를 한 것은 그러지 않는 법을 몰랐기 때문이다. 합리적인 겉모습을 유지하는 것은 내게 언제나 중요했다.

나는 기뻐서 마시고, 불안해서 마시고, 지루해서 마시고, 또 우울해서 마셨다. 아버지가 돌아가시던 해에는 병석에 계신 아버지의 장식장에서 술을 훔쳐 마셨다. 그때 아버지는 집 뒤편에 있는 침실의 환자용 침대에서 지냈는데, 나는 거실에 딸린 별로 쓰지 않는 화장실 변기 뒤에 올드 그랜 대드를 감춰두고 마셨다. 술맛은 역겨웠지만(족히 15년은 묵은 것 같았다) 아무 상관 없었다. 아버지가 뇌종양으로 죽어가고 있었다. 그저 술이 필요했다.

어머니가 그 술병을 발견한 것은 아버지의 장례식 날이었다. 다른 병은 모두 치웠는데, 그것 하나만은 잊었던 모양이다. 어머니는 손님들이 쓸 거실 화장실을 청소하다가 변기 뒤에서 빈 술병을 보았다. 부엌 식탁에 앉아 있는데 어머니가 병을 들고 와서 나를 바라보았다. 말할 수 없이 깊은 실망이 담긴 눈길이었다.

나는 얼른 둘러댔다.

"그건 전에 마신 거예요."

아버지가 돌아가시기 아홉 달 전에 어머니와 약속했다. 하루에 두 잔 이상은 절대 마시지 않겠다고. 7월의 어느 일요일, 머리가 깨질 듯한 숙취를 안고 그 약속을 했다. 그때 마서스비니어드 섬에 있는 부모님의 여름 별장에 머물렀는데, 전날 술을 얼마나 마셨는지 어머니와 나란히 소파에 앉아 있는데 도무지 정신을 차릴 수 없었다. 드러내놓고 마신 건 아니었다. 30분에 한 번 정도 내 방으로 숨어들어, 가방에 숨겨둔 스카치를 조금씩 들이켰다.

그날 밤, 입만 열면 혀가 꼬이고, 눈꺼풀이 천근은 되는 듯 무거워서 눈에 있는 대로 힘을 주고 있던 일이 어렴풋이 기억난다. 평소에 나는 그보다는 신중한 편이었다. 취기를 맛보되 지나치게 취하지 않도록 주의하고, 본격적인 술 사냥은 사람들이 모두 잠든 깊은 밤을 택했다. 하지만 그때는 단속의 나사가 잠시 풀려, 어머니에게 들키고 만 것이다.

다음날 어머니는 함께 해변을 산책하자고 했다. 어머니는 여간한 일로는 따로 대화를 청하는 분이 아니었다. 7월 중순의 밝은 아침은 바람이 제법 세찼고, 햇볕이 따가웠다. 나는 두려움과 죄책감으로 가슴이 조였다. 제발 어머니가 매우 화내지 않기를 마음으로 빌고 또 빌었다. 우리는 집에서 나와 언덕 아래 메넴샤 연못으로 이어지는 흙길을 한동안 말없이 걸었다.

마침내 어머니가 입을 열었다.

"너한테 말을 안 할 수가 없구나. 네 술 문제 말이다."

"알아요."

나는 모래 위를 걷는 두 발에 시선을 고정했다. 고개를 들면 내가 그토록 외면하는 진실에 부닥칠까 봐 두려웠다.

나는 조용히 덧붙였다.

"저도 걱정돼요."

어머니의 말투는 걱정에 싸여 있을 뿐 분노는 느껴지지 않았다.

그래서 나도 인정하지 않을 수 없었다.

잠시 더 걷고서 어머니가 말했다.

"그것은 아주 위험해. 담배보다도 더."

어머니는 말할 때 단어 하나하나를 극도로 신중하게 고르는 분이다. 그러므로 나는 '술은 담배보다도 위험하다'는 어머니의 말에 담긴 의미를 충분히 이해할 수 있었다.

담배는 암을 일으킨다. 암은 지금 아버지를 죽음의 병상에 뉘었을 뿐 아니라, 외가 쪽 친척 몇 명을 데려갔고, 머잖아 어머니 또한 쓰러뜨린 병이다. 어머니가 음주가 흡연보다 위험하다고 한 것은 담배는 몸을 망가뜨릴 뿐이지만, 술은 내 정신과 미래까지도 망칠 수 있기 때문이다. 암이 인체의 뼈와 피, 조직을 살금살금 파고들어 마침내 생명을 끊어놓듯이, 술은 내 인생을 부식해버릴 수 있다.

"정말로 위험해."

어머니가 말했다.

"알아요."

나는 계속 고개를 떨어뜨린 채 말했다.

그것은 진심이었다, 적어도 그 순간에는. 진성 알코올 중독자들도 때로는 이성의 불빛 아래 명징하게 깨닫는다. 알코올이 문제의 핵심이라는 것을. 그것이 아교처럼 신체 내부에 엉겨 붙어 우리를 꼼짝 못 하게 만든다는 것을.

연못은 잔물결들로 아름답게 반짝거렸고, 해변에서 휩쓸려온 모래들은 연못 가장자리에서 황톳빛 흙으로 바뀌었다. 그 순간만큼은 똑똑히 알 수 있었다. 나는 서른세 살이었고, 술을 지나치게 마셨으며, 사는 것이 온통 엉망이었다. 그리고 이 세 가지 사실은 별개의 것일 수 없었다.

어머니는 천성이 부드러운 분이었다.

"내가 도울 길은 없겠니? 널 도울 수 있다면 무슨 일이든 하마."

그때 약속한 것이다. 나는 어머니의 눈을 바라볼 수 없어 연못 너머로 눈길을 던지며 말했다.

"모르겠어요. 나도 가만있으면 안 된다는 건 알아요."

그러면서 나는 알코홀릭 어나니머스 (Alcoholic Anonymous : 알코올 중독자 재활단체. 약칭은 AA)를 알아보겠다고 말했다.

"조금씩 줄일게요. 하루에 두 잔 이상은 절대 안 마실게요."

그것은 진심이었다. 그날 오후 나는 보스턴으로 돌아가려고 마서스비니어드 섬에서 우즈홀까지 가는 여객선을 탔다. 배를 타고 가는 동안 가벼운 구토감이 일었고, 머리는 전날 마신 술 탓에 여전히 지끈거렸다.

맥주 생각이 났다. 이 두통을 달래줄 맥주 한 잔.

나는 몇 분 동안 이 일을 두고 혼자서 씨름했다. 술을 안 마시고 하루, 단 하루 정도는 버틸 수 있어야 하지 않겠는가? 우즈홀에 도착하면 보스턴까지 다시 한 시간 반을 가야 했다. 하늘은 맑고, 늦은 오후의 빛이 강렬했으며, 선글라스를 낀 승객들은 커다란 일회용 컵에 버드와이저나 미켈럽을 담아 들고 갑판의 천 의자에 늘어져 있었다.

결국 나는 맥주를 마셨다. 그러고서 집에 돌아와 저녁을 먹으며

포도주를 조금 마셨다. 정말 조금이었다. 두 잔이었지만 작은 잔이었으므로 나는 그걸 한 잔이라고 여겼다. 그때 이후로 어머니 앞에서는 극도로 조심했다. 어머니 눈앞에서 술을 두 잔 이상 마시지 않으려고, 술 취한 채로 어머니에게 전화하지 않으려고. 그러나 나는 약속을 지키지 못했다.

원래 그런 법이다. 진성 알코올 중독자들은 시도하고 또 실패한다. 약속하고, 약속을 지키려고 진심으로 노력하고, 우리에게 그럴 능력이 없다는 사실을 끝까지 외면하고, 석 잔, 아니 네 잔, 다섯 잔째 술을 마시기 위한 변명을 끊임없이 만들어낸다.

'오늘만이야. 오늘은 너무 힘들었어. 위로가 필요해. 내일부터는 잘할 거야.'

어머니와 해변을 산책하고 몇 주일이 지나, 책을 읽다가 알코올 중독 여부를 알아보는 자가 테스트를 했다. 그 테스트는 주량을 설정해 놓으라고 했다. 여섯 달 동안 하루에 꼭 석 잔, 그 이상도 그 이하도 안 된다. 어떤 상황에서도 예외는 없다. 누군가 죽어도 석 잔 이상은 안 된다. 직장에서 해고돼도 석 잔뿐이다. 결혼식, 장례식, 축하 모임, 갑작스러운 불행, 어떤 것을 막론하고.

나는 그 테스트를 몇 번이나 해봤는지 헤아릴 수 없을 정도다. 족히 수십 번은 될 것이다. 뻔히 알면서도 규칙을 어기고 네 번째 잔을 마시거나, 커다란 잔에 술을 따라서 형식적으로는 석 잔이라도 실제로는 여섯 잔을 마신 일을 일일이 헤아리지 못한다.

그럴 수 없었다.

알코올은 내게 너무도 중요한 존재가 되어 있었다. 술을 끊기 마지막 시기에 이르렀을 때, 인생을 통틀어 내게 그보다 중요한 관계는 없었다.

그러므로 이 이야기는 러브스토리다.

열정에 대한 이야기고, 감각적 쾌락과 깊은 흡인력, 욕망과 두려움, 타오르는 갈망에 관한 이야기다. 그 강렬함으로 온몸과 마음을 마비시키는 결핍에 관한 이야기다. 도저히 이별을 상상할 수 없는 상대와 작별을 나누는 이야기다.

나는 술 마시는 느낌을 사랑했고, 세상을 일그러뜨리는 그 특별한 힘을 사랑했고, 정신의 초점을 나 자신의 감정에 대한 고통스러운 자의식에서 덜 고통스러운 어떤 것들로 옮겨놓는 그 능력을 사랑했다. 나는 술이 내는 소리도 사랑했다. 와인 병에서 코르크가 뽑히는 소리, 술을 따를 때 찰랑거리는 소리, 유리잔 속에서 얼음이 부딪히는 소리. 술 마시는 분위기도 좋아했다. 술잔을 부딪치며 나누는 우정과 온기, 편안하게 한데 녹아드는 기분, 마음에 솟아나는 용기.

우리의 첫 만남은 별로 극적이지 않았다. 첫눈에 반한 사이는 아니었다. 처음 술을 마셨을 때 느낌이 어땠는지 기억나지 않는다. 우리는 오랜 세월을 두고 헤어짐과 만남을 반복하면서 천천히 굳어진 사이다. 막연히 품고 있던 좋은 감정이 어느 순간 열렬한 집착으로 돌변한 경험이 있는 사람은 내 말의 의미를 이해할 수 있을 것이다. 처음에 그것은 마음 한구석을 조그맣게 차지하고 있을 뿐이었다. 그러다 어느 날 문득 돌아보면 우리의 관계는 일변해 있었고, 전과 같은 관계로 돌아갈 길은 없어지고 만다. 그것은 내게 너무 간절해지고, 내 인생의 확고한 중심이 되어 갔다.

나는 예전에 일레인이란 이웃 여자와 함께 술을 마셨다. 그때 나는 20대였고, 일레인은 40대 후반의 이혼녀였다. 당시 그녀는 유부남과 연애를 했는데, 일레인에게 그 남자는 포기할 수 없는 남자였다. 일레인은 술을 많이 마셨다. 나보다도 많이 마셨다. 특히 그 유부남과 관계가 휘청거릴 때면 통음痛飲을 했다. 그리고 그런 일은 거의 일상이었다.

일레인은 맥주와 보드카를 마셨다. 그녀는 괴로운 밤이면 내게 전화를 걸어 함께 술을 마시자고 했다. 맥주로 말미암아 그녀는 비만이 되었고, 보드카 탓에 흐느적거렸다. 그녀가 소파에 앉아 술병을 부둥켜안고 울면, 그녀의 얼굴은 눈물과 마스카라로 엉망이 되었다. 그런 그녀 앞에 앉아 있으면 막막한 심정에 사로잡히는 일이 많았다.

물론 나는 그녀의 이야기를 공감하며 들었고, 같은 여자로서 할 수 있는 각종 위로와 조언을 해주었다. 하지만 마음속으로는 그녀의 비참한 인생에 대한 안쓰러움과 그런 비참함을 적극적으로 조장한 알코올의 역할에 고개를 절레절레 흔들었다. 술은 그녀의 집착을 부채질했고, 그녀의 눈물을 부채질했으며, 그녀의 절망감과 무기력을 훨훨 부채질했다.

하지만 내 마음속의 작은(하지만 세월이 지나면서 점점 커진) 일부는 은밀한 안도감을 느꼈다.

'술주정은 추한 일이야. 그 주정뱅이가 여자라면 더욱.'

그녀와 나를 비교하면 우월감과 안도감이 밀려왔다.

'나는 저 정도로 심하진 않아. 절대 저 정도는 아니지.'

그것은 사실이었다. 나는 그 정도로 심하지는 않았다. 내게는 많은 자제의 규율이 있었다. 아침에는 마시지 않았고, 직장에서도 될 수 있으면 술을 피했다. 이따금 마시는 미모사나 주말 오전의 블러디 메리 한 잔 정도, 오후 일정이 빡빡하지 않을 때 점심에 곁들이는 백포도주 한두 잔, 가끔 직장 동료와 함께 회사 건너편 바에서 가볍게 기울이는 위스키 정도가 예외일 뿐이었다. 그밖에는 언제나 규칙을 지켰다.

오랫동안 나는 규칙 같은 것이 필요하지도 않았다. 술은 늘 가까운 곳에 준비되어 있었다. 음식이 냉장고에 있고 얼음이 냉동실에 있듯이, 술도 그렇게 곁에 있었다.

고등학교 시절, 파티에 가면 데님 재킷에 코듀로이 바지 차림의 남자들이 맥주를 상자째 날라왔다. 그 시절 우리 집 거실 왼쪽의 장식장에는 스카치와 진이 있었고, 그 술들은 오후 3~4시 이른바 칵테일 타임이 되면 자연스럽게 술잔에 담겨 나왔다. 나는 그 술병들이 비는 것도, 새로 채워지는 것도 본 적이 없다. 그 술들은 그냥 거기 있었다.

대학 시절은 말할 것도 없다. 기숙사 방에 놓인 작은 냉장고에, 파티장의 술통에, 술집 탁자에 놓인 차가운 생맥주잔에, 어디나 술이 있었다. 그렇게 해서 내가 대학을 마칠 무렵, 그러니까 원하는 때 원하는 만큼 술을 사고 마실 수 있는 자유가 생긴 무렵에는 술 마시는 일이 숨을 쉬는 것만큼이나 자연스러워졌다. 그것은 사교 생활의 관행이자 일상의 작은 즐거움이었다.

지금도 나는 때때로 거울을 보며 생각한다.

'그런데 뭐가 문제였지?'

내 이력은 모범 시민이나 촉망받는 젊은이의 것이지, 술주정뱅이의 것이 아니었다. 교육과 학문의 도시 케임브리지가 고향으로, 집은 하버드 대학 근처다. 학력은 아이비리그의 명문 브라운 대학 81년 졸업으로, 마그나 쿰 라우데(우등 졸업)이다. 부모는 저명한 정신분석가 아버지와 예술가 어머니, 두 분 모두 헌신적이며 통찰력과 지성을 고루 갖췄다.

다시 말해서 나는 안정적인 상류층 가정의 모범 자녀였다. 나는 거울을 보며 생각한다.

'그런데 뭐가 문제였지?'

물론 간단한 답은 없다. 알코올 중독자가 되는 과정을 묘사하는 것은 공기를 묘사하는 것과 비슷할지 모른다. 단정적으로 표현하기에는 너무 크고 오묘하고 곳곳에 편재해 있다. 인생의 모든 굽이에 알코올이 있다. 그래서 언제나 그 존재를 느끼면서도 느끼지 못한다. 우리가 아는 사실은 하나, 알코올이 없으면 죽을 것 같다는 느낌이다. 평범한 술꾼이 알코올 중독이라는 구체적인 선을 넘어버리는 것은 어떤 단순한 이유, 어떤 한순간, 어떤 단일한 심리적 사건을 통해 설명할 수 없다. 그것은 아주 느리고 점진적이며 집요하고도 불가해한 형성의 과정이다.

부모님의 별장은 마서스비니어드 섬의 서쪽 끝에 자리한 게이헤드 시에 있었다. 거기서 주류 판매점이나 술집에 가려면 차를 타고 최소한 40분을 달려야 했다. 십대에는 우리 별장이 그토록 술과 떨어져 있다는 것이 아무런 문제가 되지 않았고, 그렇다는 사실도 인식하지 못했다. 그러다 20대가 되자 이것이 조금씩 신경 쓰이기 시작했다.

주말에 부모님을 찾아갈 때면 아버지가 마티니에 쓸 진이나 식사에 곁들일 와인을 준비해두기를 기대했고, 실제로 아버지가 어김없이 그런다는 사실에 웬지 모를 안도감을 느꼈다. 그러다 서른 살을 넘기자 그 사실은 문제 이상의 것이 되었다. 40분을 달려가야 주류 판매점이 나오는 외딴 별장, 그것은 이제 골칫거리였다.

내 마음 한구석은 그런 초조함을 인식했다. 지난번에 저녁 식사를 할 때 와인이 한 병뿐이어서 그걸 4~5명이 나누어 마셨다는 사실을 불안하게 떠올렸다. 주말이 끝나갈 무렵 진이 거의 바닥을 드러냈다는 것도. 나는 식구들이 마당에 나간 틈에 부엌에 들어가서 와인의 부족으로 생기는 갈증을 그 진으로 달래곤 했다. 마음속 어두운 구석에서 불안이 깊어갔다. 또다시 그곳에서 술 부족이라는 낭패를 당하고 싶지는 않았지만, 내가 술 때문에 안절부절못한다는 걸 알리고 싶지도 않았다.

나는 무슨 생각을 하는지도 깨닫지 못하면서 혼자 고민을 거듭했다. 별장에 갈 때 "집에 두고 드시라고요"라는 핑계를 대고 와인 상자를 가져갈 것인가, 모든 걸 포기하고 집에 술이 떨어지지 않기만을 바랄 것인가, 혼자 해변을 드라이브하고 싶다며 나가서 주류 판매점까지 40분을 달릴 것인가.

술 문제가 내게 아주 중요한 일이 되었음을 느꼈다. 그 사실은 신경을 살짝 건드리며, 나한테는 알코올이 얼마나 필요한가 하는 질문을 조심스럽게 제기했다. 질문은 이어졌다.

'무엇을 해야 하지? 어떻게 해야 하지? 사람들이 알아채지 않을까? 다른 사람들은 왜 나처럼 술을 마시지 않는 거지?'

그렇게 얼마간 시간이 흘러 이런 목소리가 너무 크고 어지럽고 무겁게 느껴지자, 나는 모든 생각을 멈추고 원하는 것을 했다. 별장으로 떠날 때 가방에 스카치를 챙겼다.

그것으로 문제는 해결되었다. 그런 식으로 알코올 중독자는 문제를 피해가기 시작한다. 그들은 말한다. 이번 한 번뿐이라고, 다시는 이런 일을 하지 않을 거라고. 그런 일은 마치 질투에 사로잡힌 여자가 애인이 집에 돌아왔는지 확인하려고 한밤중에 수화기를 집어 들거나, 불빛을 확인하려고 애인의 집 앞에 몰래 가보는 행위와도 비슷하다.

'미친 짓이라는 건 알아. 하지만 이번 한 번뿐인걸. 이번 한 번은 스카치를 가져가야겠어. 이번 주는 정말 스트레스가 많았으니까. 스카치라도 마시면서 나를 달래고 싶어. 어때? 별일 아니잖아. 저녁 먹기 전에 내 방에서 작은 잔으로 한 잔 마시는 건데 뭐. 그러면 부엌에 몰래 들어가서 거기 있는 술을 훔쳐 마시지 않아도 되잖아. 내 술을 준비해서 아버지의 술을 마시지 않겠다는 건데, 그게 별문젠가? 나름 합리적인 해결책이지.'

나름 합리적이긴 했지만, 그 '나름'이란 '내 멋대로'의 다른 이름이었다. 나는 별장에서 식구들과 함께 앉아 있다가, 화장실에 간다고 나와서는 내 방에 몰래 들어가 가방에 숨겨온 스카치를 병째로 들이켰다. 술은 식도를 태우며 내려갔고, 나는 그 느낌이 좋았다. 그것은 따뜻하고 푸근했다. 만일을 대비해서 보험을 들어놓는 듯한 기분이었다.

보험, 바로 그랬다. 가방 속에 든 스카치는 내게 안전을 보장해 주었다. 그로 말미암아 나는 저녁 식사 내내 마실 와인은 충분한지, 내가 술을 너무 빨리 마신다는 걸 다른 사람들이 눈치채지는 않을지, 어떻게 해야 사람들에게 이상한 눈치를 보이지 않고도 자연스럽게 술잔을 다시 채울 수 있을지 조바심내지 않고 편안하게 식사할 수 있었다. 그것은 욕구가 지나치게 강렬해졌을 때도 나 자신을 돌볼 수단이 있음을 뜻하는 것이었다.

사랑에 빠진 사람들은 놀라울 만큼 능동적으로 상대의 단점에 눈을 감는다. 그 무렵, 그러니까 30대에 나는 코와 뺨의 실핏줄이 하나하나 터지고 있다는 걸 알았다. 출근하는 차 안에서 먹은 것도 없이 토했으며, 손이 떨리기 시작했다. 수전증은 점점 나빠져서 어떤 때는 온종일 떨기도 했다.

나는 이 모든 것을 외면하려고 노력했다. 모른 척하려고 몸부림쳤다. 마치 차가워진 애인의 목소리를 들으면서도, 그 의미를 잘 알면서도, 진심은 그게 아닐 거라고 온 힘을 다해 다른 해석을 찾는 애처로운 여자처럼.

Mask

...

추수감사절 주말이 지난 월요일 아침, 나는 절뚝이며 출근했다. 내 무릎에 넓게 감긴 붕대를 보고, 편집부 간부인 마샤가 깜짝 놀라 물었다.

"아니, 무슨 일이에요?"

나는 눈동자를 데루룩 굴려 장난스러운 표정을 지어 보였다.

"글쎄, 바보짓을 했지 뭐예요."

그리고 친구의 아이들과 뛰어논 사건을 털어놓았다. 물론 내가 술에 취했다는 말은 하지 않았고, 마샤 역시 그런 건 물어볼 생각도 하지 않았다.

나 같은 사람을 일컬어 '고도 적응형 알코올 중독자'라고 한다. 겉에서 볼 때는 아무 문제 없고, 유능하며 단정하다. 그 밑은 진흙탕처럼 혼탁하고 온갖 비밀로 들끓지만, 그런 모습은 겉으로 전혀 드러나지 않는다. 그날 아침 의자 위에 다리를 뻗은 채 생각했다.

'혹시 마샤가 짐작했을까? 날 보고 이상한 낌새를 챈 사람은 없을까?'

그 어름의 두어 해 동안 그런 의문을 자주 품었다.

편집 회의를 할 때, 다른 사람들의 얼굴을 볼 때, 그들의 총명한 눈과 평온한 표정을 바라볼 때면 자꾸 그런(분명히 표시가 날 거라는) 생각이 들었다. 이런 의문은 불안감을 주었고, 불안감은 나를 둘러싼 부정의 막을 조금씩 깎아나갔다.

사실 내 겉모습을 보고 속사정을 짐작하기는 거의 불가능했다. 그날 아침, 내 자리를 스쳐 지나간 사람들은 밝은 갈색 머리카락을 뒤쪽으로 끌어당겨 커다란 핀으로 고정한, 단정하고 말끔한 인상의 서른네 살 여자를 보았을 테니 말이다.

자세히 들여다보면, 구석구석 잘 다듬고 제법 가꾼 외양도 알아차렸을 것이다. 깔끔하게 손질한 손톱, 검은색 레깅스, 이탈리아제 구두. 책상 위에는 그날 할 일을 단정하게 적어둔 메모가 놓여 있고, 그중 몇 개는 벌써 체크되어 있다. 책상과 주변은 강박적일 만큼 깔끔해서 선배 기자 한 명은 내 책상 위로 비행기를 날리면 중서부 지방의 지도처럼 보일 거라고(그만큼 모든 것이 직각을 이룬 채 정리되어 있다고) 농담하곤 했다.

동료들은 나를 야무지고 내성적인 사람으로 생각했다. 말수는 적은 편이지만, 언제나 맡은 일을 정확히 해내는 효율의 표본. 계획성 있고, 유능하고, 또 생산성 높은 사람으로.

나는 대안적 개념의 대형 주간신문 〈보스턴 피닉스〉의 생활 섹션을 운영하고 편집했다. 주간 칼럼도 썼는데, 그 칼럼은 신문에서 인기 있는 기사 중 하나였다. 나는 한 번도 마감을 어긴 적이 없었다. 부모님이 임종의 자리에 누워 계신 순간에도 마찬가지였다. 내가 마침내 재활 치료를 받기로 하고 동료들에겐 2주간 온천 여행을 가서 스웨덴식 마사지를 받겠다고 했을 때, 그 말을 의심한 사람은 아무도 없었다. 나는 그렇게 자신을 숨겼다. 고도 적응형 알코올 중독자들이 대개 그렇다.

이들은 대부분 대인관계가 좋고 친구도 많다. 고도 적응형 알코올 중독자들은 주변에 아주 흔하다. 이들은 직장에서 부지런히 일하고, 가족을 부양하며, 식품점 계산대에 얌전히 줄 서 있다. 의사, 변호사, 교사, 정치인, 화가, 심리치료사, 증권거래인, 건축가 등 전문 직업인도 많다. 이들을 지탱하는 힘, 다시 말해서, 이들이 밤마다 술에 빠지고, 다음 날 아침 숙취에 시달리면서도, 그것이 문제라는 사실을 외면하고 살 수 있는 근거는 바로 이들이 '진짜' 주정뱅이들과는 너무도 다른 모습을 하고 있다는 것이다.

지난 몇십 년간 알코올 중독 제대로 알기 캠페인을 벌였다 하더라도 여전히 알코올 중독은 불쾌한 이름이다. '알코올 중독'이라고 소리 내어 말해보라. 어떤 모습이 떠오르는가? 비틀거리는 고주망태의 모습, 늙수그레한 남자의 모습, 갈색 종이 쇼핑백을 옆구리에 끼고 거리를 비틀거리는 모습, 가련한 모습, 아무런 희망도 없이 온갖 부도덕에 찌든 모습, 술을 너무 마셔 웃음거리가 된 모습. 하지만 실제로 밑바닥 빈곤층은 알코올 중독자 중 예외적인 부류로, 전체의 3~5퍼센트에 지나지 않는다. 대다수는 질병 진행의 초기 혹은 중기에 몰려 있고, 오랜 시간 삶의 많은 영역에서 문제없이 자기 역할을 해낸다.

내 친구 헬레나는 술을 끼고서 생물학 박사 논문을 완성했다. 지니는 쟁쟁한 로펌에서 승진을 거듭했다. 사라는 유력 환경단체를 창립하고 운영했다. 때로 나는 알코올 중독의 증상과 효과란 것이 얼마만큼 감춰질 수 있는지 확인해볼 요량으로, AA 모임 참가자들의 사회적 성취들을 꼼꼼히 짚어본다. 한 사람은 최악의 나락에서 버둥거리던 시절, 대형 금융기관의 부사장이었다. 또 한 사람은 심장질환 중환자실의 수간호사였다. 또 한 사람은 건축사무실을, 다른 한 사람은 경제연구소를 운영했다.

이런 것들은 아주 전형적인 예에 불과하다. 강하고 똑똑하고 유능한 사람들은(알코올이 자기 인생에 미치는 수많은 무형의 영향을 외면한 채 술을 부어 넣는), 명확하게 강하고 똑똑하고 유능하다. 내가 아는 많은 알코올 중독자들이 지난 시간을 돌아보며 놀라움에 사로잡힌다. 알코올 중독을 끌어안고서도 그만한 성과를 이루었다는데, 또 자신들의 위장 노력이 그토록 기막힌 효과를 발휘했다는 데에. 자신들은 그저 견뎠을 뿐인데 말이다. 웅크리고 앉아서 하루하루를 견뎌냈을 뿐인데.

나 또한 마찬가지였다. 나는 술을 끊기 전해에, 그러니까 내 평생 술을 가장 많이 마시던 해에 책을 한 권 출간했다. 신문과 잡지에 쓴 칼럼들로 상도 여러 번 받았다. 나는 기사를 편집하고, 디자인 작업을 진행하며, 여러 필자와 편집자를 만나고 활력과 긴장 넘치는 신문사 생활을 이어나갔다. 극도로 눈썰미가 예리하거나 그 또한 알코올 중독에 시달리는 사람이 아니라면 알아차릴 수 없었을 것이다. 내가 실제로는 날마다 지독한 숙취에 시달리며 컴퓨터 앞에 앉아 있다는 사실을, 하루가 기울어갈 무렵이면 당장 달려나가 술을 마시고픈 생각에 몸을 비튼다는 사실을, 좀 더 정확히 말해서 내 인생이 온통 뒤죽박죽 엉망진창이라는 사실을.

그 무렵은 참으로 부끄러운 시기였다. 내가 바닥을 칠 시기에 연이어 부모님을 잃었고(아버지는 뇌종양, 어머니는 전이 유방암으로), 두 남자 사이에 끼어 있었다. 내 인생을 상처로 점철시킨 옛 애인 줄리안에게서 좀처럼 빠져나오지 못했고, 희망적인 새 인생의 가능성을 보여준 새 애인 마이클에게 적극적으로 다가가지 못했다.

나는 그때 마이클과 함께 살았지만 줄리안도 만나며 이 사람에게는 저 사람 일을, 저 사람에게는 이 사람 일을 거짓말했다. 나는 매일 밤 술을 마셨다. 취하려고, 모두 지워버리고자 마시고 또 마셨다.

밖으로 보이는 나와 현실의 나. 외부와 내부. 나는 술 때문에 일을 그르친 적이 없고, 전화로 병결을 통보한 적도 없으며, 숙취로 조퇴한 적도 없다. 하지만 내부의 나는 허물어지고 있었다. 안팎의 부조화가 너무 컸다.

밖으로 보이는 내 모습은 가혹할 만큼 솔직한 양상을 띠고 있었다. 내 칼럼을 읽는 독자들은 나를 인생의 간난들을 잔인하도록 정직하게 마주하는 사람이라 여겼다. 나는 부모님의 죽음을 둘러싼 사건들을 장문의 칼럼으로 생생하게 그렸으며, 20대에 거식증과 싸우면서 보낸 괴로움의 나날들에 대해서도 열렬한 글을 쏟아냈다. 내 칼럼은 젊은 미혼 여자의 삶, 혼자 사는 일의 위험성과 나쁜 남자들에 대한 집착, 어른이 되는 일의 어려움 등을 유머러스하면서도 진지하고 또 아이러니한 문제로 담아냈다. 나는 엘리스 K.라는 고통받는 30대 여자를 대리 인물로 등장시켜 칼럼을 썼는데, 글의 첫머리에 그녀는 언제나 침대에 누운 채 처절한 불안과 남자들에 대한 집착으로 몸부림치는 모습으로 등장한다. 신문이 나오는 목요일이면 동료들은 어김없이 내게 와서 말했다.

"어떻게 자기 속마음을 그토록 솔직하게 밝힐 수 있나요?"

"매주 그렇게 있는 대로 속을 털어내면 기분이 어때요?"

주변 사람들이 볼 때 나와 엘리스 K.는 그렇게 동떨어진 인물이 아니었다. 나 또한 잘못된 삶을 벗어나지 못해 몸부림치고 있었으니, 내가 만든 인물의 두려움은 나 자신의 두려움과 밀접한 관계를 맺었다. 하지만 동료들도 나도 제대로 몰랐던 것은 그 모든 불안이 알코올과 깊이 연관되어 있었다는 것, 그리고 내가 그 두 가지를 움켜쥐고 놓지 않았다는 것이다.

어느 독자는 내게 이런 편지를 보냈다.

당신이 안정되고 행복한 삶을 찾지 못길 바라는 마음도 있습니다. 당신이 행복해지면 무엇을 쓰겠습니까? 당신의 칼럼도 말랑말랑하고 흐리멍덩해지지 않을까요?

편지를 읽고 나는 웃었지만, 그 질문만은 꽤 심각하게 받아들였다. 내가 가진 우울증이 과도한 음주와 어느 정도 연관되어 있다는 건 알았지만, 직업의 특성상 절망의 경험은 필수불가결한 일이라고 여겼다. 그러니까 글을 쓰는 사람으로서 음주는 일종의 직업적 불행이라 생각한 것이다. 테너시 윌리엄스는 와인을 마시지 않고는 글을 쓰지 못했다고 했다. 윌리엄 스타이런도 술을 마셨지만, 글을 쓰기 위해서가 아니라 생각을 하기 위해서였다고 했다. 그의 말에 따르면, 술은 그의 정신이 "술 깬 상태에서는 다다를 수 없는 비전을 품게 해주는 수단"이었다.

내 경우도 그렇다고 생각했다. 나는 술을 좋아한 많은 작가와 나를 동일시했다. 카슨 매컬러스, 딜런 토머스, 도로시 파커, 토머스 울프, 유진 오닐, 윌리엄 포크너, F. 스콧 피츠제럴드, 어니스트 헤밍웨이, 시어도어 레드키, 그리고 잭 런던까지.

술은 내 업무의 일부로 여겨졌고, 내가 좋아하는 작가들이 던져주는 매력은 눈부시게 강렬했다. 그들은 어둡고 고통받는 영혼이자 우리 같은 사람들보다 한 차원 깊은 인생을 사는 예술가들이었고, 술은 그런 인생과 예술에서 자연스럽게 뻗어 나오는 곁가지였다. 그것은 창조적 불안의 부산물인 동시에 해독제였다.

게다가 나는 내가 가진 우울증의 전모를 드러낸 적이 거의 없었다. 절망에 빠져 천장을 응시하는 엘리스 K.를 농담의 소재로 삼았고, 그녀의 집요하고 내향적이며 겁 많은 성격을 놀림감으로 만들었다. 사람들이 그토록 '모든 걸 드러내면' 기분이 어떠냐고 물으면, 나는 그저 어깨를 으쓱하고 엉뚱한 대답을 둘러댔다. 그리고 마음속으로 이렇게 대답했다.

'뭔가 미진하다는 느낌이죠.'

유머는 전형적인 방어 수단이다. 나는 유머라는 장치로 거리감과 자기 아이러니를 만들어 벽을 치고는, 진실로 깊은 감정은 마음 깊은 구석에 꼭꼭 감춰두었다. 바로 그곳, 마음속 깊은 구석이 적응형 알코올 중독자들의 비밀스러운 본성이 존재하는 곳이다. 나 같은 사람이 음주와 관련한 진실을 주변 사람들에게 잘 숨긴다는 것은 별로 큰일이 아니다. 많은 사람이 이런 일을 아주 멋지게 해낸다. 중요한 것은 우리가 자신에 대한 진실(사무실에 앉아 메모를 휘갈기고, 서류를 작성하는 나는 누구인가. 이렇듯 멀쩡한 겉모습 뒤에 들끓는 것은 과연 무엇인가 하는 것)을 다른 사람들에게(그리고 자신에게도) 숨긴다는 사실이다.

우리 앞에 둘러쳐진 지성과 전문성의 휘장 뒤에는 두려움의 대양이 넘실거리고, 열등감의 강물이 흐른다. 언젠가 AA 모임에서 알코올 중독을 '삶에 대한 두려움'이라고 간략하게 정의하는 말을 들었다.

간략하지만, 상당히 정확한 표현이었다. 내 경우 저널리스트 이력의 절반을 기자 생활로 보냈으면서도 기자 생활의 기본 직무, 즉 모르는 사람에게 전화를 걸어서 질문하는 일을 두려워했다. 마음속에는 항상 보기 싫은 것들의 목록이 길게 펼쳐져 있었다. 나는 그렇게 유약했고, 사람들의 반응에 과민했으며(남들에게 오해를 받으면 내 영혼의 일부가 허물어지기라도 하는 것처럼), 근원적인 열등감, 외로움과 두려움에 빠져 있었다. 세상을 기만하고 있다는 느낌(외부의 방어막이 내면의 작고 불안한 인간을 효과적으로 가리고 있다는)은 어떤 사람들이나 느낄 수 있지만, 알코올 중독자에게 특히 만연한 느낌이다. 우리는 온종일 전문성의 가면 뒤에 숨어 지낸다. 그리고 일터를 떠나서는 다시 술병 뒤로 숨는다.

돌아보면, 나는 때때로 이런 사실을 인식했다. 어느 날 퇴근 후에 친구와 약속한 술집으로 차를 몰고 가는데 불쑥 이런 문장이 떠올랐다.

'이게 진짜 나야. 차를 몰고 가는 이 사람이.'

초조했다. 나도 모르게 이가 악물어졌다. 그것은 온종일 컴퓨터 앞에 쭈그리고 앉아 있었기 때문이기도, 온몸이 간절히 술을 원하기 때문이기도 했다. 나는 몸속 깊은 곳에 흐르는 두려움을 인식했다. 그것은 내가 딛고 선 땅이 균일하지도, 진실하지도 않다는 막연한 불안이었다. 그리고 그 순간 내가 두 가지 버전의 인생을 살고 있음을 깨달았다. 한 버전은 일터에서 키보드를 두드리는 인생이고, 또 다른 버전은 술집에서 백포도주를 부어대는 인생이다. 두 인생이 엇갈리는 지점에서 이따금 5~10분간 두려움과 긴장, 은폐와 불확실성에 휩싸인 내 진정한 버전이 나타났다. 하지만 그것을 그냥 두지 않았다. 낮에는 일터의 생산성, 효율, 집중 같은 것들의 힘을 빌려 그것을 수면 아래로 가라앉혔으며, 밤이 되면 술의 마취력으로 그 입에 재갈을 물렸다.

다른 사람이 진정한 버전의 나를 눈치채기란 어려운 일이었다. 파티장이나 술집에서 다섯 잔째 와인을 기울이는 나를 본 사람들도 그저 조심스러운 사람이 어쩌다 긴장을 풀고 조금 흐트러지는 정도로 여겼을 뿐이다. 친한 친구들은 내 눈을 보면 술에 취했는지 아닌지 알 수 있다고 했다. 내 눈꺼풀이 무거워지고 눈빛이 흐릿해지는 것이 보이면, 내가 내 속의 깊은 곳으로 들어가 문을 닫아걸었음을 알 수 있다고 했다. 하지만 약간 비틀거리거나 평소보다 목소리가 조금 커져도 사람들에게 취했다는 말을 듣는 적은 거의 없었다. 나는 조용하고 얌전하게 술에 취했다. 어수선해지는 건 내 머릿속일 뿐이었다.

나는 알코올 비중독자들의 세상에 내 무혐의를 증명하는 수많은 증거 자료를 내보였다. 하지만 자세히 들여다보면, 몇 가지 강박 행위가 눈에 띄었다. 나는 담배를 지나치게 자주 피웠고, 커피도 많이 마셨으며, 〈뉴욕 타임스〉의 낱말 퍼즐에도 집착에 가까운 태도를 보였다. 그렇지만 의심받을 선을 넘거나 문제를 일으키는 일은 없었다.

내가 공적인 공간에서 쓰고 있던 가면은 건강하고 원만한 것이었다. 나는 열심히 운동했고, 책상에 앉아 저지방 건강식품으로 점심을 먹었다. 친구도 많고 동료 사이에 평도 좋았다. 시내에 아담한 아파트가 한 채 있었고, 캐주얼하고 세련된 옷차림을 즐겼으며, 정기적으로 심리치료도 받았다. 누가 봐도 아무 문제 없다고 할 만한 생활이었다.

나 또한 그렇게 생각했다. 어쨌든 알코올 중독이라는 건 진행성 질환이니 말이다. 그것은 조심조심 낮은 자세로 다가오기 때문에, 우리는 그 손아귀에 사로잡힌 지 오랜 시간이 지나고서도 아무것도 모르고 있기에 십상이다. 내 음주량을 그래프로 그려본다면, 그 곡선은 오랜 세월을 두고 점진적으로 상승했을 것이다. 그리고 그런 상승을 자연스럽게 만드는 사회적 요인이 곳곳에 포진해 있을 것이다.

우연히도 나는 과격한 문화가 넘쳐나던 1980년대에 20대를 보냈다. 내 음주 그래프가(그러니까 음주량과 횟수가) 상승곡선을 타기 시작한 것은 어쨌거나 자연스러운 시대적 배경을 깔고 있었다. 친구도 많았다. 스물다섯 살이던 80년대 중반에 보스턴으로 이사했는데, 그 무렵 보스턴에는 복잡한 와인 목록을 자랑하는 고급 레스토랑들이 우후죽순으로 생겨났다. 누구나 술을 마셨고, 하룻저녁을 레스토랑이나 바에서 보내며 메를로 와인을 세 병, 네 병, 다섯 병 시키는 일은 지극히 정상적으로 여겨졌다.

"술 마시러 가자!"

"한잔할까?"

"술 마시면서 이야기할까?"

내 주변에서 이런 말은 인사처럼 평범한 말이었다.

내 음주 그래프는 아마도 서른 살 생일을 넘기면서 가파르게 상승했을 것이다. 하지만 그 무렵 다른 사람들의 그래프는 급속한 하강 국면에 접어들었다. 90년대 초반이 되자 너도나도 담배를 끊고 술을 끊었다. 미국 사회는 새로운 방향으로 급선회했지만, 나는 그렇게 하지 못했다. 나도 그런 사실을 인식했다. 언제부턴가 파티에 가면 페리어 생수를 들고 다니는 것이 유행이었다.

'맙소사, 페리어라니?'

나는 홀로 와인 잔을 움켜쥐고 나 같은 사람(대개 후미진 곳을 찾아가 담배를 피우는)은 또 없는지 기를 쓰고 찾았다. 그리고 이런 난데없는 절제의 문화를 냉소했다.

'별 웃기는 유행 다 보겠네. 이게 도대체 무슨 재미야?'

하지만 알코올 중독자들은 현실 부정의 챔피언이다. 나 또한 음주 문제가 전혀 걱정되지 않은 것은 아니지만, 그런 걱정은 내 일상과는 무관한 일인 양 분리해서 중독에 대한 책들이 꽂힌 사무실 책장 속에 따로 보관했다.

'내가 술을 조금 많이 마시긴 해. 하지만 그게 그리 큰 문제는 아니지. 알코올 중독자라면 직장에서 쫓겨나지 않고 배기겠어? 그런 사람들은 점심때부터 취해서 다시 직장으로 돌아가지도 못할 거야. 아니, 전날의 숙취 때문에 아예 출근도 못 할걸. 책상 구석구석에 술병이 뒹굴고, 업무 능력이 바닥을 긁어서 귀가 따갑도록 질책과 경고를 듣다가 결국 해고되겠지. 나는 그런 사람들하고 달라. 아무렴, 다르고말고.'

나는 언제나 이렇게 생각했고, 그것은 진심이었다.

게다가 내게는 술 마실 이유가 많았고, 시간이 갈수록 그 이유는 늘어만 갔다. 누구도 그걸로 내게 시비 걸 수 없었을 것이다.

2년 사이에 부모님이 차례로 돌아가셨다. 직장에선 마감이며 기사의 책임성 같은 것들로 스트레스가 많았다. 연애는 불확실하고 혼란스러운 길 위에서 갈팡질팡했다.

'내가 술을 조금 많이 마시긴 해. 하지만 상황이 이런데 어쩌겠어? 나는 좀 마셔도 돼.'

나는 자주 이렇게 중얼거렸고, 이 말은 갈수록 진실하게 느껴졌다. 스트레스, 우울함, 몹시 힘들던 하루, 일주일, 한 달, 줄줄이 이어지는 사건들.

'휴식이 필요해. 좀 마셔도 돼.'

이것은 적응형 알코올 중독자들의 전형적인 논리 전개 방식이다. 시간이 갈수록 그들에게는 술 자체가 중요한 보상 역할을 한다. 하루를 온전히 버틴 데 대한 크나큰 보상, 그것도 그렇게 훌륭하게 버텨낸 데 대한.

내가 아는 미치라는 사람은 술 마시던 시절, 엄청난 인내력을 과시했다. 그는 소프트웨어 설계 일을 했는데, 앉은자리에서 10시간, 12시간, 14시간 혹은 16시간까지 쉬지 않고 일했다. 그리고 그것은 일이 끝나고 술을 마실 수 있을 때, 술이라는 보상이 기다리고 있을 때 한해서였다.

나도 그랬다. 컴퓨터 앞에 앉아 동이 틀 때부터 땅거미가 질 때까지 글줄을 뽑아냈다. 그리고 열심히 일한 다음에 술 마시는 행위를 즐겼다. 신문 위에 피와 땀을 쏟아붓고 나면, 술 마실 자격을 얻었다. 그래서 늦은 오후에 느껴지는 긴장과 불안, 모든 세포가 일어서서 술 한 잔을 부르짖는 것 같은 느낌은 이유가 있고 타당하다고 여겨졌다. 그것은 하루 분량의 에너지를 소비한 직접적인 결과였다. 그렇게 술 마시는 일은 정당화되었다.

'아, 술 한 잔 마셔야겠어!'

고된 하루를 보내고 나면 많은 사람이 이렇게 말한다. 절제가 미덕이던 90년대에도 그랬다.

이런 성공적인 사회생활은 알코올 중독자가 걸어가는 길에 표지판처럼 우뚝 서서, 너는 아무 문제 없다는 메시지를 반복적으로 전달한다. 그들은 직장에서 능력을 발휘하고 승진을 하고 돈을 벌며 마감을 칼같이 지킨다. 도대체 누가 알코올 중독자라는 말인가! 말도 안 되는 소리였다. 마지막 폭음 시절에 나는 이따금 내가 어떻게든 직장 생활을 꾸려나갈 수 있는 이유는 바로 그곳이 내가 술에 젖지 않고 지내는 유일한 공간이기 때문이라는 생각이 들었다.

심심치 않게 숙취를 달고 출근하면서도 나는 배울 것을 배우고 잘못된 점을 교정했으며, 내 한계와 발전 방향을 가늠할 수 있었다. 개인 생활과 달리, 직장에서 내 눈은 그렇게 흐려지지 않았다. '직장에서 술 마시지 않기'는 내가 끝까지 굳게 견지한 첫째 원칙이었다. 이런 일은 고도 적응형 알코올 중독자들에게는 그다지 드문 일이 아니다. 나와 같은 유형의 술꾼들은 엄청난 에너지를 쏟아서 자신의 직업 영역을 보호하고, 그것을 증거 삼아 내 인생은 아무 문제 없다는 환상을 유지한다. 그리고 바로 그 힘이 그들의 인생을 지탱해준다.

하지만 걱정이 싹텄다. 폭음 시기의 마지막 여섯 달 동안, 나는 술을 마시려고 복잡하게 머리를 굴려 계획을 짜곤 했다. 당시 주간 칼럼을 쓰던 나는 이런 식으로 생각했다.

'수요일은 여유 있게 종일 글을 써야 해. 그러니까 화요일에는 술을 너무 많이 마시지 말자.'

내가 가진 가장 창조적인 에너지를 극히 지엽적인 일에 쏟아붓고 있음을 느꼈고, 이 사실은 나를 당혹하게 했다. 술을 끊기 한 달 전쯤 〈내셔널 퍼블릭〉 라디오 프로그램에서 피트 해밀의 인터뷰를 들었다. 그가 회고록 『드링킹 라이프Drinking Life』를 출간한 직후라서, 진행자는 음주가 그의 업무에 어떤 영향을 미쳤는지 물었다. 해밀은 잠시 생각해보더니, "어느 순간부터 내 역량을 치약처럼 힘껏 짜내야 했으며, 집중력이나 이해력 같은 것도 점점 부자연스럽고 힘겨운 일이 되어갔다"고 말했다. 그 말을 듣고 나는 몸을 떨었다. 내게도 꼭 그런 느낌이 들기 시작했기 때문이다.

어느 날(정확한 때는 모른다. 이렇게 기억이 흐릿해지는 일은 아주 흔했다) 오후 4~5시 무렵, 회사 화장실에 가서 거울을 보았다. 온종일 숙취에 시달렸지만, 오전 내내 꾹 참고 일했다. 하지만 정오가 되어도 두통이 사라지지 않자 운동이라도 해야겠다 싶어서 사무실을 빠져나왔다. 땀을 빼서 숙취를 덜어보려는 시도는 알코올 중독자들이 흔히 사용하는 전략이다.

게다가 나는 운동을 많이 하는 편이었다. 찰스강에 나가서 1시간 동안 10킬로미터를 저었다. 바람이 일어 물결이 출렁거리자 폭 30센티미터, 길이 53센티미터 정도의 작고 불안한 배 안에서 덜컹덜컹 흔들리다가 중얼거렸다.

'미쳤어.'

숙취를 떨쳐보겠다고 온몸을 땀에 적신 채 기를 쓰는 내 모습을 보니, 마치 내가 자신에게 벌을 내리는 느낌이 들었다.

너무 늦지 않게 회사에 돌아와 몇 가지 일을 마치고 퇴근 준비를 했다. 화장실 거울에 비친 내 모습은 흉측했다. 핏기없는 피부, 지친 표정, 거무튀튀해진 눈 밑, 목이 깊이 팬 스웨터 속으로 가슴팍에 터져 나온 실핏줄들도 똑똑히 보였다. 발진이라도 일어나려

는 것 같았다. 의사인 쌍둥이 자매 베카가 이걸 볼 때마다 알코올
과 관련된 것 같다고 말했지만, 나는 그 말을 일축했다.

"말도 안 돼. 이건 어릴 때 햇볕을 너무 많이 쬐어서 생긴 거야."

어쨌든 내 모습은 참혹했다. 마음 한구석에서 조그만 목소리가
들렸다. 계속 이렇게 살다가는, 계속 이렇게 술 마시고 일하고 출
렁거리며 살다가는 결국 죽음에 이르고 말 거라는, 그리고 그것은
자살과 다름없을 거라는 목소리가.

진실은 고통을 동반한다. 그런 깨달음의 순간마다 완전히 잘못
살고 있다는 참담한 고통을 느꼈다. 하지만 그뿐, 그런 깨달음을
깊이 받아들이지도 않았고, 그에 따라서 생활 방식을 바꾸지도 않
았다. 그러므로 이런 느낌은 내부에서 자존감을 부식시키며 종양
처럼 곪아갈 뿐이었다. 이렇게 우리는 알면서도 모른다. 알고 있지
만 알려고 하지 않는다. 인생의 외피들이 견고하게 유지되는 한(안
정된 직장, 전문성의 가면) 그 내부가 통일성과 자부심을 잃고 허물어져
간다는 사실을 인정하기란 쉽지 않다.

그날도 그런 전형적인 날이었다. 전형적인 통찰의 순간, 그런
느낌은 번쩍하고 수면 위로 솟아올랐다가 눈 깜짝할 새 사라진다.
나는 얼굴에 물을 뿌리고 립스틱과 블러시를 바른 다음 편집실로
들어갔다. 마크를 불렀다.

"헤이, 길 건너서 술 한잔할까?"

'길 건너서'란 내가 마지막 시절 가장 즐겨 찾은 술집 아쿠아쿠
라운지를 말했다. 이곳은 회사에서 정확히 스물일곱 걸음 떨어져

있고, 성큼성큼 걸으면 스물두 걸음에도 갈 수 있다.

아쿠는 본래 중국 식당이었지만, 식당 공간의 오른쪽 절반을 바로 만들어서 운영한다. 회사 사람들은 너나없이 거기 가서 그 집 특유의 붉은 비닐 의자에 앉아 술을 마셨다. 식당 내부는 어두웠다. 주요 조명은 검붉은 유리막에 싸인 의례용 촛불이었는데, 그것들은 믿을 수 없을 만큼 조악했다. 그곳에 가면 우리는 벽 두 개를 채운 네온 벽화에 대해 농담을 주고받았다. 벽화의 주제는 폴리네시아의 활화산과 강물, 대나무 뗏목이었다. 정말 웃기는 그림들이다. 어떤 사람들은 아쿠에서 맥주를 마셨지만, 술꾼들은 조니워커 블랙 온더록스를 마셨다. 그곳은 위스키 잔이 아주 컸는데, 그렇게 큰 잔으로 두 잔을 마시는 가격이 2달러 25센트였다. 보스턴을 통틀어 그만한 가격은 찾아보기 어려웠다.

어떤 직업은 업무상 술을 끼고 산다. 아니면 적어도 그런 이미지를 가지고 있다. 불안에 시달리는 예술가나 작가도 있고, 경찰과 형사도 술에 약한 인물로 등장할 때가 잦다. 『힐 스트리트 블루스Hill Street Blues』에 나오는 캡틴 퓨릴로, 또 제임스 리 버크나 로렌스 블록의 미스터리 소설에 나오는 주인공들을 생각해보라. 『와인과 장미의 나날들Days of Wine and Roses』에 나오는 잭 레먼처럼 진 속에 빠져 사는 세일즈맨도 있고, 「재생자들Clean and Sober」에서 마이클 키턴이 맡은 배역처럼 금융업계의 위험천만한 도박사들도 있다. 이들은 모두 남자의 영역에 속해 있으며, 그들도 대부분 남자다. 그래서 술 마시는 일은 내게 언제나 터프한 남자의 영역, 그들의 세계, 그들의 역할과 관련한 것으로 여겨졌다.

거기에는 저널리스트들도 빠지지 않는다. 피트 해밀이 술을 끼고 사는 기자의 예를 뚜렷이 보여주었다. 그의 회고록에는 그가 자연스럽게 술과 어울린 대목들이 잘 그려져 있다. 책 속에서 그는 〈뉴욕 포스트〉 기자로 화재 사건이나 살인 사건을 취재하고, 술집에서 취재원을 만나 술을 나누며, 기사 작성을 위해 타자기 앞에 앉기 전에 차가운 맥주 한 잔을 들이켠다. 좋은 시절, 알코올은 그리도 멋진 역할을 했다. 해밀은 브뤼셀의 맥주홀에서 미국의 낙하산 병사와 술을 마시고, 바르셀로나 만에서 존 웨인과 럼주를 기울이며 인터뷰한다. 또 가리발디 광장에서 거리의 악사들과 함께 맥주를 들이켠다. 그 느낌, 남자가 남자를 만나 술잔을 기울이며 나누는 거침없고 진한 우정.

내 동료들은 피트 해밀처럼 강인하고 냉정하지 않았고, 우리가 아쿠에서 함께 하는 술자리도 그렇게 강렬한 것은 아니었다. 하지만 힘든 일에 대한 보상으로 정당하게 술을 마신다는 느낌은 똑같았다. 일과 후 그렇게 술집에 모여 앉아 업무에 관련한 불만을 털어놓고 담배를 피우며 긴장을 풀다 보면, 우리는 루 그랜트(TV 프로그램에 등장하는 열정적인 신문기자)가 된 것 같은 기분에 사로잡혔다. 그곳은 감각 과부하의 연습장과도 같았다. 주크박스가 악을 쓰고, 팩맨 컴퓨터 게임기에서는 뿅뿅 빵빵 소리가 울리고, 한쪽 벽에 걸린 거대한 비디오 스크린에서는 영화가 상영되었는데, 그 소리는 대개 정신이 없을 만큼 시끄러웠다.

그런데 왠지 나는 대화를 방해하는 그곳의 요란한 소음이 좋았

다. 때론 누군가가 바텐더에게 가서 영화의 음량을 줄이거나 아예 꺼달라고 요구했다. 그러면 우리는 반대쪽에 있는 TV로 눈길을 돌렸다. 나는 TV도 좋아했다. 언제나 익숙하게 흐르는 TV. 뉴스를 하면 뉴스를 보고, 뉴스가 끝나면 「휠 오브 포천」이나 「제퍼디」를 본다. 그런 식으로 우리는 대화와 TV 사이를 가볍게 떠다녔다. 분위기가 편안하고 화기애애했기에, 여섯 잔쯤 계속 술을 주문해도 눈총받는 일이 없었다.

"하나 더?"

웨이트리스는 체구가 작은 아시아계 여자로 영어가 서툴렀다. 그녀가 우리에게 하는 말은 언제나 그것뿐이었다.

"하나 더? 오케이."

그곳의 웨이트리스와 바텐더들은 우리를 좋아했다. 우리가 언제나 오래도록 술을 마시는 데다 팁도 넉넉히 주었기 때문이다.

그런데 당시 아쿠에서 함께 술을 마시던 사람들도 그곳이 내게는 워밍업 장소에 불과한 사실을 짐작하지 못했다. 대개 나는 한두 잔 마신 뒤 그곳을 떠났다. "먼저 일어나야겠네요" 혹은 "먼저 갈게요"라는 말을 남긴 채, 가방과 외투를 움켜쥐고 바쁜 일이 있는 듯 어둠 속으로 사라졌다. 이렇듯이 음주 영역과 생활 영역을 철저히 분리해서 관리했기에, 내가 술을 얼마나 마시는지는 아무도 제대로 몰랐다. 직장 동료들과 아쿠에서 한두 잔 하고, 다른 사람과 레스토랑에서 만나 저녁 식사를 하며 와인을 서너 잔 마신다. 집에 돌아가면 조리대 밑에는 코냑이 감춰져 있고, 냉장고에는 물방울이 송송 맺힌 백포도주가 기다리고 있었다.

나는 이런 일을 제대로 의식하지 못했다. 내가 얼마나 분주히 계획을 짜서 술 마실 기회를 마련하는지 거의 의식하지 못했다. 그저 여기서 잠깐 한 잔, 저기서 어쩌다 한잔하는 것으로 생각했다. 곁에 있으니 마시는 것뿐이라고, 그렇게 간단한 일이라고 생각했다.

아버지가 죽음의 병상에 누워 있던 해, 나는 거의 매일 아쿠에 가서 조니워커 블랙 두 잔을 마시고는 부모님 집으로 갔다. 아쿠는 내 은신처, 힘든 일을 감당하고자 조용히 힘을 비축하는 장소였다. 하지만 언젠가부터 아쿠에서 함께 술 마실 동료를 찾기가 어려워졌다. 몇몇 술친구는 결혼하거나 아이가 생겨서 퇴근하면 곧장 집으로 갔다. 다른 몇몇은 새 직장을 찾아 떠났다. 퇴근하면 길부터 건너던 발걸음은 예전처럼 자연스럽지 않았다. 아쿠는 우리의 중요 목록에서 한두 단계 아래로 미끄러져 내린 것 같았다. 이런 일은 술꾼에게 아주 흔한 경험이다. 어느 날 고개를 들어보니 술집에 자기 혼자 남아 있는 일.

그래서 때로는 혼자 아쿠에 가서, 혼자 마셨다. 그럴 때도 무언가 바쁘고 할 일이 있는 척하느라 많은 애를 썼다. 노트를 가져가서 할 일의 목록을 작성하거나, 누군가를 기다리는 듯 5분에 한 번씩 시계를 들여다보는 식으로. 하지만 실제로 온 신경은 술 마시는 데 집중되어 있었다. 스카치가 목구멍을 타고 내려가는 느낌을 즐기며, 혼자라는 사실에 오히려 안도했다. 그것은 넓은 들에 아무 엄폐물 없이 숨은 듯한 느낌이었다.

아쿠에 자주 오는 여자가 한 명 있었다. 바텐더의 말이, 그녀는 매일 오후 5시 무렵에 오고, 늘 같은 자리에 앉아 TV를 보며 진을 마신다고 했다. 내가 갈 때마다 그녀는 거기 있었다. 추측건대 문 닫을 때까지 그렇게 있는 것 같았다. 딱 한 번 화장실에서 그녀와 이야기를 나누었다. 그녀는 그날 직장을 그만둔 것 같았다. 술에 잔뜩 취한 채 화장실에서 "그 더러운 곳"을 그만두고 "그 한심한 인간들"을 안 보게 되어 잘 됐다는 말을 중얼거렸다. 나는 옆에서 손을 씻다가 그녀를 보았다.

그녀가 나를 보고 물었다.

"내 말이 무슨 뜻인지 알겠어요? 이해하겠어요?"

나는 무슨 말인지 알 수가 없어서 그냥 빙긋 웃고는 말했다.

"그럼요. 이해하고 말고요."

그리고 화장실을 빠져나와 내 자리로 돌아왔다.

주정뱅이의 표본 같은 아쿠의 그 낯선 여자는 내게 기묘한 만족감을 주었다. 아쿠에서 술을 마실 때 동료와 나는 그녀의 자리를 힐끔거리며 속삭였다.

'어쩌다 저렇게 됐을까, 쯧쯧.'

그녀는 일레인보다도 한심했고, 나보다 더 한심한 건 말할 것도 없었다. 그러므로 그녀는 오랫동안 내게 고마운 존재였다. 그녀를 통해서 내가 그렇게 될 수도 있다는 두려움 대신 나는 그렇지 않다는 안도감만을 느꼈기 때문이다. 그녀와 비교하면 내 음주는 지극히 정상적인 사교 행위에 지나지 않았다.

내 음주가 정상적 행위에서 절박한 행위로 옮겨간 때가 언제였을까? 아버지가 병에 걸린 해인지도 모르고 아니면 그전이었는지도 모른다. 어느 순간부터 오후 4~5시만 되면 마음이 불안해지고, 내 행동 하나하나가 의식에 불편하게 기록되었다. 나는 자리에서 일어나 사무실을 돌아다니면서 퇴근 준비를 하는 사람을 찾았다. 그리고 최대한 태연함을 가장하고 다가가서 말을 걸었다.

"아쿠에서 잠깐 한잔할 생각 있어요?"

"잠깐 한잔하는 거 어때요?"

나는 언제나 다른 할 일이 있고, 곧 가야 할 데가 있는 사람처럼 '잠깐 한잔'이라고 했다.

나도 이런 사실을 인식했다. 내가 던지는 말 속에 담긴 간절한 느낌을. 하지만 나는 오랫동안 그것을 무시했다. 어쩌면 내 안의 한 부분은 정말 '잠깐 한잔'을 원했을지도 모른다. 하지만 그 말 속에 담긴 결핍감과 절박함은 나 자신을 포함해서 세상 모든 사람에게 꽁꽁 감춰둔 비밀이었다.

Destiny
...

물이 대지를 흐르듯이 알코올은 가족의 핏줄을 타고 흐른다. 때로는 급류를 이루고 때로는 가는 물줄기가 되어 지나는 길의 지형을 변화시킨다.

어떤 가족은 알코올이 모든 세대를 관통해서 흐른다. 내 친구 애비의 집안에는 대대로 알코올 중독자가 너무 많아서, 그 수를 헤아리지 못할 정도다. 아일랜드 출신 애비의 조상은 수백 년 전, 감자밭에 목숨을 걸고 살 때부터 술에 절어 있었다. 애비의 어머니도 알코올 중독자였고, 여섯 명의 이모와 외삼촌 가운데 다섯 명이 알코올 중독자였다. 그들은 또 애비의 어머니를 빼고 한결같이 알코올 중독자를 배우자로 맞았다. 스물여덟 명에 이르는 애비의 사촌들도 거의 예외 없이 알코올 중독자였다. 애비가 알코올 중독자가 된 것은 어쩌면 너무도 당연한 일이었다.

한참 술을 마시던 시절, 일라이자라는 친구와 한 달에 한두 번

다비오스에서 저녁을 먹었다. 일라이자의 어머니도 알코올 중독자라서, 우리는 알코올 중독인 부모 밑에서 성장하는 고통에 관해 몇 차례 이야기를 나누었다. 일라이자의 어머니는 저녁 식사 때마다 버번위스키를 다섯 잔, 여섯 잔, 일곱 잔씩 마셨다. 눈은 흐리멍덩하고, 고개는 접시에 들이박을 듯 아래로 흔들리며 내려갔다. 밤늦게 딸한테 전화를 걸어 알아듣지도 못할 말을 중얼거리고는 다음 날이 되면 아무것도 기억하지 못 하는 일이 비일비재했다.

그녀의 집은 저마다 경쟁하듯 악을 쓰다가 비틀비틀 계단을 올라가 방문을 쾅쾅 닫아버리는 혼돈과 폭풍의 집 그 자체인 것만 같았다.

광기, 어두운 비밀, 알코올에 관련된 원한, 그것이 바로 알코올 중독자가 되는 길 아닌가? 그것은 우리 DNA에 새겨지고 개인사에 기록된 불행한 가족 유산이다. 알코올 중독자에 대한 이야기에는 어김없이 도덕적 실패가 곁들여 있다. 그들은 불안정하고 건강하지 못하고 무책임한 데다, 부모가 되면 술 마시고 이혼하고 소리 지르고 싸우며 자식들의 인생을 산산조각낸다. 이런 집안에서 자란 사람이 알코올 중독자가 된다면 그건 충분히 이해할 만한 일이었다. 일라이자가 자기 오빠도 알코올 중독자라고 말했을 때 나는 고개를 끄덕였다.

'물론 그렇겠지. 그런 집안 출신이라면 그렇게 되지 않기가 어려울 거야.'

진성 알코올 중독자들은 항상 자신보다 더 심한 사례를 찾는다. "진짜 알코올 중독자란 바로 저런 경우야"라고 말할 만한 사람들을. 정착하지 못하는 사람들, 광기에 사로잡힌 사람들, 지하철에서 술을 병째로 들이켜는 부랑자, 싸구려 호텔에서 술에 젖어 비틀거리는 붉은 얼굴의 세일즈맨. 그런 사람들은 언제나 우리보다 열 단계, 스무 단계 아래에 떨어져 있으니 우리가 음주 때문에 아무리 고민한다 해도, 그들과 비교하면 모든 것이 아무 문제 없고 안전해 보였다. 우리의 통제력은 충분하다고 생각한다.

자라면서 알코올 중독에 대한 개념은 일라이자의 어머니, 혹은 다른 친구의 주정뱅이 부모 같은 극단적인 경우를 중심으로 형성되었다. 그런 사례들을 생각하면 나는 언제나 안심이었다.

'우리 가족은 그렇지 않았어. 그러니까 나도 그렇지 않을 거야. 나는 아무 문제 없어.'

술에 빠진 사람들은 언제나 자기까지는 안전하고, 바로 그다음 자리에 선 사람들부터가 문제라고 생각한다.

술을 끊고 1년 가까이 지났을 때 애비를 만났다. 그녀는 술을 끊은 지 사흘째 되는 날 AA 모임에 나타났다. 당시 서른여덟 살이던 그녀는 체구가 작아 상당히 연약한 인상을 주었으며, 튀어나온 광대뼈와 커다란 눈이 베트남 전쟁이라도 겪고 온 듯 겁에 질리고 지친 표정이었다. 우리는 금세 친해져서 일주일에 두어 번씩 케임브리지에 있는 카페 〈1369〉에서 만났다. 우리는 후미진 곳의 흡연석에 앉아, 커다란 잔에 담긴 카페라테를 마셨다. 애비가 술을 마시지 않는 생활을 이어나가면서, 우리는 그녀의 가족사와 개인사에 대한 이야기를 나눌 기회가 많아졌다. 처음에 그런 이야기를 들었을 때, 그녀가 털어놓은 이야기 하나하나는 실로 충격이었다.

어느 날 애비는 오빠가 정신분열증 환자라고 말했다. 그러더니 다음에는 그 오빠가 자살했다는 것이다. 그다음에는 자살하기 이틀 전에 오빠가 한밤중에 자신을 겁탈하려 했다고 했다. 그녀는 완강하게 오빠를 막아냈는데, 이틀 후 오빠가 일산화탄소 중독으로 자살했다고 했다. 애비가 오빠의 시체를 발견한 것은 집 차고였는데, 그때 그녀는 열다섯 살이었다.

그녀가 오빠의 자살 이야기를 한 것은 3월의 어느 오후였다. 그 시절 애비는 매일 울었다. 카페 〈1369〉의 후미진 흡연석에서 애비는 만날 때마다 울었다. 나중에 우리는 남들이 우리를 보면 이틀이 멀다 하고 헤어지는 요란하고 골치 아픈 애인 사이로 알 거라고 농담하기도 했다. 그날 애비는 말보로 라이트를 피우며 울지 않으려고 안간힘을 썼다. 하지만 내면 깊은 곳에서 솟아오른 고통은 그녀의 얼굴에서 거친 물결을 이루고 있었다.

나는 뭐라고 대꾸해야 할지 몰랐다. 애비의 가족 이야기를 들을 때마다 말문이 막혔다. 그저 그녀를 바라보면서 "저런," "어쩜" 하는 소리를 중얼거릴 뿐이었다. 물론 그녀의 이야기는 그 자체로도 너무 끔찍했다. 정신분열이나 자살 같은 사건을 두고 무슨 말을 할 수 있겠는가? 하지만 그것뿐만은 아니었다. 내 마음속의 조그만 나는 애비의 이야기를 내 상황과 비교하며, 내 알코올 중독에 의문을 제기했다.

'이런 내가 알코올 중독? 말도 안 되지.'

그녀는 알코올 중독자가 되는 것이 당연한 집안에서 자랐지만,

우리 집은 그렇지 않았다. 훨씬 안정적이었고, 고통에 대응하는 방식도 차분하기 이를 데 없었다.

그녀가 오빠의 자살 이야기를 털어놓은 날, 나는 이런 농담을 했다.

"애비, 네 이야기를 글로 써봐야겠어. 내 이야기보다 훨씬 드라마틱하잖아."

그러자 그녀는 정색하고 말했다.

"무슨 소리야? 너한테도 나름 더러운 사연이 있을 텐데."

나는 고개를 끄덕였고, 우리는 두 사람의 다른 점에 대해 이야기했다. 그녀의 이야기는 여러 세대를 관통하는 미니시리즈, 서사 드라마였다(브래드 피트와 줄리아 오먼드가 주연을 맡으면 좋겠다). 하지만 내 것은 존 업다이크나 존 치버의 소설 정도일 뿐이다.

"당신은 깔끔하고 조용한 알코올 중독자야. 얌전하고 지적인."

그 말은 맞았다. 나는 깔끔하고 조용한 알코올 중독자였다.

"하지만 짐작도 못 할 이야기도 있어."

나는 미소 짓고는 말했다.

그리고 나는 처음으로 몰래 술에 취한 때의 일을 이야기했다. 그때 나이 열여섯, 고등학교 졸업반인 나는 남자친구와 거듭된 통화 속에서 그 아이가 나에게 관심을 잃고 있다는 걸 느꼈다. 통화 내용은 잊었지만, 그 느낌은 아직도 기억난다. 임박한 이별 통보, 내가 뭔가 잘못했다는 자책감.

'내가 키스를 너무 못했나 봐. 그런데 그게 정말 문제일까? 아니야, 내가 너무 못생겨서 그럴 거야.'

나는 아래층 부엌에 몰래 내려가서 상자에 보관한 와인을 한 병 훔쳤다. 그러고는 코르크 스크루를 함께 챙겨 들고 2층 내 방에 올라와 병째로 한 병을 다 마셔버렸다. 빈 병은 내 방 벽장에 감추었다. 물론 술에 취한 것이 그때가 처음은 아니었다. 정확히는 모르겠지만 열두 살인가 열세 살 무렵에 처음으로 술을 마셨고, 열네 살이던 고등학교 2학년 때는 주기적으로 술에 취했다. 그러나 이때의 음주는 알코올에 대한 육체적 갈망 같은 것은 아니었다. 그것은 일종의 실험과 같았다. 술은 불안과 슬픔을 없애준다는 막연한 가설을 확인해보는 실험.

나는 애비에게 말했다.

"술은 치료 약이야. 우리 집에서 배운 음주 방정식이지."

아버지도 술을 마셨다. 아버지는 훤칠하게 큰 데다 명쾌한 지성과 통찰력을 갖춘 엘리트였다. 어린 시절 나는 아버지가 두려웠다. 그것은 아버지가 폭력을 행사한다거나 냉혹한 분이어서가 아니라, 언제나 알 수 없는 불안과 슬픔에 휩싸여 있어서였고, 또 늘 나를 꿰뚫어 보는 듯한 느낌이 들었기 때문이다.

아버지는 나를 특히 귀여워했다. 그리고 나는 어린 시절부터 아버지가 나를 편애하는 건 아버지가 내게서 어떤 동질성을 발견했기 때문이 아닐까 생각했다. 그것은 감각적으로도 느껴졌다. 아주 어릴 때부터 나는 아버지가 엑스레이 같은 신기한 투시 능력으로 내 마음속을 들여다보면서 거기 깃든 공통의 어둠, 어떤 슬픔의 씨앗을 살펴본다는 느낌을 자주 받았다.

"네 엄마랑 내가 합의를 했지."

돌아가시던 그해 어느 날 아버지가 내게 말했다. 아버지와 나는 부모님 방에 딸린 발코니에 있었다.

"쌍둥이를 키우려니 보통 일이 아니었어. 그래서 엄마가 베카를 맡고 내가 너를 맡기로 했단다. 그러니까 우리가 너희를 분담했다고 할 수 있지."

아버지가 돌아가시고 몇 달 후 어머니에게 이 말을 전했다. 그러자 어머니는 노발대발하면서 말했다.

"말도 안 되는 소리! 그런 합의 같은 건 한 적 없다."

어머니는 그것은 아버지의 망상 가운데 하나라고 단정 지었다. 실제로 살아생전 아버지에게는 망상이 적지 않았다.

하지만 망상도 대개는 현실과 약간의 연결고리가 있는 법이다. 믿고자 하는 마음이 있으니 믿어지는 것이다. 아버지가 자신이 소망한 바를 그렇게 표현한 건지 아니면 정말 그런 일이 있었다고 믿은 건지는 알 수 없지만, 아버지에게 그 합의란 것은 진실이었을 것이다. 아버지는 언제나 나를 자신만의 아이, 마음 깊은 곳의 동맹군으로 여겼다.

아버지도 나도 드러내놓고 인정한 적은 없지만, 이런 동질감은 우리 사이에 분명히 존재했고, 그것은 내 인생에 심대한 영향을 미쳤다. 우리의 동질감은 마치 맹약과도 같았다. 나는 그걸 제대로 이해하지 못하던 어린 시절부터 그런 유대가 불편했다. 아버지는 탐색적이고 분석적인 성품을 지녔지만, 평소에는 초연한 태도로 그런 날카로움을 누그러뜨렸다. 그러다가 어느 순간 아버지가 나를 주의 깊게 관찰한다는 느낌이 들면, 밀실에 갇힌 듯 본능적인 두려움에 사로잡혔다.

'버텨야 해. 여기서 아버지에게 항복하면, 아버지는 나를 완전히 삼켜버릴 거야.'

어린 시절, 아버지는 몇 번인가 잠들기 전에 내 방에 들어와 흰 종이에 그림을 그려보라고 했다. 나는 아버지가 무엇 때문에 그러는지 몰랐지만, 무언가 목적이 있다는 건 알았다. 그래서 무시무시한 괴물이나 한밤중의 폭풍같이 주제가 명확한 그림들만 그렸다. 그때 나는 여덟, 아홉 살에 불과했지만 아버지가 나를 통해서 무언가 탐색하고 있으며, 그것은 나보다 아버지와 더 관계가 있다는 걸 감지했다. 그래서 아버지에게 맞서거나 해답을 주지 않았다. 아버지한테 그냥 어둠을 무서워하는 것처럼 보이자고 생각했다.

내가 좀 더 자라자, 아버지의 탐색은 더욱 직접적인 형태를 띠었다. 우리 사이에는 대화가 많지 않았다. 적어도 아버지와 딸이 나눌 법한 대화는 별로 없었다. 하지만 어쩌다 대화가 시작되면 아버지는 언제나 무언가 알아내고자 했는데, 나는 그것을 아버지에게 알려줄 수 없었다.

열세 살 때 나는 니나라는 아이와 단짝이었다. 니나네 집은 우리 집에서 차로 20분 정도 떨어져 있어서, 이따금 주말이면 아버지가 니나네 집에 태워다주었다가 다음날 데리러 왔다. 그때마다 아버지와 단둘이 20분 동안 차에 앉아 있는 것은 내게 너무도 두려운 일이었다.

"어땠어?"

아버지가 물으면, 나는 창밖을 내다보며 최대한 태연한 척 말한다.

"좋았어요."

짧은 한순간이 지나고 아버지가 다시 묻는다.

"기분은 어떠니?"

그러면서 아버지는 전방을 주시하던 눈길을 내게로 돌린다.

아버지는 180센티미터에 75킬로그램으로 체구가 큰 편이고, 넓고 단정한 이마에 진지하고 사려 깊은 표정을 지닌 분이었다. 그런 질문을 할 때면 아버지의 눈에서 어떤 갈망이 반짝거렸다. 그것은 육체적 갈망이 아니라 깊은 안타까움이 깃든 정서적 갈망이었다. 아버지가 아무리 내게 다가오려 해도 실패만 거듭한다는, 내가 아버지에게 완전한 대답을 줄 수 없다는, 줄 수 있다고 해도 주지 않을 것이라는.

나는 얼른 눈길을 돌린다. 몸이 쪼그라든 느낌, 발가벗겨진 느낌, 공기처럼 뻥 뚫리고 희미해진 느낌, 당장에라도 공중으로 훅 증발해버릴 것 같은 느낌이었다.

나는 대답한다.

"기분도 좋아요."

그런 다음에는 으레 무거운 침묵이 이어졌다.

내가 자라갈수록 아버지의 힘은 더 강력해지는 것 같았다. 아마도 그것은 내가 차츰 아버지의 사회적 영향력을 깨닫기 시작해서였을 것이다. 아버지는 존경받는 의사였다. 보스턴 의과대학에서 49년 동안 학생들을 가르쳤고, 동료 사이에 평판이 좋았으며, 심인성질환 연구 분야에서 명성을 얻었다.

아버지가 돌아가시고 나서 부고를 썼다. '저명한, 명망 있는' 같은 묵직한 단어들을 사용한 부고의 아버지 소개 글은 다음과 같았다.

보스턴 정신분석연구소의 분석가, 미국심인성질환학회 회장 역임, 국내외 여러 정신의학학회 회원, 논문 수십 편의 저자.

나는 부고에 아버지가 자기 일에 얼마나 열정적이었는지, 치료를 끝내야 할 환자에게 그 사실을 통보할 때마다 얼마나 고통스러워했는지, 평생 관념의 세계에 얼마나 전력을 기울였는지를 담지 못한 것이 한스러웠다. 장례식장에서 아버지의 동료가 주고받는 이야기는 한결같았다.

"정말 놀라운 지성을 지닌 분이었는데."

"동료의 일이라면 시간과 힘을 아끼는 법이 없었지."

"언제나 열정적이고 존재감 넘치는 분이었어."

나는 이런 찬사들에도 별로 놀라지 않았다. 아버지가 비상한 지성을 지닌 분이라는 것은 전부터 잘 알고 있었기 때문이다. 하지만 아버지의 지성은 내게 어떤 허기(아버지에게는 비밀스러운 지혜의 창고가 있는데, 나는 아주 가끔 미묘한 눈길이나 유머를 통해서만 그곳에 잠깐씩 다가갈 수 있다는)만을 키워주었다. 유머는 우리 두 사람을 잇는 연결고리 가운데 유일하게 단순하고 명쾌한 것이었다. 아버지는 늘 진지한 분이었지만 그러면서도 익살스럽고 재기 넘치는 면이 있었고, 나는 그런 아버지를 사랑했다.

아버지는 말솜씨가 좋았다. 친척 모임이나 디너 파티가 열리면 사람들은 모두 아버지가 일어나서 뭔가 멋진 말을 해주기를, 그렇게 해서 그 모임의 의미를 채워주기를 바랐다.

게다가 아버지의 미소는 백만 불짜리였다. 누군가 재미있는 말을 하면 아버지는 이를 하얗게 드러내고, 눈은 초승달처럼 가늘어져서 유쾌하게 웃었다. 마치 웃다가 죽겠다는 듯한 표정으로. 그래서 아버지와 함께 있으면 사람들은 자신이 특별하다는 느낌을 받았다. 우리가 아버지의 인생에 비치는 한 줄기 빛이고, 아버지는 그 빛의 문을 열 열쇠를 쥔 듯한 느낌. 그를 통해서 진실한 우리 자신을 볼 수 있는 듯한.

어떤 의미에서는 아버지가 던지는 어두운 질문들도 그런 느낌을 안겨주었다. 그는 상대에게 진정한 관심을 뒀다. 진심으로 상대의 마음에 들어가서 알고자 했고, 인도하고자 했으며, 공유 지점을 만들고자 했다. 하지만 아버지는 매우 능란한 한편 미숙하기도 했고, 지나치게 복잡하고 무거우며 냉담했다. 아버지의 정신의학자다운 냉정한 태도는 내게 이중적인 느낌이 들었다. 나는 따뜻한 보살핌을 받는 것도 같고, 있으나 마나 한 취급을 받는 것도 같았다. 깊은 유대를 맺고 있지만, 오해받는 듯한 느낌. 어쨌거나 아버지는 내게 슬프고 접근하기 어려운 사람으로 여겨졌다.

돌아보면, 아버지는 진심으로 내게 가까이 다가와서 다정한 아버지가 되고자 했을지도 모른다. 문제는 지나치게 깊이 다가왔고, 나를 딸이 아니라 표본처럼(사랑의 대상이 아니라 조사하고 성형할 대상처럼) 대했다는 것이다.

이런 강렬한 긴장을 빼면 어린 시절 아버지에 대한 기억이 별로 없다. 물론 소소한 일들은 있다. 밤에 나와 베카를 한꺼번에 안고 위층으로 올라가다가, 뒤로 넘어질 듯 몸을 젖혀서 우리를 기겁시키던 일 같은 것. 우리는 아버지의 목에 매달려서 꺅꺅 소리를 질러댔다. 때론 우리가 잠을 못 이루면 아버지는 방 밖에 앉아서 큰 소리로 숫자를 세어주곤 했다. 우리는 그 소리를 들으며 잠이 들었고, 아침이면 아버지는 어디까지 셌을 때 우리가 잠들었는지 말해주었다. 아버지가 그걸 알 도리가 없다는 생각 같은 건 들지 않았다. 아버지는 나에 관한 일이라면 모르는 게 없다고 여겼으니까. 그는 오즈의 마법사처럼 위대하고 전지전능한 사람이었다.

열여섯 살 때의 일이다. 어느 날 아침 식사를 하러 아래층에 내려오니, 아버지가 식탁에 앉아 블랙커피와 잉글리시 머핀을 들고 계셨다. 자리에 앉자 아버지는 읽던 〈뉴욕 타임스〉를 옆에 내려놓고 안경 너머로 나를 바라보았다. 전날 밤 나는 데이트하러 나갔다가 남자친구와 차 안에서 두려움과 설렘 속에 키스와 애무를 나누었다. 술도 많이 마셔서 아침까지 술기운이 남아 있었다. 아버지는 나를 계속 바라보았다.

"그래, 요즘 어떠니?"

질문이 예사롭지 않았다. 아버지의 차분하고도 날카로운 말투는 나를 얼어붙게 했다. 그 자리에서 어떤 쓰라린 통찰을 얻거나, 깊이 감춰둔 비밀을 털어놓아야 할 것만 같았다. 아버지 앞에 앉아 있는 것은 하느님 앞에 앉아 있는 것과 다름없었다. 아버지의 눈길이 두개골을 뚫고 들어와 거기 간직한 온갖 일을 훑는 것 같았다.

술 마시는 나, 키스하는 나, 비쩍 마른 사춘기 소녀의 몸속에서 일어나는 아련한 성감. 아버지의 시선을 감당할 수 없었기에 식탁 밑에 주저앉아 죽어버리고 싶었다.

"별일 없어요."

나는 오렌지주스 잔을 잡으며 알아듣기 어렵게 우물거렸다.

아버지는 시선을 거두지 않았다. 치고 들어갈 지점을 찾는 듯한 모습이었다. 우리가 공유한 어떤 영역으로 치고 들어갈 말을 찾는 느낌이었다.

"그렇다면 새로운 생각도, 느낌도 없었다는 말이냐?"

나는 아무런 대꾸 없이 가만히 앉아 있었다. 아버지와 나누는 대화는 그런 식으로 끊어지기 일쑤였다. 그의 질문은 언제나 너무 거대하고 직접적이고 포괄적이어서, 모든 것을 털어놓거나 입을 꾹 다물 수밖에 없었다. 그런 아침이면 나는 후자를 선택하고서, 간신히 '네'라는 한 마디를 내뱉었다. 죄책감은 있었지만, 그게 나를 보호하는 방법이라 생각했다.

알코올은 또 다른 보호 수단이었다. 그것은 분위기를 가볍게 만드는 데 아주 효과적이었으며, 사람들 사이의 거리감을 좁히고 혼란을 이기며 침묵의 껍데기를 깨는 데 힘을 발휘했다. 나는 어려서부터 아버지를 보면서 그런 사실을 배웠다. 아버지는 마티니를 아주 좋아했다. 환자들을 보고 집에 돌아오면 목욕을 하고 옷을 갈아입고서 거실에 나가 마티니를 만들었다. 어머니는 매일 때 맞추어 당근과 땅콩, 마티니에 곁들일 레몬 조각이 담긴 칵테일 쟁반을 차려놓았다. 두 분이 함께 소파에 앉으면 아버지가 마티니를 마시기 시작했다.

아버지는 단 한 번도 흉한 모습을 보인 적이 없으며, 노년에 이르기 전에는 술 취한 모습 자체를 보이지 않았다(나이가 들고 나서 아버지는 때론 저녁 식사 후 소파에 누워 잠이 들었다). 하지만 해가 바뀌고 또 바뀌어도 아버지가 언제나 변함없이 마티니를 마시는 모습을 보고 자란다면, 그것이 아버지 인생에 매우 중요한 일이라는 걸, 아버지가 그것을 통해 깊은 위안을 얻는다는 걸 충분히 짐작할 수 있다.

나는 본격적으로 술을 마시기 훨씬 전부터 그런 분위기를 좋아했다. 그리고 나도 모르는 사이에 술 마실 날을 고대하게 되었다. 부모님은 두 분 다 말수가 적었다. 소파에 함께 앉아 있을 때면 어머니는 대개 뜨개질을 했고, 아버지는 창밖을 내다보았다. 방 안에는 알 수 없는 긴장감이 안개처럼 떠돌았고, 이런 침묵은 날 불편하게 만들었다. 어머니가 커튼을 바꿨다거나 개를 동물병원에 데리고 갔다는 등 그날 있었던 몇 가지 일을 이야기했다. 그런데 그럴 때면 드러나지는 않아도 아버지가 어머니의 말을 듣고 있지 않다는 걸 느낄 수 있었다. 아버지의 정신은 집 밖 먼 곳을 떠돌고 있었다. 그런 식으로 5분 혹은 10분이 지나갔다. 그 사이에 아버지는 마티니를 한 잔 마시고, 한 잔을 더 따랐다. 아버지는 서서히 긴장을 풀었고, 잠시 후 거실은 모든 분자가 싹 해체되었다가 재배열된 듯 편안한 분위기가 되었다.

마티니 이전과 이후는 미묘하지만 분명히 달랐다. 자리를 벗어나 있던 아버지가 다시 옆자리로 돌아온 느낌. 첫 잔을 마시고 나면 아버지는 농담하거나, 창밖을 바라보던 시선을 방 안으로 돌려서 "어떤 커튼을 바꿨는데?" 혹은 "개가 어때서?" 하는 식으로 어머니의 말에 반응했다. 마티니는 아버지의 천성적 무뚝뚝함을 거두고, 깊은 슬픔을 달래주는 것 같았다. 두 분 사이에서 나는 한참 동안 숨을 참고 있다가 안도의 한숨을 내쉬는 일이 많았다.

아버지는 내게 마티니와 스페인 셰리 주와 싱글몰트 스카치를 경험하게 해줬다. 나는 더욱 안심했다. 더 완전한 보호 수단을 얻은 느낌이었다. 고등학교 졸업을 앞둔 여름, 아버지는 나를 보스턴 시내에 있는 그리스 레스토랑에 데리고 갔다. 아버지와 단둘이 외식을 한 건 그때가 처음이었다. 아버지는 마티니를 시키고 내게는 와인을 주문해주었다. 우리가 붉은 가죽 의자가 놓인 자리에 들어가 앉자, 웨이터가 다가와 아버지에게 인사했다.

"안녕하세요, 냅 박사님."

그러자 아버지는 다소 차갑고 정중하게 고개를 끄덕이고는 술을 주문했다.

나는 의자에 손을 깔고 앉았다. 십대 시절 특유의 어색함에 사로잡혀, 할 말이 한마디도 떠오르지 않았다. 그때 그곳을 채운 깊고 무거운 침묵을 기억한다. 어떤 공허감, 경계심, 아버지 곁에서 자주 느끼던 감정이 다시 솟아올랐다. 그것은 아버지에게서 격려받고 싶고 인정받고 싶은 마음, 우리 두 사람 사이의 간극을 어떻게든 채우고 싶은 마음이었다.

그때 와인이 나왔다. 한 잔, 그리고 두 잔. 두 잔째 마시던 중, 어느 순간 스위치가 탁 올라가는 느낌이 들었다. 몸이 스르르 녹아들었고, 머릿속이 따뜻하고 가볍게 느껴졌다. 내가 마시는 것이 술이 아니라 안온함 자체인 것 같았다. 안온함은 술병에서 쏟아져나와 아버지와 나 사이를 흘렀다. 그날 밤 아버지와 나눈 이야기는 기억나지 않는다. 하지만 애초의 불편함이 사라지고서 무언가 따뜻한 분위기 속에서 자리가 마무리된 것은 똑똑히 기억한다.

별을 마시는 기분이다.

메리 카가 회고록 『거짓말쟁이 클럽The Liar's Club』에 인용한 그녀 어머니의 말이다. 메리 카는 어린 시절 도자기 컵에 적포도주와 세븐업을 섞어 마시고는, 마치 빛이 비쳐오듯이 온몸이 서서히 따뜻해지는 느낌을 받았다고 했다. 그녀는 "내 존재의 한복판에서 해바라기가 둥그렇게 피어나는 것 같았다"고 썼다. 그 구절을 읽을 때 나는 그녀의 표현에 완전히 공감했다. 그리스 레스토랑에서 와인은 뼛속으로 스며들어, 영혼의 평온하고 다정한 부분에 따뜻한 빛을 비추었다.

아버지와 함께 술을 마실 때면 언제나 그런 느낌을 받았다. 술을 마신다고 아버지가 작아 보이는 것은 아니었다. 하지만 내가 좀더 아버지에게 합당한 자녀가 된 것 같았고, 두려움이 가셨으며, 자신감이 커졌다. 아버지 옆자리에 털썩 주저앉아서 말을 건넬 수도 있었다. 아버지의 얼굴에서 유쾌한 웃음을 끌어낼 수도 있었고, 어깨를 툭 때릴 수도 있었고, 좀 더 자연스럽고 평범해 보이는 부녀 관계를 연출할 수도 있었다. 술을 마실 때면 나는 아버지의 이름을 불렀는데, 그럴 때마다 우리가 특별하고도 인간적인 유대를 이루었다는 느낌에 유쾌해졌다.

'얼마나 다행이야. 정말 이렇게 다행일 수가 없어.'

술을 통해서 우리 부녀의 기이한 유대는 구체적인 실체가 되었다. 공중에서 아물아물 빛나던 것이 땅에 내려와 보석으로 탈바꿈한 것 같았다. 술을 통해서 나는 비로소 두려움 없이 아버지와 대면하고, 그로써 우리의 맹약을 지킬 수 있었다.

나이 들면서 나는 기억이란 미생물과 같은 작은 생명체(두뇌 속을 헤엄쳐 다니다가 정착할 곳을 찾아 머무르는 존재)가 아닌가 하는 생각을 품게 되었다. 정착할 곳이 없으면, 기억에 붙여둘 적절한 레이블이 없으면 그것은 어두운 구석에 가라앉아 조용히 지내다가 난데없는 순간에 불현듯이, 혹은 꿈속 같은 곳에서 불쑥 튀어나와 사람을 괴롭힌다.

사춘기에 나는 내내 우리 집 부엌 바닥이 아래로 꺼지는 꿈을 꾸었다. 리놀륨 바닥재 밑의 나무가 썩어서, 언제 온 가족이 땅속으로 무너져 내릴지 모르는 상태였다. 또 길을 잃고 집으로 돌아가지 못하는 꿈을 꾸었다. 수화기를 들었지만 번호가 제대로 눌러지지 않았다. 모두 불안의 이미지였다. 거짓을 감춘 마룻바닥, 잘못된 지도, 연락 두절, 다가오는 위험.

그 무렵 나는 이런 불안과 소통 단절의 느낌을 설명할 수 없었다. 주변을 둘러보면 그런 느낌이 뻗어 나올 곳이란 도무지 보이지 않았다. 겉으로 보면 부모님의 생활은 평온하고 점잖았으며, 알코올 중독의 기미 같은 것은 전혀 찾을 수 없었다. 교도소에 가거나, 교통사고를 내거나, 법석을 떨며 이혼하지도 않았다. 그런 일은 다른 가족, 다른 계층의 일이었고, 우리 가족은 온갖 보호 장치로 그런 위험한 사건들에서 절연된 것 같았다. 우리 집은 경제적으로 여유로웠고, 아픈 사람도 없었으며, 높은 학력을 자랑했다. 보스턴 외곽의 교육 도시 케임브리지에 널찍하고 현대적인 집이 있었고, 마서스비니어드 섬에 여름 별장도 있었다. 해마다 봄방학이면 푸에르토리코에 가고, 플로리다 해변에서 별장을 빌리기도 했다.

"상류사회는 아주 좁단다."

아버지는 이런 말로 내가 남들보다 월등한 기회를 얻고 태어난 행운아라는 사실을 일깨워주었다. 우리가 속한 문화는 케임브리지라는 공간과 60~70년대라는 시간적 배경에 의해 자유주의적 정치 성향과 아이비리그라는 학맥을 공유했다. 하지만 우리 세계의 가장 큰 특징은 무엇보다 조금은 생기 없어 보이기도 하는 고요한 분위기였다. 우편함에 꽂아놓은 〈뉴요커〉나 〈하버드 매거진〉 같은 잡지가 거실 바닥에 '철퍽' 소리를 내며 떨어지는 그런 집들 말이다.

우리 세계가 가진 여러 규칙 때문에 어린 시절 우리 3남매의 일상은 아주 단순하게 결정되었다. 오빠와 나 그리고 베카는 음악 레슨, 책, 여름캠프 등 교육적인 것은 무엇이나 요구할 수 있었지만, 유행하는 옷이나 패스트푸드 같은 일시적 만족을 주는 것들은 포기해야 했다.

언어생활에도 규율이 있어서 우리는 상대가 말을 걸 때까지 기다렸다가 말해야 했다. 학업 성적은 우수해야 했고, 교육은 어떤 목적이 아니라 우리를 성장시키는 도구로써 존중해야 했다. 우리 집에는 업다이크의 가족, 치버의 가문과도 같은 질서가 흘렀다. 언제나 차분한 태도, 교양 있는 말씨, 저녁 7시에 마시는 가벼운 칵테일. 우리 가족은 7시 30분에 저녁 식사를 했는데, 식사 때 분위기는 고요 자체였다. 기다란 흰색 촛불들이 식탁 중앙에서 깜박이는 가운데, 들리는 소리라고는 이따금 나이프나 포크가 접시에 부딪히는 소리와 꿀꺽하고 음식을 삼키는 소리뿐이었다.

부모님은 너그럽고 사려 깊은 분들로, 감정을 드러내는 일만큼은 정말이지 드물었다. 잠자리에 들기 전에 키스하려고 하면, 두 분은 고개를 살짝 치켜들어 옆으로 돌린 채 두 뺨을 차례로 내밀었다. 그러면 우리는 입 모양만으로 키스하는 흉내를 내야 했다. 그리고 부모님이 우리의 키스에 답해주는 일은 거의 없었다.

대신 우리에게는 차분한 의례와 명백한 우선권들이 있었다. 우리 집의 주요 주거 공간이던 부엌과 식당, 거실은 내가 태어난 1959년에 본래 살던 집을 넓혀서 새로 지었다. 거실은 천장이 매우 높았다. 한쪽 벽은 높다란 전망 창들이 시원스레 뚫려 있었고, 흰색 벽난로와 거기서부터 맞은편 천장까지 뻗어 나간 굴뚝으로 거실과 식당 공간이 구분되었다. 검소하고도 품위 있는 분위기였다. 가구들도 모두 차분한 색깔의 천으로 씌워놓았고, 어머니가 그린 추상화들만이 벽 위에 간헐적인 색깔의 세계를 펼쳐주었다. 우아한 고요, 우리 집의 분위기는 바로 그랬다. 어긋나고 잘못된 것은 눈에 띄지 않았다. 어딘가 불안하고 서글픈 기미가 있기는 했지만, 그런 느낌은 너무도 희미해서 후미진 구석에서나 간신히 감지될 뿐이었다. 마룻바닥에 깔린 잿빛 양탄자 밑, 혹은 커튼 뒤에 드리워진 어두운 그림자 속에서.

이따금 다른 집에 가서 그들 가족이 생활하는 모습을 지켜보면, 아무런 분란도 갈등도 없는 우리 집 분위기가 또 다른 문제를 말해주는 것은 아닐까 하는 생각이 들었다. 어쩌면 이런 평온함은 거죽일 뿐, 그 속에는 아주 힘든 것, 아주 위험한 것, 감히 입에 올릴 수도 없고 존재 자체를 인정할 수도 없는 어떤 것이 감춰져 있지 않나 하는 생각이.

초등학교 2학년 때 친구네 집에 갔다가 퇴근해서 돌아온 친구의 아버지가 친구를 번쩍 안아 올리는 모습을 보았다. 나는 놀랍고 부럽고 약간은 어처구니없기도 했다. 내게는 너무도 낯선 광경이었다. 우리 가족 사이에는 포옹이란 것이 없었다. 4학년인가 5학년 때는 친구네 엄마의 욕실에 들어갔다가 거기 널린 물건들을 보고 기겁을 했다. 로션과 파우더, 각종 튜브, '딸각' 소리를 내며 열리고 닫히는 콤팩트. 우리 어머니는 잡다하게 물건을 사 모으는 취미가 없었다.

그럴 때마다 나는 다른 사람들은 좀 이상하게 사는구나 싶었다. 하지만 그런 경험을 통해서 활력이 부족하고, 감각적인 것을 회피하고, 즐거움을 만끽하지 못하는 우리 집의 분위기가 일반적인 것이 아님을 알 수 있었다. 그 욕실을 둘러보는 내 마음속에는 어떤 열망이 일었지만, 동시에 차가운 경멸도 솟았다.

'우리 가족은 얘네 가족과 달라. 그러니까 나는 이런 걸 바라면

안 돼. 우리는 얘네보다 몇 계단 위쪽에 있는 사람들이야.'

어린 시절, 부모님이 우리에게나 두 분 사이에 사랑한다고 말하는 걸 들어보지 못했다. 두 분은 싸우는 법이 없었다. 그래서 나는 어른들은 서로 다투지 않거나, 다툴 일이 있더라도 안 보이는 곳에서 조용히 해결하는 줄 알았다. 그런데 어머니는 두통을 자주 앓았다.

"두통이 생겼어."

어머니는 이렇게 말하고 방에 들어가 저녁 식사 전까지 쉬었다. 때론 어머니가 몇 시간이고 방에서 나오지 않으면, 나는 조용조용 그 방 앞을 지나갔다. 그때도 어머니의 고통이 육체적인 것에 그치지 않는다는 느낌이 들었지만, 다른 어떤 증거가 없었기 때문에 그걸 깊이 생각해보거나 어머니에게 묻지 않았다.

어느 날 아버지가 불쑥 던진 기이한 말도 생각난다. 열여덟 살 무렵, 아버지와 함께 할머니 댁에 저녁을 먹으러 갔다. 식사를 기다리는 동안 아버지는 아파트 창밖을 내다보며 말했다.

"분노와 섹스, 인간을 충동하는 2대 에너지."

아버지는 그런 식의 짧은 명제를 던지는 일이 많았다. 그것은 아버지 두뇌 깊은 곳에 간직한 통찰이라는 이름의 신경학 파일에서 튀어나오는 진실이었다. 나는 아버지가 무슨 말을 하는지 이해할 수 없었다. 하지만 아버지의 목소리와 눈빛을 통해서 그 말이 학문적인 맥락이 아니라 개인적인 맥락에서 나온 것임을, 그가 자신의 분노와 성적 충동으로 고민하고 있음을 알 수 있었다. 우리는 나란히 샤르도네 잔을 들고 창밖을 내다보고 있었다. 나는 가만히 고개를 끄덕이고 남은 술을 모두 들이켰다.

아버지의 이런 명제들은 나를 주어로 삼는 일도 있었다. 저녁 식사 전에 아버지와 둘이 거실에 앉아 있으면, 아버지가 나를 바라보다가 불현듯이 말했다.

"너는 우리 집에서 소외된 존재 같구나."

"제가요?"

열네댓 살 무렵이던 나는 곁눈질로 슬쩍 아버지를 보고는 내 발끝으로 얼른 시선을 돌렸다.

물론 아버지의 말은 옳았다. 그는 인간 엑스레이였으니까. 아버지는 내 우울한 성향에 대해서도 여러 차례 언급했다. 아버지는 내가 십대 시절에 친구네 집에서 잠을 잔 일이 많음을 지적하며, 그것은 일종의 도피였다고 말했다. 그리고 언젠가부터 나는 아버지의 그런 말이 가감 없는 사실의 진술인지, 그가 말함으로써 사실이 되어버린 암시인지도 알 수 없게 되었다. 그리고 그가 언급하는 문제들(우울증, 분노, 도피 욕구)은 바로 아버지 자신과 관련되어 있을 거라는 생각도 여러 번 들었다. 그런 말로 내게 불안감을 안겨주는 바로 그 순간에.

하지만 그런 고민의 기색은 공기와도 같았다. 눈에 보이지 않고, 손으로 잡을 수도 없으며, 확인해볼 적절한 검사가 있는 것도 아니었다. 부모님은 별다른 불화의 기미를 보이지 않았고, 집착과 욕망, 충동 같은 것을 외부로 표출하는 일도 없었다. 때론 한밤중에 깨어 부모님이 다투는 소리를 듣기도 했다. 내 방이 부모님 방의 바로 위에 있었기에, 다투는 내용은 몰라도 격앙된 목소리와 길고 냉랭한 침묵은 똑똑히 전해졌다. 하지만 나는 늘 별것 아닐 거라고 마음을 달랬다. 아버지와 어머니는 지적인 공감대가 넓었고, 두 분 모두 책과 음악, 미술을 열렬하게 애호했다.

'아마도 두 분은 소설가 프루스트에 대해서 논쟁하고 계실 거야,'

나는 이렇게 생각했다. 불화를 빚을 만한 구체적인 근거가 없었기 때문이다. 매일 저녁 칵테일 잔을 앞에 두고 거실에 앉아 있는 부모님의 모습은 세련된 평온함 자체였다. 조그만 땅콩 그릇, 레몬 조각을 담은 유리 접시. 어머니는 뜨개질하고, 아버지는 마티니 잔을 든 채 거실 이곳저곳에 고요한 시선을 던진다. 그 밑에 분노와 성적 욕망이 들끓고 있었다 해도 그것은 아득히 깊은 곳의 일이라서, 표면에는 잔물결 하나 일지 않았다.

우리 집의 이렇듯 고요하고 정돈된 분위기는 내 문제를 좀 더 복잡하게 만들었고, 그것은 지금도 마찬가지다. 사실 설득력이 없기 때문이다. '우리 아버지는 기이한 방식으로 나를 편애했고, 나는 알코올 중독자가 되었다. 우리 집은 아주 고요하고 정돈된 분위기였고, 나는 알코올 중독자가 되었다'는 말은 '나는 대대로 이어진 알코올 중독자의 집안에서 태어났고, 나 또한 알코올 중독자가 되었다'는 애비의 이야기와 같은 공감을 얻기 어려운 법이다.

많은 AA 모임이 '자격증 받기qualification'라는 프로그램으로 시작한다. 이것은 발표자가 앞에 나가서 자신이 어떻게 술을 마시게 되었는지, 또 술을 끊고 나서 어떻게 달라졌는지를 이야기하는 시간이다.

자격증 받기 시간이면 '저는 어두운 어린 시절을 보냈습니다'라는 문장으로 시작하는 드라마틱한 이야기들을 숱하게 들을 수 있다. 그 내용은 성적·신체적·심리적 학대를 비롯한 현대 미국인이 겪는 정신적 트라우마의 전 영역을 포괄한다. 그런 이야기를 듣다 보면 나는 상대적으로 이곳에 어울리지 않는다는 느낌, 내가 가진 이야기는 너무 빈약하다는 일종의 죄책감마저 든다. 때로는 내게도 배경은 이렇고 기승전결은 이렇다는 좀 더 또렷하고 생생한 이야기가 있었으면 좋겠다는 생각이 들었다. 하지만 사태를 결정짓는 단 한 번의 사건은 흔히 일어나지 않는다. 알코올로 출렁대는 참담한 환경에서 성장한 사람들도 자신이 알코올 중독에 빠져든 결정적인 계기는 알지 못한다.

애비도 그랬다. 그녀에게 술 마셔야 할 이유는 언제나 많았지만, 딱 꼬집어 '이것 때문이었어. 아니 저것 때문이었어'라고 말할 만한 것은 없었다. 그것은 어떤 사람도 마찬가지다.

우리 집안에도 분명히 알코올의 내력이 흘렀다. 하지만 그 흐름은 아주 미묘하고 조용하고 우회적인 방식으로 이어졌으며, 부모님 가운데 오직 한 분, 그러니까 아버지 쪽을 통해서만 전달되었다.

어머니의 집안은 과음 같은 것과는 인연이 멀었다. 외가 분위기는 언제나 온화했다. 어린 시절 일요일을 맞아 외가에 놀러 가면 저녁 식사 전에 어른들이 거실에 모여 앉아 조용히 술을 마셨는데, 그것은 그저 편안한 여흥의 일환일 뿐 그 이상도 그 이하도 아니었다. 외할머니는 보드카 온더록스를 마셨고, 남자들은 고급 진을 마셨다. 어머니는 언제나 물을 잔뜩 섞은 스카치를 마셨는데, 그것도 두 잔이면 그만이었다. 나는 외가 식구들이 취한 모습을 본 적이 없다. 재활센터에 들어갔을 때, 외가 쪽 숙부 한 분이 위로의 말을 해주었다.

"걱정하지 마라. 유대인의 피가 너를 지켜줄 거야."

그러나 다행인지 불행인지 나는 아버지 쪽의 피를 더 많이 물려받았다. 나는 생김부터 아버지를 닮았다. 넓은 이마에 손발 모양도 똑같고, 체질도 비슷하다. 술도 아버지처럼 마셨고, 역시 아버지처럼 독한 증류주를 좋아했다. 얼마 전에 나는 아버지가 열아홉 살 여름에 남서부의 한 목장에 가서 지내며 쓴 일기를 보았다. 일기에는 3쪽에 한 번꼴로 술 마시는 이야기가 나왔다. 마을 술집에 나가서도 마시고, 식사 때도 마셨다. '악마의 알코올'이라는 표현도 자주 나왔다.

아버지는 뉴욕 주의 명문 프로테스탄트 집안 출신으로, 특히 할머니한테서 많은 재산을 물려받았다. 그리고 아버지가 직접 말한 적은 없지만, 친가 쪽에는 술 마시는 일이 자연스럽고도 중요한 의례로 자리 잡고 있었다. 아버지의 성장 배경에서 그것은 물려받을 재산이나 아이비리그 대학의 졸업장만큼이나 익숙한 것이었다. 그들만의 삶. 아버지와 보브 삼촌이 20대 초반에 함께 찍은 사진을 보면, 뉴욕 주 북부의 광활한 가족 영지에 마련한 스페인식 파티오에 앉아 흰색 테니스복 차림으로 마티니를 홀짝이는 두 형제가 있다. 마트, 두 사람은 마티니를 그렇게 불렀다.

'마트 한잔하자.'

아버지는 하버드 의과대학 면접시험장에도 지독한 숙취를 안고 갔다. 아버지는 젊은 날의 치기였다는 식으로 다소 겸연쩍게 그 이야기를 했지만, 그 이야기도 자주 하지는 않았고, 그 비슷한 다른 이야기는 거의 하지 않았다. 나는 조부모님이 술을 얼마나 마셨는지, 어떻게 마셨는지 알지 못한다. 술 때문에 아버지의 집안에 어떤 재난이 일어났어도, 그것은 집안일로 그쳤기 때문에 외부인들은 자세한 내막을 알지 못했다.

물론 알코올이 문제를 일으킨 흔적들은 여기저기 남아 있었다. 하지만 그런 것은 모두 먼 옛날의 일로 과거 속에 안전하게 묻혔다. 내가 태어나기 훨씬 전에 아버지는 음주운전으로 두 번인가 체포되었다. 그리고 어머니를 만나기 전, 아버지는 셸비라는 알코올중독자와 결혼한 일이 있었다.

어린 시절 우리 앞에 돌출되는 셸비의 이야기는 유쾌함과는 거리가 멀었고(그녀는 술에 취한 채 전화를 걸어 고래고래 소리를 지르거나 어처구니없는 요구를 하곤 했다), 우리에게 그녀는 불길함의 여신처럼 여겨졌다. 주정뱅이, 병든 사람, 나쁜 소식을 몰고 오는 여자. 아름답고 우아하고 기품 있는 우리 어머니와는 극과 극인 여자. 그러나 우리는 알코올 중독이라는 말은 하지 않았고, 셸비 얘기를 할 때면 언제나 암호 같은 말을 썼다. '그 여자'가 전화했어. 돈 때문에 미쳐 날뛰고 있어. 우리는 아버지가 셸비와 헤어지면서 그동안의 모든 혼돈과 재난도 함께 이별하고, 대신 어머니의 좋은 점들을 맞아들여 새로운 인생을 열었다고 믿었다. 그리고 온 힘을 다해 위키에 대한 복잡한 감정을 외면했다. 아버지의 첫 결혼이 남긴 가장 뚜렷한 결과물, 위키. 그는 아버지의 새로운 결혼 생활 속으로 밀고 들어와,

내 어린 시절에까지 영향을 미쳤다.

위키는 아버지가 셸비에게서 낳은 셋째다. 날 때부터 눈이 멀었고, 정서가 불안했으며, 아무도 그런 말을 쓰지는 않았지만 중증 지적장애를 지니고 있었다. 어린 시절 나는 그를 자주 보지 못했다. 하지만 그는 언제나 우리 가족의 뒷자리에 배경처럼 자리 잡고 있었고, 치유 불가능한 문제이자 부모님 사이에 유일하게 눈에 띄는 긴장의 근원이었다.

위키는 아버지가 재혼하고 처음 2년 동안 부모님과 함께 살았다. 어린 시절에 들은 이야기에 따르면, 부모님은 이탈리아로 신혼여행을 갔는데, 그때 이탈리아에 있던 셸비가 아버지를 찾아왔다.

"이 애는 당신의 아이예요. 난 더는 이 애를 돌볼 수 없으니까 당신이 키워요."

아버지는 거절하지 못하고 위키를 집으로 데려왔다.

그때 위키는 열 살이었다. 분노로 들끓는 앞이 보이지 않는 이 소년은 어머니에 대한 적개심을 감추지 않았다. 날마다 악을 쓰며 발작했고, 사방에 몸을 부딪쳤으며, 귀중한 물건들을 마구잡이로 깨뜨렸다. 옛 중국 보석함이며, 화병이며 남아나지 않았다.

어머니는 그 시절을 악몽이라고 말했다. 아버지가 출근하고 나면, 위키를 돌보고 먹이고 각종 치료기관에 데리고 다니는 일은 온전히 어머니 몫으로 남았다.

한번은 어머니가 위키를 심리치료사에게 데려가려고 택시에 태우는데, 위키가 발작하며 죽일 듯이 어머니의 목을 조른 일이 있었다. 이런 일을 거듭하면서 어머니는 위키에 대한 일말의 동정이

나 안쓰러움도 잃었고, 두 사람 사이에는 적개심만 커졌다. 아버지는 계속해서 방법을 찾아보겠노라고, 사람을 들여서 위키를 돌보게 하겠노라고, 적절한 프로그램과 의사, 치료 그룹을 찾아보겠노라고 약속했다. 하지만 실제로 아버지는 위키의 상태가 얼마나 암담한지를 솔직히 받아들이지 못했다.

어머니는 사태를 명료하게 파악하고 있었다. 하지만 그걸 안다고 해서 달라지는 것은 아무것도 없다는 사실이 어머니를 무력감에 빠뜨렸다. 게다가 어머니에게 이런 상황은 일견 수치스러운 일이기도 했다. 외가에서는 처음부터 아버지를 탐탁지 않게 여겼다. 이혼남에 프로테스탄트 정신분석가였으며, 나이도 어머니보다 열한 살이나 많았으니 기대하던 사윗감은 아닌 셈이다. 어머니는 집안에 아버지에게 전처 자식들이 있다는 말은 했지만, 위키에 대한 구체적 사실은 밝히지 않았다. 어머니도 위키와 함께 살 줄은 꿈에도 몰랐을 것이다. 아버지는 위키가 오래 머물지 않을 거라고 장담했고, 어머니는 참기로 했다. 그때 어머니로서는 다른 방법이 없었을 것이다.

하지만 어머니는 그 말을 믿지 않았다. 결혼 전에 아버지가 어머니에게 한 구애는 너무도 열렬해서 그야말로 태산이라도 움직일 것 같았다. 두 분은 칵테일 파티에서 만났는데, 꾸밈없는 외모에 지성미가 빛나는 어머니를 보고 아버지는 그만 첫눈에 반했다. 아버지는 연애편지를 쓰고 시를 써서 보내는 등 고전적인 방식으로 구애하며, 어머니를 구원의 여신처럼 받들었다. 결혼하기 직전의 어느 날 두 분이 식당에서 만났는데, 아버지가 담배를 계속 피우자 어머니가 말했다.

"그렇게 담배를 피우다가는 나를 금방 과부로 만들겠어요."

아버지는 그때까지 25년이 넘도록 하루에 두 갑씩 담배를 피웠는데, 어머니의 질책을 받자 그 자리에서 담뱃불을 끄고 다시는 담배에 손을 대지 않았다. 위키의 등장을 통해서 어머니는 아버지의 열렬한 구애가 애초의 생각만큼 단순하고 순수한 것만은 아니라고 느끼기 시작했다. 위키는 아버지의 문제 많던 과거를 웅변해주는 최초의 가시적 증거였으며, 그 증거가 어머니의 등에 올라타서 어깨를 짓누르고 있었다.

몇 달이면 된다던 위키의 체류는 여섯 달을 넘어섰고, 다시 1년을 넘겼다. 그러는 동안 부모님은 집을 고치고, 어머니는 오빠 앤드루를 임신했지만, 위키는 계속 부모님 곁에 있었다.

앤드루가 아기였을 때, 어머니는 앤드루의 방으로 더듬어 들어가는 위키로 말미암아 날마다 기겁했다. 앤드루가 18개월이었을 때, 위키는 앞뜰에서 앤드루의 머리 위로 손수레를 뒤집어씌워 그 밑에 가둬버렸다. 그때 어머니는 나와 쌍둥이 자매 베카를 임신 중이었다. 그 사건 직후 위키는 우리 집을 떠나 특수 시설을 전전하며 살았다. 하지만 그는 끝까지 별다른 호전을 보이지 못했다.

그 후로 위키는 주말이나 크리스마스, 부활절, 추수감사절에 한 번씩 우리 집에 찾아왔다. 나는 위키가 너무 싫어서 그가 집에 온다는 이야기만 들어도 몸이 움찔했다. 위키는 뚱뚱했고, 옷차림도 엉망이었으며, 물에 분 듯 퉁퉁하고 허여멀건 얼굴에 코는 납작했다. 게다가 가늘게 째진 눈은 금방이라도 눈알이 사라져 텅 빈 구멍이 될 것 같았다. 그는 몸을 제대로 가누지 못했다. 아버지가 거실에 데려가 의자에 앉히면 위키는 의자에 앉은 채 쉬지 않고 몸을 앞뒤로 흔들었다. 그러다가 이따금 먼 곳의 새소리라도 듣는 듯 고개를 갸우뚱한 채 멈추곤 했다. 그런 다음에는 손으로 얼굴이나 머리카락을 정신없이 만졌다. 콧구멍을 쑤시고, 머리를 긁적이고, 귀를 잡아당겼다.

위키가 옆에 있으면 아버지는 멍해 보이기도, 괴로워 보이기도 했고, 서글퍼 보이기도 했으며, 깊은 생각에 잠긴 듯도 했다. 위키는 끝도 없는 말을 혼자서 중얼중얼 늘어놓다가 이따금 말을 멈추고 아버지가 듣고 있는지 확인하는 버릇이 있었다.

"아빠?"

위키가 어리둥절한 표정으로 고개를 들고 아버지를 불렀다.

"아빠?"

나는 그것이 너무도 싫었다. 그것은 내가 아버지 곁에서 아버지의 깊이를 가늠하고자 할 때마다 느끼던 막막함을 과장되게 표현하는 것 같았다.

위키의 밥 먹는 모습도 싫었다. 굶주린 개처럼 허겁지겁 음식을 쑤셔 넣는 모습, 포크 따위는 던져버리고 손으로 음식을 집어 드는 모습, 접시를 들고 남은 음식을 싹싹 핥아 먹는 모습. 아버지는 어머니가 아연한 표정으로 아버지에게 강렬한 눈길을 주기 전까지는 짐짓 이런 모습을 모른 척했다. 위키가 음식 조각을 찾아 손으로 접시를 더듬으면 어머니는 긴장된 목소리로 "피트" 하고 아버지를 불렀다. 어머니가 눈짓으로 위키를 가리키면, 아버지는 그제야 접시에 고정했던 눈을 들어 위키의 손에 포크를 쥐여주며 말했다.

"이것을 쓰렴."

그러면 위키는 잠시 포크를 쓰다가 곧 던져버렸고, 똑같은 일이 다시 반복되었다.

저녁 식사가 끝나면 위키는 자기 방에 들어가 음악 테이프를 들으며 혼자 중얼거렸다. 그에게는 지난 며칠 동안 벌어진 일을 중얼중얼 되새기는 버릇이 있었다. 구체적인 내용에 필사적으로 집착하며 그때의 대화를 반복하고 또 반복했다. 그가 그렇게 중얼거리는 소리가 위층에서 들려오면 부모님은 거실에서 한 마디도 말을 하지 않았다. 두 분은 위키를 두고 싸우는 건 고사하고 위키에 대해 이야기를 나누는 일조차 거의 없었지만, 집 안에는 위키가 던지는 그림자가 짙은 피로처럼 깔렸다. 어머니는 팽팽하게 긴장된 표정으로 고개를 숙인 채 뜨개질에 열중했다. 아버지는 신문이나 책을 읽다가 이따금 고개를 들어 우리 눈에는 보이지 않는 어떤 것을 향해 긴 시선을 던졌다.

위키는 우리 집에 흐르던 고요한 슬픔을 가장 잘 설명하는 요인이었고, 나는 위키야말로 부모님의 결혼 생활을 위협하는 최대의 암종이라고 여겼다. 그것은 너무도 당연해 보였다. 우리 집에 올 때마다 그가 내뿜는 독기는 오직 그의 것이 아닌가. 어머니의 긴장과 두통, 식탁의 냉랭한 분위기, 위키만 보면 멍한 듯 슬픈 표정이 되는 아버지, 식탁에서 우리 가족을 짓누르는 무거운 침묵, 그것은 위키 때문이었다. 두말할 필요가 없었다. 위키 때문이었다.

위키는 내가 스물아홉 살 때 간질 발작으로 돌연히 죽었다. 그의 나이 마흔둘이었다. 장례식을 치르고 나서 몇 달 후 내 이복 언니, 그러니까 위키의 친누나인 페니에게서 편지를 받았다. 그녀는 위키와 함께 보낸 어린 시절 이야기를 들려주며, 그때까지 침묵 속에 잠겨 있던 알코올 문제를 언급했다.

아무도 그런 말은 하지 않았지만, 내가 볼 때 위키가 그렇게 된 것은 태아 알코올 증후군 때문이라고 생각해.

태아 알코올 증후군이라고? 한 사람의 인생이 알코올 때문에 태어나기도 전에 그렇게 망가졌다는 말인가? 페니의 글귀가 귀에 쟁쟁 울렸다. 느닷없는 말이었지만 일리가 있었다. 나는 옆에 두고도 알아보지 못하던 퍼즐의 한 조각을 찾은 것 같았다.

나는 내 아파트에서 와인을 마시며 페니의 편지를 뜯었다. 태아 알코올 증후군에 대해 읽어둔 게 조금 있었기 때문에, 위키가 지녔던 많은 특징이 그에 일치한다는 걸 금방 깨달았다. 길게 팬 쌍꺼풀, 납작한 콧대, 얇은 윗입술. 당시는 내가 술을 지나치게 많이 마신다는 자각이 조금씩 들 때였기 때문에, 그 편지를 봉투에 넣으면서 이런 식으로 계속 술을 마시다가는 아기도 못 낳는다는 생각이 들었다. 내가 아기를 가지면 그 아기도 위키처럼 될 것이다. 그런 일은 할 수 없었다. 그 생각은 나를 몸서리치게 했지만 그것은 잠시였고, 그의 죽음이 내게 가져다준 가장 큰 감정은 안도감이었다.

아버지는 그로부터 4년 후인 4월의 어느 월요일에 돌아가셨다.

서른두 살이던 나는 준비 없이 그의 죽음을 맞았다. 아버지가 돌아가신 날 아침, 간호사 칼라가 집에 와서 검진하고는 앞으로 며칠은 생명이 남아 있을 거라고, 어쩌면 일주일 후에나 돌아가실지도 모른다고 말했다. 아버지는 사흘 전에 혼수상태에 빠졌지만, 호흡도 차분하고 심장 박동도 정상적인 등 생명의 징후에는 큰 이상이 없었다. 그래서 우리는 지난 11개월 동안 그랬듯이, 다시금 기다렸다.

나는 그 5년 전부터 날마다 술을 마셨지만, 아버지가 뇌종양이라는 진단을 받자 상황은 전혀 달라졌다. 아버지의 질병은 내 가슴에 바닥 모를 두려움의 구멍을 뚫었고, 나는 그것을 채우려고, 거기서 달아나려고, 그것을 마비시키려고, 미친 듯이 술을 마셨다. 달리 어떤 방도가 없어 보였으며, 있어도 내가 알지 못했다. 나는 아무 생각 없이 그저 술을 퍼부었다.

칼라가 마지막 진단을 내리기 전, 나는 이틀 밤 동안 아버지 침대 곁을 지켰고, 덕분에 어머니는 잠시 휴식을 취할 수 있었다. 그때까지 어머니는 아버지가 언제 돌아가실지 모른다는 생각에 바스락 소리만 나도 잠에서 깨는 나날을 보냈다. 보다 못한 우리 자매는 이틀 밤 동안 내가 아버지 곁을 지키고, 어머니를 위층의 내 방에서 주무시게 하기로 했다.

아버지를 혼자 돌아가시게 할 수는 없었다. 그리고 나는 아버지가 언제라도 숨을 거둘 수 있다는 사실을 잘 알았기에, 그 이틀 동안 온갖 노력을 다해 술의 양을 줄였다. 아니, 어쩌면 그것은 거짓말인지도 모른다. 그때 내가 무엇을 마셨는지, 얼마나 마셨는지는 생각나지 않는다. 하지만 그 이틀 동안 자리에 눕기 전에 아버지 침대 곁에 서서 아버지의 손에 내 손을 포갠 일은 기억난다.

나는 아버지에게 속삭였다.

"사랑해요, 아빠. 우리가 옆에 있으니까 너무 걱정하지 마세요."

'사랑해요' '우리가 옆에 있어요', 이런 말은 우리 집에서 흔히 들을 수 있는 말이 아니었지만, 억지로 그 말을 했다. 그러고는 옆에 마련된 침대에 누워 아버지의 숨소리에 귀를 기울였다. 그 이틀 동안 내가 정신을 잃었는지 어쨌는지는 기억나지 않는다.

하지만 칼라가 와서 그런 밤이 며칠 더 이어져야 한다고 말하자, 나는 하루쯤 남자친구 마이클의 집에 가서 쉬어야겠다는 생각이 들었다. 마이클을 불러서 식구들(어머니와 베카, 그리고 베카의 남편 앤디)과 함께 저녁을 먹고는, 부모님 집과 가까운 그의 집으로 갈 예정이었다.

그날 밤 나는 코냑을 마셨다. 지난 주말에 사둔 48달러짜리 라뇨, 내가 가장 좋아하는 놈이었다. 그걸 가방에 숨겨두고 담배를 피우고 오겠다는 핑계로 30분에 한 번씩 내 방에 올라갔다. 그리고 담배를 피우며 코냑을 꿀꺽꿀꺽 들이켰다. 그날 저녁 나는 코냑을 반 병 이상 마셨는데, 거기다 저녁 식사 때 와인을 마셨고, 식사 전에 맥주도 몇 잔 마신 상태였다. 어떻게 마이클의 집까지 갔는지 생각나지 않는다. 나는 곧바로 정신을 잃었고, 새벽 1시 반에 전화벨이 울렸을 때도 마이클이 세차게 흔들어서야 겨우 깨어날 정도로 인사불성이었다. 앤디의 전화였다. 아버지의 상태가 예사롭지 않으니 당장 오라고 했다.

내가 술에 취하지 않았다면 우리는 분명히 좀 더 일찍 도착했을 것이다. 얼른 옷을 차려입고 재빨리 차에 올라탈 수 있었다면. 하지만 아버지는 우리가 도착하기 전에 숨을 거두었다. 앤디가 문 앞에서 우리를 맞았다.

"2분 전에 돌아가셨어요."

나는 아직도 취한 상태였다.

Hunger

. . .

위키가 죽을 무렵, 나는 여성 잡지나 병원 팸플릿에 실린 약물과 알코올 남용에 대한 테스트 문항을 풀기 시작했다. '예'라고 대답해야 할 항목이 매우 많았다. 당신은 술이 나오는 파티에 가면서도 '마음의 준비를 하고자' 미리 한두 잔 마시는 일이 있는가? 예. 술을 벌컥벌컥 들이켜는 일이 있는가? 음, 그렇지. 스트레스를 받으면 술을 더 마시는가? 당연한 일. 어떤 문항은 너무 뻔한 걸 물어서 한심해 보이기도 했다. 혼자서 술을 마시는 일이 있는가? 그야 당연하지. 나는 혼자 사는걸. 이런 걸 테스트 문항이라고 만들다니.

나는 그와는 다른 날카로운 질문을 던졌을 것이다. 당신은 어떤 허기나 욕구에 휘둘리는 느낌을 받는가? 저녁 식탁에 놓인 와인을 보면 믿을 수 없는 애인을 바라보듯이 안타까움과 탐욕에 찬 눈길을 던지는가? 누군가 당신에게 술을 따라준다면 잔에 술이 차는 양을 유심히 관찰하고 다른 사람들의 잔에 담긴 양과 비교하는가? 그리고 술이 충분히 따라질 때까지 숨을 꾹 참고 있는가? 그 잔에 든 술과 병에 남은 술에 불안하게 집착하는가? 그것이 걱정되고 신경 쓰이고 탐나고, 또 그것을 모조리 독차지하고 싶은가? 식사가 끝나기 전에 술이 다 떨어질지도 모른다는 생각, 그래서 홀로 아무런 보호 장치 없이 남겨질지도 모른다는 생각을 견딜 수 있는가?

나는 술을 처음 마시던 때부터 그런 불안과 결핍감, 자의식을 느꼈다. 따라놓은 술을 남긴다는 것, 누군가 술을 더 권할 때 망설이는 것은 모두 멍청한 짓으로 여겨졌다. 그리고 정확히는 모르겠지만, 내가 술 마시는 방식이 남들하고 다르다는 것을 막연하게나마 감지했다. 나는 사람들이 술을 권할 때 거절한 기억이 단 한 번도 없다. 그것은 강아지가 먹이를 외면하는 것과 똑같은 일이었다.

'거절이라니? 난 한 잔 더 마실 거야. 술 마시는 건 즐거운 일이니까. 기분 좋은 일이잖아.'

어머니는 그런 식으로 술을 마시지 않았다. 베카도 마찬가지였다. 두 사람은 식사 때 와인 한 잔을 마시면, 더 따라주려고 해도 술잔 입구를 손으로 막았다.

"아냐, 됐어. 이미 충분히 마셨어."

충분하다니? 알코올 중독자에게 그것은 생경한 미지의 언어다. 충분히 마시는 일이란 없다. 우리는 언제나 술이라는 보험을 찾고 또 찾는다. 첫 잔을 마시고 따뜻한 취기가 오르기 시작하면 그다음에는 그 느낌을 지속시키는 것, 그걸 강화하고 증대하는 것, 그걸 잃지 않는 것이 중요하다. 내가 아는 리즈라는 여자는 알코올 중독을 '탐욕의 병'이라고 불렀다. 알코올 중독자들이 술에 느끼는 허기, 집착, 불안, 끝없는 결핍감을 일컬은 말이었다. 알코올 중독자에게 술이란 많을수록 좋고 많아야 한다. 석 잔을 마실 수 있다면 왜 두 잔만 마시는가? 네 잔을 마실 수 있는데 왜 석 잔만 마시는가? 도대체 왜 멈추는가? 그리고 어떻게 멈추는가?

마지막 음주 시절에 나는 파티에 갈 때마다 마이클에게 과음하지 않겠노라고 약속했다.

그는 내게 하소연했다.

"너무 초조해하지 말고, 조금만 조심해줘."

나는 거듭 맹세했다.

"그럴게. 나도 너무 취하고 싶진 않아."

물론 말할 때는 언제나 진심이었다. 그리고 처음에는 내가 마시는 술의 양을 조심스럽게 헤아렸다. 30분 동안 와인 한 잔, 그리고 다음 30분 동안 또 한 잔, 이런 식으로. 그런데 중간에 어떤 신호가 탁 끼어들면 그때부터 통제 불능의 과정이 시작된다. 2~3시간이 지나고 나면 나는 여섯 잔째인지 열 잔째인지 알 수 없는 술을 마시고 곤죽이 되기 일쑤였다.

그 과정을 설명도 해명도 할 수 없었고, 아무리 노력해도 변명조차 나오지 않았다. 술은 내 눈을 멀게 하고, 내 의지를 잠재우며, 나를 멋대로 조종하는 것 같았다.

어떤 사람들은 일정량의 술에 만족하는데, 어떤 사람들은 아무리 마셔도 만족하지 못한다는 사실은 알코올 중독의 질병 이론(알코올 중독자의 몸은 생리학적으로 술에 비중독자와 다르게 반응한다는)을 지지해주는 가장 강력한 증거다. 나는 술을 마시기 시작하면 멈추는 방법을 모른다. 온몸에 강렬한 결핍감이 들어차서 그만 마셔야겠다는 생각 같은 것은 들지 않는다. 내 친구 빌은 알코올 중독이 질병이라는 생각을 좀처럼 이해하지 못하는, 그래서 굳은 의지만 있으면 술 따위야 얼마든지 조절할 수 있다고 믿는 어머니에게 이런 식으로 말했다고 한다.

"어머니, 다음에 설사가 찾아오면 그걸 한번 조절해보세요."

거칠지만 의미 있는 비유다.

이런 결핍감은 육체적인 데 한정되지 않는다. 그것은 정신적이고 본능적이며 다층적이다. 저 와인, 저 보드카, 저 버번을 원하는 감정은 어떤 어두운 두려움이다. 그것이 없으면, 그 갑옷이 없으면 세상에 맨몸으로 서게 되는 듯한 허기지고 질긴 두려움이다. 사람들은 우리 같은 중독자들에게 정신적인 문제를 육체적인 방법으로 해결하려 한다고 말한다. 그것도 결국 내가 말한 두려움과 거기서 기인하는 본능적인 반응을 지적으로 표현한 것에 지나지 않는다. 우리 내면에 깊은 결핍감이 있다. 그에 대한 반응으로 우리는 외부의 뭔가에 탐욕적으로, 강박적으로 매달리는 것이다. 그것이 우리 내면의 불편함을 달래줄 수 있다고 믿기에.

아버지가 돌아가신 지 반년쯤 지났을 때, 마이클의 부모님이 코네티컷 주에서 우리를 찾아와서 넷이 함께 저녁 식사를 하러 나갔다. 그의 부모님은 술을 많이 하는 분들이 아니라서 우리는 와인

한 병만을 주문했다. 단 한 병, 한 사람당 한 잔 반 정도 돌아가는 분량이었다. 마이클의 부모님과 함께 있는 동안 낯선 어른들 앞에서 어색하기도 했고, 이제 내게는 아버지가 없다는 사실에 침울하기도 했지만, 무엇보다 두렵고 불안했다. 이럴 때면 온몸이 그 탐욕스러운 허기에 휩싸여서 다른 어떤 것에 정신을 집중할 수 없었다.

애피타이저로 토마토와 모짜렐라 치즈를 먹으며 마이클은 부모님과 이런저런 이야기를 나누었다. 하지만 이미 그 허기감에 휩싸인 내게는 아무 소리도 들리지 않았다. 내 거죽을 쓰고 앉아 있는 것이 너무 힘들었고, 금방이라도 폭발해버릴 것 같았다. 그 느낌은 아주 명료했다.

'지금 나를 구해줄 수 있는 건 와인밖에 없어. 와인만이 이 어색함과 침울함, 불안감을 달래줄 수 있어. 오직 와인만이.'

"잠깐 실례하겠습니다."

나는 자리에서 일어나 화장실에 가는 척했다. 그 레스토랑은 한 구석에 나무 파티션으로 구분된 작은 바가 있었다. 나는 화장실을 향해 쭉 걸어가지 않고 왼쪽으로 돌아서 바로 숨어든 뒤, 적포도주 한 잔을 시켜 2분 만에 싹 마셨다.

식사가 끝나고 다시 한번 거기 가서 술을 마시고 싶었지만 들킬까 봐 겁이 났다. 식사가 끝나고 우리는 마이클의 집에 갔다. 그의 부모님과 담소를 나누다가 잠깐 차에 다녀오겠다고 했다. 마이클의 어머니에게 빌려줄 만한 책이 있다는 구실이었지만, 사실 차에 있는 것은 앞 좌석 밑에 숨겨둔 스카치였다. 차에 들어가자마자 스카치 병을 꺼내 들고 어둠 속에 앉아 그 자리에서 6~7센티미터 분량을 마셨다.

그때의 허기, 그 결핍감은 아직도 생생하다.

'나한테는 이게 필요해.'

어쩌면 이렇게 소리 내서 말했는지도 모른다. 설령 그렇게 말했다 해도 이상한 일이 아니다. 그 느낌은 그만큼 강렬했으니.

내가 아는 알코올 중독자들은 대부분 술을 입에 대기 훨씬 전부터 그런 허기를 경험한다. 그것은 바로 자신에게 안도감과 위로, 평안을 전해줄 외부의 어떤 것에 대한 갈망이다.

AA 모임에 가면 늘 그런 이야기를 듣는다. 우리 안에 어떤 공허의 우물이 뚫려 있다는 것, 술에서 헤어나려면 그 우물을 채울 다른 방법을 찾아야 한다는 것, 그리고 그 방법은 육체적인 것이 아니라 정신적이고 영적이라는 이야기를. 그들은 사고 싶은 집, 얻고 싶은 직업, 맺고 싶은 관계 등 어떤 대상에 병적인 집착을 보인다. 마치 그런 것에 진정한 갱생의 힘이 있어서, 자신들의 상처를 치유하고 인생에 구원과 변화를 가져다줄 거라고 믿는 듯하다. 그래서 그것을 추구하고 또 추구한다. 이런 결핍감은 성장 배경이나 사회·경제적 계층, 나이, 성별, 인종을 막론하고 인구의 전 영역에 걸쳐 퍼져 있다.

물론 이 가운데 어떤 것들은 개별 문화의 특수성에 따라 결정되거나 강조되기도 한다. 고통을 신속하게 해결하려는 사람들의 속성은 미국이라는 소비사회의 특징적 신념이 되어, 전국에 다이어트 숍과 성형외과 병원들을 넘쳐나게 한다. 어떤 면에서 보면 알코

유혹

올 중독이란 그러한 추구, 그러한 탐색의 20세기적 표현이자, '열망은 무조건 채우고 봐야 한다'는 우리 사회의 일반적 가르침(채워라, 채워라, 너의 빈자리를 채워라. 외로움과 두려움과 분노의 구덩이를 메워 당장 눈앞에서 사라지게 하라)을 극단적으로 실현한 결과다. 우리 사회는 아주 놀라운 솜씨로 그러한 충동에 손쉬운 해결책을 제시한다. 필요한 건 TV를 보는 것뿐, 그러면 우리 앞에 답이 척척 마련될 것이다. 멋진 몸매를 얻으면 모든 문제가 해결될 것이다. 멋진 집을 마련한다면, 맥주 두 잔만 마신다면.

나는 때론 알코올 중독자들은 그런 탐색을 예술이나 종교의 수준으로 끌어올린 사람들이 아닌가 생각하기도 한다. 내면의 공허를 술로 채우고, 끝까지 술을 추격하고, 그런 과정에서 때론 자신의 목숨까지 바치는. 술은 끊을 수 있지만, 실제로 더욱 끊기 어려운 것은 바로 그러한 추격이다. 그래서 AA 모임에 가면 술과 결별하고 오랜 시간이 지났는데도 여전히 알코올 중독자 같은 사고와 행동을 보이는 사람들의 이야기가 넘쳐난다. 외부의 해결책을 찾는 탐색은 계속된다. 우리는 뭔가를 원하고 뭔가가 있어야 한다.

최근의 한 모임에서 만난 여자는 이렇게 말했다.

"내 남편은 늘 바보 같은 짓만 해요. 하지만 새 남편을 구하는 게 해결책은 아니죠."

이런 사고방식은 내게 몹시 익숙하다. 어린 시절 내게는 언제나 중요한 외부의 해결책이 있었다. 한때는 그것이 에나멜가죽 파티 구두였고, 한때는 승마 교습과 그에 필요한 승마 부츠, 검은색 벨벳 승마 모자였다. 어느 때는 동네에서 가장 큰 크리스마스트리를 원했다. 나는 언제나 그런 것에 집착하고 매달렸으며, 원하는 것을 못 얻었을 때는 소외감과 상실감에 시달렸다.

이런 느낌은 늘 내 마음속에 존재했다. 이런 식의 '갈망 대상', 이것만 있으면 너는 마음의 평화와 위로를 얻을 거라는 영혼의 유혹물은 언제나 바깥에서 내 눈을 현혹시켰고, 나는 그런 유혹을 쉽게 잊지 않았다. 어린 시절 오랫동안 파티 구두와 승마 부츠에 목을 매던 나는, 커서는 그렇게 오랜 시간 알코올에 매달리게 되었다. 의도도 동기도 같았다. 다른 것은 대상뿐이었다.

이런 허기가 가족 안에서 싹튼 것인지 아니면 내 선천적 기질에 박혀 있는 것인지는 아직도 잘 모르겠다. 하지만 그런 것은 아무래도 상관없다. 사람은 자신에게 위로가 되는 것을 받아들이는 법이니까.

어릴 때 어머니의 무릎에 앉을 수 있게 되자마자, 몸을 앞뒤로 흔드는 버릇이 생겼다. 이 버릇은 쉽게 사라지지 않았다. 어린 시절, 부모님은 내 방 벽에 매트리스를 하나 붙여두었다. 내가 벽에 기대어 낮잠을 자다가도 몸을 흔드는 바람에 머리를 자꾸 벽에 부딪혔기 때문이다.

시간이 지나자, 더욱 정교한 동작이 개발되었다. 나는 거북처럼 팔꿈치와 무릎을 침대에 대고 등을 동그랗게 만 채 몇 시간 동안 몸을 흔들었다. 다섯 살, 여섯 살, 일곱 살 때 찍은 사진을 보면 머리에 까치집을 지은 것들이 많다. 그렇게 머리를 바닥에 대고 몸을 흔들다가 헝클어진 머리카락들이다. 그럴 때면 어머니는 내 머리를 단정하게 빗겨줄 엄두를 못 냈다고 한다. 내 모습은 백인 버전의 라스타파리안(더부룩한 머리가 특징인 흑인 결사단체)이었던 셈이다.

지금 돌아보면, 몸을 흔드는 일은 내 인생 최초의 중독 대상이었던 것 같다. 그렇게 하면 마음이 편해지고 안도감을 느꼈다. 도대체 대여섯 살짜리가 무엇 때문에 위안을 찾았는지는 모르겠다. 하지만 무언가 위안이 필요한 건 분명했고, 나는 몸을 흔들어서 그것을 얻었다. 하루도 빠짐없이 몸을 흔들었고, 어떤 때는 하루에도 여러 차례 했다. 이 버릇은 아주 오랫동안 이어졌다.

커가면서 이 일이 부끄럽게 여겨지자 나는 이를 감추었다. 때로는 저녁 식사 전에 내 방에 가서 문을 닫고 라디오를 켜둔 채 한 시간 정도 몸을 흔들기도 했다. 그렇게 하고 나면 일종의 알파파 상태 같은 느낌이 찾아왔다. 또 잠자기 전에는 항상 30분에서 한 시간 정도 몸을 흔들었다. 이런 행동을 한다는 게 나 자신도 황당하고 부끄러웠지만, 내게는 그것이 필요했다. 그것이 필요했고, 또 그것은 유효했다.

나는 열여섯 살이 되도록 이 버릇을 지속했다. 당시 내게는 그것이 술 마시는 행위와 똑같았다.

2

혼
술

Drinking alone is enormously self-protective,

at least in theory.

The solitude relieves you of human contact

and the alcohol relieves you of your own thoughts,

of the dark pressure of your own company.

Drinking alone is what you do

when you can't stand the feeling of living

in your own skin.

The Liquid Equation

...

효과로 따지면 술이 월등했다. 술은 더 확실한 위안을 주었다. 시간이 흐르고 점점 더 술을 많이 접하면서, 그러한 사실은 내 몸에 흡수되었고, 내 영혼에는 많은 가르침이 새겨졌다. 술은 편안함을 준다. 술은 나를 위로하고 보호해준다. 술은 영혼의 진통제다. 이러한 가르침 때문에 알코올 중독의 길에 올라서게 되었던가?

십대에 술의 이미지는 이렇지 않았다. 술은 주변 현실이 아니라 책이나 TV, 영화를 통해서 형성한 이미지였다. 술은 우정과 동료애, 강건한 남성성, 세련된 품위 같은 것을 연상시켰다. 이미지는 단순했다. 청춘들이 하루 일과를 끝내고 맥주를 들이켜는 모습, 영화 〈신맨Thin Man〉에서 닉과 노라가 칵테일 잔을 부딪치는 모습. 물론 술 때문에 문제를 일으키는 사람들도 있었지만 그것은 특수한 경우고, 나와는 아무런 상관없는 상황의 산물이라고 보았다. 알코올 중독인 베티 포드는 영부인이었다. 그 스트레스가 얼마나 컸겠는가. 스타인 마릴린 먼로, 주디 갈런드, 리자 미넬리, 엘리자베스 테일러가 알코올 중독에 빠졌다. 하지만 그들이 겪었을 명성의 압박감, 남다른 인생 역정과 생활 방식의 고충을 생각해보라. 오히려 알코올 중독이 안 되는 것이 이상하지 않은가?

그와 달리 우리 같은 사람들에게 술 마시는 일은 지극히 정상적이고 지극히 사회적인 활동으로 여겨졌다. 술을 통해서 우리는 개인 세계를 벗어나 술집과 파티, 화려한 레스토랑이라는 사교 세계로 들어갈 수 있다. 알코올이 실제로는 우리 내면에서 아주 복잡한 역할을 한다거나, 그 영향력이 깊고 오묘한 정서의 층위까지 내려간다는 사실 같은 것은 전혀 몰랐다.

그러나 내게도 한 번은 짧은 암시, 작은 실마리가 던져진 적이 있었다. 그것은 서평 기사용으로 신문사에 배달된 책 『회복하기 Getting better』 뒷부분에 적힌 한 문장이었는데, 이는 〈뉴욕 타임스〉 기자 낸 로버트슨이 쓴 글이다. 이 책의 내용은 대부분 알코홀릭 어나니머스가 어떻게 시작되었고, 어떤 활동을 하는지, 그리고 그 활동이 알코올 중독에 관한 오늘의 이해와 얼마나 일치하는지 등이었다. 나는 사무실에 앉아 책장을 넘기면서 생각했다.

'AA라고? 알 게 뭐야.'

그러다가 '낸의 이야기Nan's Story'라는 제목이 붙은 마지막 장을 읽게 되었다. 그 장은 저자가 자신의 음주 이야기를 쓴 대목이었다. 그녀는 자신이 심심한 술꾼이라고 적었다. 술을 마신다고 울고 짜고 하지도 않았고, 남들 앞에서 토하지도 않았으며, 민망스러운 장면을 연출한 적도 없었다. 파티에서 술에 취하면 조용히 손님방으로 사라져 한 시간 정도 정신을 잃고 있다가(그녀에게는 회생의 시간이었다) 다시 파티장으로 돌아갔다. 사람들이 그녀를 신기하게 바라보았지만, 그녀는 그 이유를 알지 못했다. 그녀는 이렇게 썼다.

내가 술에 취하는 방식은 조금 특이하고 미묘했다. 예전에 남편은 나를 두고 이렇게 말했다. '술에 젖으면 낸은 자기 마음속 골방으로 들어가서 차양을 내린다'라고.

그 마지막 문장이 내 마음에 오랫동안 걸려 있었다. 술이나 술꾼에 관련된 이야기 가운데 그런 것은 본 적이 없었다. 내가 이전까지 마주쳤던 알코올의 이미지는 남자들의 거칠고 활기찬 술자리 아니면 교양 있는 사람들의 세련된 술자리였다. 그런데 그녀는 그 두 가지와 모두 맞지 않았다. '자기 마음속 골방으로 들어가서 차양을 내린다.' 이 문장은 비유적으로나마 알코올이 사람을 이끌고 가는 또 다른 장소를 암시하고 있었다. 그곳은 어떤 황홀경의 영역, 심리적 비상飛上(알코올 중독자들에게 지극히 현실적이면서도 유혹적인)이 허용되는 곳, 물질을 들이켜고 자기 자신을 벗어 던지는 은밀한 공간이었다.

나는 그 문장을 읽고 또 읽었다.

많은 사람이 그런 비상을 위해서, 우리 자신을 다른 인격체 속에 따라 붓고자 술을 마신다. 뚜껑을 따고 코르크를 뽑고 다른 사람의 거죽을 뒤집어쓴다. 그러면 우리는 알코올의 손길에 의해 새롭게 개조된다.

주변에 눈길만 돌려도 우리는 이런 개조가 가능하다는 말을 듣는다. 이런 유혹은 우리 마음속 어두운 구석, 환상이 기거하는 자리에 들어와 깃든다. 거리의 대형 광고판과 번들거리는 잡지 광고에서, 영화와 TV 속에서, 우리는 그것을 본다. 불 옆에 앉아 브랜디를 홀짝이는 연인들, 작은 브랜디 잔에 아롱거리는 불빛, 세련된 사람들이 레스토랑에서 와인 잔을 들어 올리며 나누는 축하의 건배, 바의 높고 둥근 의자에 앉아서 맥주를 마시며 쌓는 우정, 서로 비밀을 공유하고, 문제가 해결되며, 로맨스가 꽃핀다. 우리는 보는 것을 믿는다. 와인과 맥주, 위스키 회사들은 '술은 우리를 변모시킨다'는 이미지를 더욱 강력하게 인식시키려고, 해마다 10억 달러가 넘는 돈을 광고에 쏟아붓는다.

그리고 그것은 일정 기간 맞는 말이다. 술은 우리 안에서 아픔과 괴로움을 일으키는 것들을 녹여버리고, 다른 자아가 들어설 자리를 만들어낸다. 그 자아는 새롭고 개선된 버전일 뿐 아니라, 갈등 같은 것도 훨씬 적은 버전이다. 그렇게 시간이 좀 흐르면 술은 그러한 버전이 자라나는 데 핵심적인 역할을 한다. 그것은 자동차의 전진 주행에 액셀러레이터가 필요한 것과 마찬가지다. 술을 마시지 않은 우리는 버전 A다. 술을 마시면 버전 B가 된다. 버전 A에서 B로 건너가는 데는 반드시 적절한 장치가 필요하다.

알렉스라는 남자는 자신을 '군집성 내향자'라고 불렀다. 그는 혼자 있는 걸 견디지 못한다. 혼자 가만히 앉아 자기 생각에 휘말리는 것을 견디지 못한다. 그런데 문제는 낯가림이 심하다는 것이다. 그래서 고교 시절 술과 처음 만났을 때, 술은 그에게 하늘의 영약이 되었다. 맥주 몇 잔을 마시면 누구와도 쉽게 이야기를 나눌수 있었다. 미간을 쪼그라들게 하던 것, 손을 멈칫거리게 하던 것, 아무리 긁어도 사라지지 않는 가려움증 같던 것이 스르르 씻겨 내려갔다. 그의 전 존재가 제자리를 찾은 느낌이었다.

알렉스가 AA 모임에서 이런 이야기를 하자, 사람들이 사방에서 고개를 끄덕였다.

'맞아, 바로 그거야.'

내가 아는 모든 알코올 중독자에게 공통되는 신념의 방정식이 있다. 그것은 '불편 + 술 = 불편 없음'이라는 것이다. 이렇게 해서 자기 변화의 수학이 탄생한다.

"술을 마시면 내가 원하는 내가 되었어요."

루이즈라는 여자는 내가 술을 끊은 첫 달의 모임에서 그렇게 말했다. 그녀는 계속 울먹였고, 그 목소리에는 깊은 슬픔이 담겨 있었다. 마치 술이 주는 특별한 수학 공식 없이는 다른 사람은 물론 자신에게도 사랑받을 자신이 없는 듯했다. 그녀는 덧붙였다.

"술을 마시면 내 마음 가득한 더러운 기분이 사라졌어요."

오랫동안 술은 그런 효력을 발휘하고, 그 효력이 발휘되는 동안 술은 우리에게 자기 발견의 길처럼 느껴진다. 우리를 원하는 모습으로 변화시켜주는 수단, 아니면 내부에 깃든 진정한 모습을 찾아주는 그런 수단처럼. 어떻게 보면 술의 행로는 매우 단순하다. 어느 순간까지 알코올은 모든 것을 개선한다. 하지만 그 순간을 넘어서면 모든 것을 망쳐버린다. 그리고 아직 개선 도정에 있는 동안 술이 우리를 다른 자아로 고양하는 능력은 그야말로 놀랍다.

처음 그런 느낌이 든 건 사춘기가 시작되던 열네댓 살 무렵이었다. 그때 나는 처음으로 아버지의 마티니를 홀짝거려보았다. 혀에 닿은 진은 차가우면서도 뜨거웠고, 약하게나마 레몬의 새콤한 맛도 느껴졌다. 열네 살 때 처음으로 맥주집에 갔다. 웨이트리스가 테이블에 맥주 피처를 '탕' 내려놓던 소리, 맑은 호박琥珀 빛깔의 액체가 차게 얼린 잔 속으로 쏟아져 들어가던 모습, 손에 잡아본 맥주잔의 차갑고 단단한 느낌, 나는 새로운 세계에서 통용되는 화폐를 얻은 듯 뿌듯해졌다.

그때 그 느낌이 어쩌면 내가 이후 파블로프적 조건 반사를 축적해간 기나긴 발걸음의 시발점이 되었을 것이다.

'기분 좋구나.'

백포도주 한 잔이 병에서 잔으로, 잔에서 목구멍으로, 머릿속으로 흘러 들어가는 느낌, 술이 일으키는 설렘과 따뜻함, 가뿐함.

'정말 기분 좋구나.'

모두 테이블에 둘러앉아 팔꿈치를 괴고 술과 웃음으로 하나가 되는 이 느낌. 시간이 흐르면 이 느낌은 좀 더 구체적으로 변한다. 내 손바닥에서 따뜻해지는 작은 코냑 잔, 조개껍데기 안쪽같이 매끄러운 가느다란 샴페인 잔, 얼음처럼 맑고 차가우며 라임 향이 감도는 민틋한 진 잔.

'원하는 느낌이야. 바로 이 느낌이야.'

이런 느낌은 술꾼들에게 자주 찾아온다. 내 친구 메그는 자신의 진정한 자아는 갈비뼈 속의 철창에 갇혀 있다가, 술을 마시면 그 진정한 버전이 자유를 얻고 풀려 나왔다고 했다.

"오랫동안 술은 나한테 진실에 이르는 길이었어."

그녀는 웃으며 덧붙였다.

"인 보드카 베리타스." 라틴어 표현 'In vino veritas, 와인 안에 진실이 있다'를 변형한 말. '보드카 안에 진실이 있다'라는 뜻.

술을 끊은 지 1년쯤 지났을 때, 차 안에서 라디오를 틀었더니 짤랑거리는 칵테일 음악이 흘러나왔다. 세련된 피아노 바에서 들을 수 있는 종류의 음악이었는데, 그 음악을 듣자 보스턴의 리츠호텔 바에서 샘과 함께 술을 마시던 20대 시절이 떠올랐다.

샘은 훌륭한 술친구였다. 술이 아주 셌지만, 알코올 중독과는 거리가 있었다. 내가 한 잔 마시면 그도 한 잔 마셨다. 내가 한 잔이고 두 잔이고 더 마시자고 조르면, 그는 거절하지 않았다. 하지만 그는 지나치게 취하는 일이 없었다. 샘과 함께라면 아무리 늦게까지 술을 마셔도 팁을 계산하지 못하거나 집에 못 들어가는 일이 없었다.

게다가 샘이 훌륭한 술친구였던 또 다른 이유는 그가 항상 약속에 늦었다는 것이다. 그와 술집에서 약속한 날이면, 기다리는 동안 한두 잔을 마셔둘 수 있었다. 그를 기다리며 와인을 마시다 보면 몸과 마음의 긴장이 스르르 풀리면서 차분하고 편안한 느낌에 휩싸였다. 창가에 앉아 캐슈너트를 집어 드는 순간의 나는 누가 보아도 조용히 데이트 상대를 기다리는 젊고 예쁜 여자였다.

샘과의 술자리에선 시간 감각이 바뀌었다. 처음 약간 어색한 20~30분이 흐르고 나면, 우리는 곧 술과 대화 속으로 빠져들었다.

그러다가 문득 정신을 차리면 어느새 2~3시간이 지나 있고, 우리는 가족에 관해, 심리치료에 관해, 직장 일에 관해 깊은 대화를 나누고 있었다. 그때 느끼는 흐뭇하고 푸근한 마음을 뭐라 표현할 수 있을까. 우리는 대화를 통해 진정으로 상대를 이해한다는 뭉클한 합일감을 느꼈다.

나는 그런 순간이 좋았다. 이 세상이 아주 단순한 것들로 환원되는 순간, 나하고 샘, 그리고 술잔 두 개만 있으면 되는 그런 순간들이. 그밖에 모든 것(웨이터가 테이블을 치우는 소리, 다른 사람들이 웅성거리며 이야기하는 소리 등)은 배경음악에 지나지 않았다. 술은 내가 마음의 문을 열고 다른 사람과 관계를 맺게 하는 최고의 방법, 가장 빠르고 간단한 방법이었다. 알코올이 주는 힘은 엄청났다. 술을 마시고 나면 갑옷이라도 두른 듯 여유롭고 강력한 버전의 나로 다시 태어났다.

알코올이 그런 감정에 핵심 역할을 한다는 것은 명백한 사실이다. 나는 오래전에 아버지가 마티니로 자신만의 비약秘藥을 만드는 걸 보면서 그런 사실을 깨달았다. 그리고 나중에는 리츠칼튼호텔 같은 곳에서 술의 힘을 빌려 나 자신(내가 품은 강렬한 감정, 내가 꼭꼭 숨겨두었던 모든 것)을 쏟아내면서 그런 미스터리에 동참했다. 술의 탁월한 효과는 언제나 놀라웠다. 술병 뚜껑을 열면 금세 평안을 얻을 수 있었다. 실로 마술이라 불릴 만했다. 술 마시는 일, 그것은 병마개를 열고 세상과 나 사이에 다리를 놓는 일이었다.

이것은 많은 알코올 중독자들이 보편적으로 느끼는 술의 마력 가운데 하나다. 술은 유대감을 전해주고, 사회생활의 불안과 고립감을 없애주며, 세상 속으로 한 발짝 더 들어가는 느낌을 준다. 우리는 껍데기에 갇힌 채 생각한다. 술을 마시면 해방된다. 맑은 정신일 때 우리 앞에는 심연이 놓여 있다. 하지만 술을 마시면 그 위로 튼튼한 다리가 생겨난다. 우리는 그저 그 다리를 건너기만 하면 된다.

알코올 중독은 어느 면에서 보면 심리적 안전망 역할을 한다. 알코올 중독자들은 오랜 세월 술을 마시면서 감정 사이 사이에 연결선을 긋는다. 그들은 소심함, 두려움 등 술을 마시지 않을 때의 힘든 감정을 자유로움, 용기 등 술 마셨을 때의 편안한 감정과 연결한다. 이런 선의 그물이 우리 발아래 촘촘히 짜이면, 힘든 감정에 부딪혀 넘어져도 충격이 덜할 것이라 믿는다. 샘과 술을 마실 때 내가 그랬다. '점 A : 긴장, 점 B : 안도.' 복잡한 머리와 개운한 머리, 단절된 나와 연결된 나.

이런 식의 수많은 변화의 연결선이 그 그물을 이루었다. 과도한 자의식에서 적절한 자의식으로, 억제에서 방면放免으로. 어린 시절 나는 지독히 소심하고 낯을 가리는 성격이라서, 무슨 일만 있으면 쌍둥이 자매 베카의 등 뒤로 숨었다. 손님들이 와서 우리에게 "몇 살이니? 몇 학년이니?" 하는 뻔한 질문을 할 때도 베카에게 모든 대답을 맡겼다. 더는 베카의 등 뒤로 숨을 수 없게 되었을 때, 그러니까 우리가 쌍둥이가 아닌 분리된 개인으로 살아가야만 했을 때 술을 마시기 시작했다. 때로는 학교에서, 때로는 파티장에서, 때로는 남자아이들 차의 뒷좌석에서 마셨다. 소심한 성격 때문에 입도 제대로 못 열던 내 곁에 술이라는 해결책이 놓이자, 나는 얼른 그 것을 잡았다.

'이 점과 저 점을 연결해야 해. 소심함에서 당당함으로.'

어린 시절, 내게는 끈질긴 불안감이 있었다. 부모님은 우리를 다정하게 품는 분들이 아니었기에, 낯설고 두려운 곳에 가서도 나 는 안전한 피신처를 찾을 수 없었다. 외가에 간 어느 일요일의 일 이다. 저녁 식사를 마친 뒤 나는 어른들과 함께 식탁에 앉아 있었 다. 외가는 크리스탈 샹들리에, 파우더 룸, 넓은 나선형 계단 등을 갖춘 고전적인 구조의 널따란 저택이었다. 여섯 살 무렵이던 나는 에스키모 파이를 먹으며 가만히 어른들의 이야기를 들었다.

갑자기 조엘 외삼촌이 나를 보고 물었다.

"무슨 생각하고 있니?"

사람들의 시선이 모두 내게 쏠렸다. 나는 나쁜 일을 하다가 들 키기라도 한 것처럼 얼굴이 훅 달아올랐다. 식탁엔 잠시 정적이 흘 렀다.

"어느 에스키모가 그 파이를 만들었을까를 생각하고 있었나 보 네."

고요함을 깨고 조엘 외삼촌이 말했고, 나는 너무도 부끄러워서 어머니의 품으로 달아나고 싶었지만 그럴 수 없었다.

그런 불안감은 내 뼛속에 달라붙어 오래도록 떠나지 않았다. 그 런데 알코올이 그걸 몰아내 주었다. 그리고 그 자리에 용기를 채워 넣었다. 열아홉, 스물, 스물한 살이 되자 나는 외가에 가서도 술을 마실 수 있었고, 그러자 비로소 소심함을 떨치고 누가 나를 바라보는지, 남들이 무슨 생각을 하는지 신경 쓰지 않게 되었다.

술을 마시면 내가 원하는 성숙한 모습의 내가 되어 메를로의 섬세한 맛을 논하고, 그것이 구이 요리와 얼마나 잘 어울리는지를 떠들 수 있었다. 나는 자리에 잘 어울렸고, 삼촌들, 숙모들, 부모님과 함께 식탁에 앉아 있는 것도, 술잔을 입에 댄 채 다른 사람들이 술 따르는 모습을 지켜보는 것도 다 편안했다. 나는 술을 통해서 상태를 변화시킨 것 같았고, 그런 느낌은 내게 안도감을 주었다. 여기에서 '두려움 + 술 = 용기'라는 또 하나의 방정식이 생겨난다.

술은 언제나 그런 식으로 작용했다. 적어도 술을 끊기 전까지는 그랬다. 그것은 아주 간단한 논리였지만, 그 간단한 논리가 마음속 깊은 곳의 결핍감과 욕구를 해결해주었다. '이거야!' 하는 느낌. '바로 이거야, 이 방법이야.' 하는 느낌. 테너시 윌리엄스는 『뜨거운 양철 지붕 위의 고양이Cat on a Hot Tin Roof』에서 그 느낌을 이렇게 표현한다. 작품에서 아버지가 브릭에게 왜 그렇게 술을 마시느냐고 묻자 브릭이 대답한다.

"딸각하고 스위치를 올리려고요."

딸각, 스위치가 올라가면 새로운 자신이 나타난다. 그러므로 우리 술꾼들에게 그런 감각은 현실적일 뿐 아니라, 순수하며 영적인 것에 가까운 것이다. 우리는 열렬히 추구하고 탐색한다. 그리고 그것을 술병 속에서 발견한다.

열세 살 때의 어느 날, 나는 저녁 식사하러 부엌에 들어갔다가 우유병을 바닥에 떨어뜨렸다. 리놀륨 바닥은 깨진 유리 조각과 우유로 난장판이 되었다. 아버지는 식탁에 앉아서 내가 그걸 치우는 모습을 지켜보더니 말했다.

"적개심이구나."

아버지는 내가 그런 행동을 통해 어머니에 대한 적개심을 표현한다고 말했다. 프로이트에 따르면, 우연한 실수란 것은 이 세상에 없다는 것이 아버지의 설명이다.

나중에 나는 프로이트주의 정신분석학자를 아버지로 두고 자란다는 것이 얼마나 피곤한 일인지를 설명할 때마다 이 일화를 예로 들곤 했다. 나는 눈을 데루룩 굴리면서 말한다.

"골치 아픈 일이야. 그날 나는 깨달았어. 아버지가 정신과 의사라는 건 골치 아픈 일이라고 말이야."

하지만 사실 나도 우연한 실수라는 것은 없다고 생각했다. 부모님은 생각의 자유를 존중했고, 겉으로 드러나지 않는 일에 관해서는 왈가왈부하는 일이 없었기에, 나도 스무 살이 넘기까지는 두 분의 분석적 경향을 별다른 문제로 여기지 않았다.

어머니는 언젠가 나더러 부모님에게 혐오감을 느끼는 점, 생각만 해도 화가 치미는 점을 있는 대로 말해보라고 했다. 그때 열 살 정도 되던 나는 방에 서서 멀뚱멀뚱 눈을 깜박였다.

'혐오감이라고? 부모님에게?'

나는 대답하지 않았다. 그리고 오랜 시간이 지나서야 그때 그 질문을 받고 내가 왜 그토록 불편함을 느꼈는지 이해했다. 내가 부모님한테서 뭔가 혐오감을 느낀다면, 부모님도 나한테서 혐오감을 느낀다는 뜻이 아니었겠는가?

술은 넓게 말하자면 그런 내 생애의 조각들을 다시 서술할 수 있게 해주었다. 술을 통해 나는 어린 시절에 느낀 수많은 혼란을 다시 살펴볼 수 있었다. 다시 한번 간단한 수학이 동원된다. 나는 혼란스러운 집안에서 자랐고, 술을 마셔서 그 혼란을 물리쳤다. 술은 내가 내적인 인생에서 빠져나갈 수 있는 가장 손쉬운 출구였다.

내 친구 일레인은 우리 아버지가 정신분석가라는 이야기를 처음 들었을 때, 요란한 웃음으로 그에 답했다. 그때 다른 친구 제임스도 함께 있었는데, 두 사람 다 웃느라고 숨이 넘어갈 것 같았다. 우리는 모두 약간 취한 상태였다.

제임스가 말했다.

"맙소사! 그럼 아버지가 당신도 분석했어?"

"어, 약간."

내 대답에 두 사람이 강한 호기심을 보이자 나는 우유병을 깨뜨리고 적개심 판정을 받은 사건을 이야기했다. 제임스는 비명이라도 지를 듯이 즐거워했고, 그런 모습에 나도 즐거웠다. 소심꾸러기인 나보다 제임스와 일레인은 훨씬 세상사에 능숙한 수완가들 같았다. 내가 그런 두 사람에게 웃음을 준다는 사실이 기뻤다. 그래서 다른 이야기도 꺼냈다. 열두 살 때 우리 집 오페어(가사를 거들며 숙식을 제공받는 유학생)가 덴마크로 돌아가 버리자 내가 극도의 우울증에 시달렸다는 이야기. 그때 며칠 동안 물에 젖은 솜처럼 처져 지내고 밤이면 방에 틀어박혀 울었더니, 부모님은 결국 나를 정신과에 데리고 갔다. 제임스와 일레인은 이 이야기도 너무나 재미있어했다.

일레인이 말했다.

"맙소사. 오페어 때문에 우울증에 빠졌단 말이야? 정말 케임브리지 사람답군!"

나는 장난스레 눈을 찡그리고 말했다.

"안 믿어지지?"

그리고 함께 웃었다.

'하하하. 자, 한잔 더 마시자.'

사실 그것은 슬픈 이야기고 고통스러운 기억이었다. 그런 식으로 슬픔이나 분노 같은 내면적 감정을 외부로 표출하라는 가르침 속에 자라났다는 것은. 하지만 술에 취하면 그런 것은 사라졌다. 대신 새롭고 흥미진진한 것, 솟구치는 반항의 기운 같은 것이 느껴졌고, 그럴 때면 지성이나 분석 같은 것은 모조리 던져버린 새로운 버전의 내가 느껴졌다.

그 길은 술의 방정식이었다. 그때 술잔을 내려다보며 일레인과 제임스를 생각하던 것이 떠오른다. 두 사람은 내가 자라온 환경의 사람들과 얼마나 다른가. 일레인과 제임스는 감정을 분석하는 일도 없고, 적개심이나 분노에 대해 복잡한 대화를 나누지도 않는다. 그들은 그저 술을 마시고, 마음속에 들끓는 온갖 감정을 바깥으로 철철 쏟아냈다. 쏟아져 나온 감정이 테이블 위를 질펀하게 흘렀다.

나는 그게 좋았다. 감정을 그렇게 다루는 사람들, 속마음을 줄줄 흘리면서 통찰이니 분석적 사고니 하는 것들을 비웃어주는 사람들, 그 틈에 있는 것이 좋았다. 그런 사람들과 함께 웃을 수 있는 것이 좋았다. 술집에서 그들과 나란히 앉아 똑같이 감정을 쏟아내면 해방된 도락道樂의 경지에 이른 것 같았다. 나는 술 마시고 그런 사람이 되는 것이 좋았다. 뻔뻔하고 반항적이고 냉소적인 사람, 빈정대는 이야기로 친구들을 웃길 수 있는 사람, 그것은 내가 평생토록 찾아 헤맨 것이었다.

나는 사춘기부터 그것을 찾아 헤맸다. 탈출의 통로를, 내가 자란 환경보다 덜 경직되고 덜 지성적인 분위기를. 십대에 나는 식욕조차도 억제해야 한다고 배웠다. 베카와 내가 남자친구를 사귀기 시작하면서 그들을 집으로 데려와 저녁 식사를 함께할 때가 잦아졌는데, 그때마다 우리는 식탁에 음식이 넉넉지 않았다. 경제적인 문제일 리는 없었다. 하지만 우리는 그 이유를 물어볼 수 없었다. 저녁 식탁은 손님이 있건 없건 언제나 간소했다. 음식의 양을 규정하는 엄격한 불문율이라도 있는 것 같았다. 어머니가 아버지에게 접시를 건네면, 아버지는 접시마다 음식을 조금씩 담아주었다. 그러면 우리 남자친구들은 '이게 다예요?' 하는 표정으로 눈을 끔벅였다. 닭가슴살 한 덩이, 밥 조금, 생선 한 토막, 거기에 한눈에도 개수를 헤아릴 수 있을 만큼 적은 양의 깍지 콩.

나는 어린 시절에 'FHBFamily Hold Back(우리 가족이 맨 나중에)'라는 말을 배웠다. 저녁 식사 때 손님이 찾아오면 언제나 그 규칙을 적용받았기 때문이다. 사람보다 음식이 적다 싶으면 어머니는 식탁을 차리고서 낮은 목소리로, 혹은 입 모양만으로 "FHB"라고 말하곤 했다. 술은 그렇게 참고 기다려야 한다는 강박에서 나를 해방했고, 먹고 싶은 대로 먹을 수 있는 자유를 주었다.

고등학생 시절, 버지니아 울프의 『등대로To the Lighthouse』라는 소설을 무척 좋아했다. 특히 거기 나오는 램지 부인이 좋았다. 램지 부인은 자녀와 손님들을 식탁에 가득 모아놓고 하나로 융합시키는 불가사의한 능력을 지닌 여자였다. 그녀가 있으면 고통스러운 자의식 같은 것은 안개가 걷히듯 사그라졌다. 그녀 곁에 모인 각양각색의 주변 인물들도 스르르 한데 녹아들어, 시간 감각도 개별성도 잃고 완벽한 소속감을 얻었다. 버지니아 울프가 묘사하는 그런 장면을 읽고 있노라면, 그 낯선 느낌은 안타까운 갈망이 되어 뼛속에 스며들었다. 나는 그런 느낌을 원했지만, 나 자신은 그걸 만들 능력이 없어 보였다. 이때 진실로 놀랍고 유혹적인 일은 술이 내게 그런 느낌을 만들어준다는 것이었다. 그것은 내가 원하던 것과 가장 유사한 종류의 편안함과 유대감, 안도감을 일시적으로나마 가져다주었다.

또 하나의 방정식이 가동된다. '억제 + 술 = 해방' 알코올 중독은 결국 이런 방정식이 쌓이고 쌓인 끝에 생기는 것이 아닐까. 온갖 사소한 두려움과 허기와 분노, 영혼의 밑바닥에 쌓이는 미세한 경험과 기억들이 오랜 세월 술과 함께 출렁거리다가 단 하나의 치료약으로 변모하게 된 그런 것.

그러나 이런 방식의 자기 변모는 어떤 버전의 자신이 믿을 만한 것인지, 어떤 것이 진실인지 알 수 없다는 데 문제가 있다. 나는 제임스나 일레인과 함께 있을 때는 뻔뻔하고 냉소적인 버전이고, 샘과 함께 있을 때는 친밀한 버전이었으며, 친척들과 함께 있을 때는 얌전하고 세련된 버전이 되었다. 그렇게 어느 정도 시간이 흐르자 뭐가 뭔지, 어디가 시작이고 어디가 끝인지, 어떤 버전의 내가 본래 내 속에 있던 것이고 어떤 버전의 내가 외부의 상황에 따라 만들어진 것인지 도저히 파악할 수가 없었다.

내 심리치료사는 수년 동안 이렇게 말했다.

"가만히 당신의 감정을 느껴보세요. 혼자 가만히 앉아 있으면 어떤 생각이 듭니까? 가만히 자신의 감정을 느껴보면요."

그가 하고자 한 질문은 이런 것이 아니었을까?

'당신은 어떤 종류의 사람입니까? 당신은 무얼 두려워하고 무엇에 분노합니까? 어떤 사람도 곁에 없을 때 당신은 누구입니까?'

물론 나는 그의 질문에 대답할 수 없었다. 왜냐하면 그의 말대로 할 수 없었으니까. 술 마시지 않고는, 술이라는 마취제를 들이켜지 않고는 10분도 가만히 앉아 있을 수 없었으니까. 정말로 그럴 수 없었으니까.

AA 모임에 나가면 가장 먼저 듣는, 그리고 가장 먼저 우리 가슴에 사무치는 이야기가 있다. 그것은 알코올 중독의 길에 들어서는 순간부터 우리의 인격이 성장을 멈춘다는 것이다. 술은 우리가 성숙한 방식으로 A 지점에서 B 지점으로 이동하려면 겪어야 하는 힘겨운 인생 경험을 박탈한다. 간편한 변신을 위해 술을 마신다면, 술을 마시고 자기 아닌 다른 사람이 된다면, 그리고 이런 일을 날마다 반복한다면 우리가 세상과 맺는 관계는 진흙탕처럼 혼탁해지고 만다. 우리는 방향 감각도 잃고 발 딛고 선 땅에 대한 안정감도 잃는다. 그러다 보면 어느덧 자기 자신에 대한 가장 기본적 사항들(두려워하는 것, 좋아하는 느낌과 싫어하는 느낌, 마음의 평안을 얻는 데 필요한 것)도 알 수 없게 된다. 술에 젖지 않은 맑은 정신으로 그것을 찾아 나선 적이 없기 때문이다.

알코올은 우리에게 보호막을 둘러쳐서 자기 발견의 고통이 다가오는 것을 막아준다. 그 보호막은 극도의 안온감을 주지만 극도로 교활한 것이기도 하다. 왜냐하면 그것은 완전한 허상이기 때문이다. 완전한 허상이면서도 진정한 실체처럼 간절하게 느껴지기 때문이다.

비극은 그 보호막이 작용을 멈추면서 시작한다. 변신의 수학은 바뀐다. 이것은 불가피한 결말이다. 장기간에 걸친 과음은 우리 인생을 망가뜨린다. 다른 사람들, 그리고 자신과 맺은 관계가 뒤틀리기 시작한다. 업무에 장애가 발생한다. 재정 문제, 법적 문제에 부딪히거나 경찰과 부딪힐 수도 있다. 고통이 커지면 어느 순간 옛 수학(불편 + 술 = 불편 없음)은 전처럼 들어맞지 않게 된다. 편안함을 느끼는 것만으로는 충분하지 않다. 우리는 소심함이나 두려움, 분노에서 벗어나는 것보다 좀 더 깊고 근원적인 것을 찾게 된다. 그래서 시간이 지나면 방정식은 더욱 강력하고 완전한 내용으로 바뀐다. '고통 + 술 = 자기 망각'이라는.

Sex

. . .

아침 햇살 속에 눈을 뜬다. 머리가 무겁다. 너무 무거워 움직이는 것조차 고통스럽다. 안구 뒤쪽과 관자놀이에서 맥박이 불끈거린다. 격심한 고통, 끈질긴 통증. 두개골 속 뇌액이 찐득찐득해진 듯 머릿속도 아프다. 구토감이 인다. 빈속을 채워야 할지, 무언가 먹으면 상태가 더 나빠질지 판단이 서지 않는다. 몸속의 모든 세포가 제멋대로 풀려 흔들리는 것 같다. 마치 배선 공사가 잘못된 자동차 같다.

그리고 옆자리에 남자가 누워 있다. 아는 사람일 수도 있고, 모르는 사람일 수도 있다.

한순간 당혹스러운 혼란이 몰려온다.

'어떻게 된 거지? 무슨 일이 벌어진 거지?'

얼른 주변을 돌아본다. 옷은 입고 있나, 벗고 있나, 피임의 흔적은? 콘돔 혹은 질 좌약 포장지는? 그러고는 눈을 감는다.

남자가 움직이면 자는 척한다. 그리고 다시 한번 정신을 그러모아 지난밤의 일을 돌이켜본다.

하나둘 기억들이 떠오른다. 이른 저녁 무렵은 똑똑히 기억난다. 처음 마신 몇 잔의 술, 몸이 슬슬 풀리던 느낌. 춤을 추었을 수도 있고, 이 남자와 레스토랑 혹은 술집의 이슥한 곳이나 파티장의 조용한 방에 함께 앉아 있었을 수도 있다. 눈앞이 조금씩 흐릿해진다. 내가 웃음을 터뜨린다. 농담을 던진다. 또 남자의 농담에 웃어준다. 현기증과 함께 홀가분함과 자유로움이 느껴진다. 내면에 숨어 있던 어떤 비밀스러운 자아(술을 마시지 않을 때는 다가갈 수 없는)가 몸을 일으키는 것 같다. 그러면 어떤 안도감이 느껴진다. 맨정신은 너무 건조하고 뻣뻣하지만, 술을 마시면 모든 게 유연하고 유동적이며 느슨해진다.

술을 더 마신다. 눈앞이 더 흐려진다. 어느 순간 신체 접촉이 발생한다. 남자가 먼저 내게 손을 얹었을 수도 있고, 내 쪽에서 남자의 팔에 손을 댔을 수도 있다. 웃으며 서로 바라본다. '내가 매력적인 거야.' 마음속에 자신감과 기대감이 부풀어 오른다.

머리가 윙윙 울린다. 아직도 침대에 있다. 또렷한 기억은 거기서 멈추고, 이제 떠오르는 건 조각난 단편들뿐이다. 내가 남자에게 무슨 말을 한다. 아주 중요하다고 여겨지는 마음속 깊은 이야기를. 그게 무슨 이야기였지? 어머니에 대한 이야기였나? 어느 날 버스를 타고 가면서 떠올린 인간 본성에 대한 정교한 이론이었나? 아무튼 어떤…… 이야기가 있었다. 생각을 더 해내려고 안간힘을 써본다. 무슨 말을 했는지, 그때 두 사람 사이에는 어떤 교감이 있었는지 떠올리려 애쓰다 보니 몸이 저절로 움츠러든다.

다른 단편들. 남자에게 스르르 몸을 기댄 일이 생각난다. 아니면 남자를 끌어안고 길을 걸었을 수도 있다. 어쨌든 흐릿한 정신으로도 길 위에서 넘어지지 않으려고 노력한다. 출렁거리는 감정 속에 갈망이 일어난다. 준 만큼 받고 싶은 갈망. 이 남자는 나를 매력적이라고 여기는가? 얼마만큼이나? 과연 나는 매력적인가?

섹스 자체는 이런 모든 상황과 단절된 초현실적인 행위였다. 내 몸은 그저 해야 할 일을 했을 뿐이다. 어쨌거나 내가 생각하기에는 그렇다. 남은 것은 흩어진 이미지의 조각들뿐이다. 다리를 벌려 남자의 허리를 감싸고, 그의 등에 팔을 두른다. 섹스 행위는 거의 본능적으로, 어떤 행동 교본을 실행하듯이 이루어진다. 키스하고, 끌어안고, 쾌락 속에 고개를 젖힌다. 실제로 쾌락을 느끼는지는 중요하지 않다. 느낌 자체가 전혀 없어도 상관없다. 잠시 후 머릿속이 텅 비어 버리고, 그 이후는 전혀 기억나지 않는다.

고통스러운 질문이 떠오른다.

'남자도 나만큼 취했나? 남자는 내가 얼마나 취했는지 알았나? 남자는 이 일을 어느 정도나 기억할까? 내가 미쳤던 건가? 아니, 아직도 미쳐 있나?'

눈을 감고 누워 있다. 나가고 싶다. 그저 나가고 싶은 마음뿐이다. 집에 가서 샤워하고 이 일을 기억 속에서 싹 들어내서 과거 속에 던져버리고 싶을 뿐이다.

1993년에 케이티 로이프가 『그날 아침 이후: 섹스와 두려움, 패

미니즘 The Morning After: Sex, Fear, and Feminism』을 출간하자, 몇 주일 동안 라디오 토크쇼나 신문의 의견란에는 이에 대한 격렬한 비판이 넘쳐났다. 요즘 대학 캠퍼스에서 벌어지는 데이트 강간 사례들이 과연 심각한 수준인가? 로이프는 이러한 이슈 자체가 페미니스트들의 피해망상에 근거한 작위적인 이슈며, 성 행동에 어떤 준칙을 만들려는 잘못된 시도라고 지적했다. 그녀는 또 오늘날의 여자들은 강하고 능력 있으며, 자신의 성 행동을 직접 관리하고 책임질 수 있다고 말했다.

로이프의 책을 읽은 사람들은 그가 여자들의 현실을 개선하려는 많은 노력에 찬물을 끼얹으며, 예나 지금이나 여자들은 변함없이 성폭력의 희생자라는 사실을 무시한다며 비난을 퍼부었다.

'뭐야. 왜 딴소리만 하고 있지? 술 얘기가 빠졌잖아.'

나는 라디오에서 펼치는 갑론을박을 들으면서 생각했다.

알코올은 그저 부가적인 요인으로 거론될 뿐이었다. 로이프도 책에 "어지러운 밤들, 넘쳐나는 술잔들, 낯선 침대와 익숙한 침대"라는 표현을 썼지만 과도한 음주는 대체로 부수적인 요인으로, 판단력 손상이나 커뮤니케이션 능력 저하 같은 구체적 변화를 만들어내는 요소로 여길 뿐이었다. 알코올이 자기 존재감 혹은 성감과 생각보다 깊은 관계를 맺고 있다는 사실, 많은 여자가 적어도 나 같은 여자들은 상충하는 수많은 감정(친밀한 관계를 갈망하면서도 두려워하고, 합일을 바라면서도 매몰될 것을 겁내고, 경계선을 설정하는 일에 불안해하는 감정)을 마비시키려고 알코올을 사용한다는 사실은 깊이 이야기되지 않았다.

술 취했을 때는 거절이라는 것이 극도로 어려워진다. 그것은 술 때문에 파티나 데이트 같은 특정 상황에 대한 판단력이 흐려져서만은 아니다. 술 마시는 일은 자기 존재감 형성이라는 더 크고 버거운 일을 방해하기 때문이다. 자기 존재감 형성이라는 건 모든 사람에게 쉽지 않은 일이지만, 남자보다는 여자에게 좀 더 어렵고, 특히 술을 마시는 여자에게는 거의 불가능에 가깝다.

내 친구 메그는 술집에서 술을 마시면 툭하면 남자를 달고 집에 오기 일쑤였다. 상대방의 이름도 모른 채 섹스를 했지만, 그것은 육체적 쾌락 추구와는 거리가 있었다. 그녀의 행동에는 좀 더 근본적이고 강박적인 면이 개재되어 있었다.

이런 일을 이야기할 때 메그는 분노와 반항심을 언급했다. 그때 20대 후반에서 30대 초반이던 그녀는 얼마 전까지만 해도 친밀한 관계와 섹스에 대한 두려움 때문에 아예 남자를 받아들이지 않았다. 그러다 술을 마시게 됐고, 술에 취해 모르는 남자와 잠자리를 하게 됐고, 그를 통해서 가슴에 묻어둔 숱한 감정들, 오랜 세월 마음 한구석에 꼭꼭 가둬둔 결핍감과 갈망의 물꼬를 트게 되었다.

술은 이렇듯 억압된 것을 해방하고 솟구쳐 올라 넘쳐나게 했다. 그녀는 그 해방감에 펄펄 뛰었다.

'입 닥쳐! 너희가 뭐라고 해도 난 원하는 걸 얻을 거야. 그럴 자격이 있든 없든 말이야.'

좌절, 수치, 두려움, 자기혐오는 해방감과 한 덩어리가 되어 흘러나갔다. 그녀는 술 마시고 그냥 섹스했다. 내면에 들끓는 감정에 '입 닥쳐!'라고 일갈한 뒤, 그냥 섹스를 했다. 어떻게 보면 그건 나

름대로 효과적이었다. 술에 취해서 아무하고 하는 섹스는 맨정신
으로 섹스할 때 느끼는 불안감 없이도 친밀감에 다다를 수 있다는
환상을 주었다.

당신이 만약 친밀한 관계를 갈망하면서도 두려워한다면, 자신
은 그런 관계를 맺을 자격이 없다거나 준비가 덜 됐다고 생각한다
면, 혹은 그것을 원하는 자신에게 부끄러움을 느낀다면 알코올은
당신에게 아주 유용한 역할을 할 수 있다. 알코올이 그런 오만 가
지 갈등을 녹여주기 때문이다. 그것은 친밀한 관계를 받아들이고
싶어 하는 당신의 마음을 힘있게 긍정해준다. 인생? 받아들이자.
깊은 유대감? 받아들이자. 어루만짐도, 위로도, 사랑도 모두 받아
들이자.

그러나 슬프게도 술 취한 상태에서 낯선 사람과 섹스를 하며 얻
은 자기 긍정은 술기운이 사라질 때 함께 허공으로 흩어져버린다.
그런 밤이 지나고 다음날 아침이 밝으면 메그는 자신이 바보 천치
처럼 느껴졌다. 수치와 후회와 혼란밖에는 남는 게 없었다. 머리는
지끈거리고, 손은 떨리고, 정신은 산란하다.

'젠장, 내가 무슨 짓을 한 거지? 거절해야 했는데.'

그녀는 후회한다.

술을 마시면 경계선이 뭉개진다. 뭉개지고 흐려진다. 대학교
2학년 때 나는 친구들과 함께 기숙사의 라운지에서 생일 파티를
열었다. 맥주와 보드카와 얼음이 넘쳐났다. 나는 그 무렵 술 마실
때마다 입던 검은 원피스를 입고 술을 마시며 춤을 추었다. 춤추는
일은 내가 술 마시지 않고서는 하지 않는 일이었다. 그날 나는 브

루스라는 남학생과 춤을 추었다. 브루스는 검은 곱슬머리에 눈이 파랗고 수줍은 표정이 귀여운 아이였다.

그날 나는 술에 취했다. 술기운이 음악의 리듬과 합해지면서 내 몸과 마음이 일체감을 느끼던 게 기억난다. 나는 원하는 대로 움직였고, 음악이 느린 곡으로 바뀌자 브루스에게 몸을 기대고 그 품에 얼굴을 묻은 채 그의 팔을 내 허리에 둘렀다. 무언가 스르르 무너지는 느낌, 그의 몸속으로 녹아 들어가는 느낌, 나는 예쁘고 아찔하고 자유로운 여자가 된 것 같았다.

그 후 오랜 세월이 지나 멕 라이언의 영화 〈남자가 사랑할 때〉를 보자 나는 그때 일이 떠올랐다. 영화 초반에 멕 라이언은 결혼 기념일을 맞아 앤디 가르시아와 함께 외출한다. 그리고 술에 취해 춤을 춘다. 남자의 몸에 밀착해서 웃음을 터뜨리며, 약간 흐트러지는 모습. 그날 파티장의 내가 그랬다. 알코올이 '딸각' 하고 스위치를 올리자 익숙한 마법이 시작되었고, 나는 웃고 춤추고 섹스할 수 있는 사람이 되었다.

기억은 1~2시간 뒤로 건너뛴다. 중간은 전혀 기억이 없다. 나는 브루스의 기숙사로 가서 그의 침대에 함께 누웠다. 옆 침대에는 그의 룸메이트가 있었다. 정신은 혼미했다. 좁은 싱글 침대 위, 의식이 들었다 나갔다 하는 사이 그의 페니스가 몸속으로 들어오는 충격이 짧게 느껴졌다. 그리고 나는 곧 의식을 잃었다. 다음날 아침 나는 잠자는 브루스를 두고, 주섬주섬 검은 원피스를 찾아 입은 뒤 내 기숙사를 향해 비틀비틀 걸어갔다. 일요일 아침 7시였다. 캠퍼스는 텅 비어 있었다. 부끄럽기 그지없었다.

그러나 다른 한편으로는 부끄럽지 않았다. 어느 면에서는 부끄럽고, 어느 면에서는 부끄럽지 않았다. 트루먼 커포티는 엘리자베스 테일러에 대해 "정서적 극단성이 있다. 사랑받고 싶은 욕구가 사랑하고 싶은 욕구보다 위험할 정도로 크다"고 평가한 적이 있다. 나는 술을 마시지 않을 때는 조심스럽고 자제하는 편이라서, 그런 정서적 극단성에 빠져들지 않았다. 하지만 술을 마시면 상황은 달라졌다. 술을 마시면 마음속에 원하면서도 위험하게 여기던 것들이 밝은 색깔을 띠고 강력하게 떠올랐다. 사랑에 대한 갈망이 기어를 올렸다. 받아들이라는 소리가 거절하라는 소리보다 크게 울렸다.

메그가 아직 섹스에 초보였을 때, 그녀의 단짝 친구는 이런 조언을 했다.

"술을 마셔봐. 그러면 술술 풀려."

메그는 그 말에 따랐다. 다음에도 그다음에도 메그는 늘 술을 마셨다. 그러자 어느새 메그에게 술을 마시지 않고 섹스를 한다는 것은 거의 불가능한 일처럼 되고 말았다.

메그와 나는 나이가 비슷하다. 우리가 사춘기에 들어선 1960년대 후반에서 1970년대 초반까지는 안전한 섹스나 피임 같은 개념이 없었다. 수많은 건강 단체나 잡지에서 여자들도 자신의 섹스 행위에 책임을 지고, 섹스와 자신의 몸을 알고 즐기라는 권유를 시작하기 훨씬 전이었다.

우리가 성에 대한 지식을 얻는 통로는 영화나 TV뿐이었다. 마릴린 먼로 아니면 메리 타일러 무어. 섹시한 여자 아니면 착한 여자, 우리 앞에 놓인 선택 항목은 두 가지뿐이었다. 그리고 우리가 둘 중 하나를 골라서 그렇게 되고자 마음을 먹는다 해도 그 방법을 가르쳐주는 사람이 없었다. 어떻게 하면 섹시한 여자가 되는지, 어떻게 하면 착한 여자가 되는지, 어떻게 해야 이런 목적들을 실제 행동으로 옮길 수 있는지…….

메그는 자신의 몸이 두려웠고, 남자들의 몸도 두려웠다. 그래서 그런 의구심을 술로 잠재우고 그냥 침대에 누워버렸다. 섹스할 때마다 그녀는 자신이 어떤 식으로 몸을 움직여야 서로 더 많은 쾌감을 느낄 수 있는지 모른다는 데 당혹감을 느꼈고, 그녀에게 그런 무지는 뼈아픈 약점이었다.

그래서 그녀는 술을 마셨고, 술기운으로 몸을 열어 섹스를 받아들였다. 그녀에게는 여자라는 사실 자체가 고통이었다. 하지만 알코올이 그 모든 고통(누군가 입을 틀어막은 느낌, 노리개가 된 느낌, 협박당하는 느낌)을 파도처럼 씻어갔다.

메그는 섹스하기 싫은 남자들하고도 자주 잠자리를 가졌다. 거절할 줄 몰랐기 때문이다. 더 정확히 말하면 거절해도 된다는 걸 몰랐다. 그녀에게 남자를 만나는 일은 아래로 쭉 미끄러지는 경사면과도 같았다. 자기가 남자에게 관심을 보이고 남자가 거기 반응하면, 돌아가는 문은 이미 닫혔다고 생각했다. 마음을 바꾸는 일은 자신에게 허용되지 않는다고 생각했다.

메그는 다갈색 피부와 검은 눈동자가 매력적인 30대 후반의 여성이었다. 그녀는 4년 동안 술을 끊고 지내면서 자기 마음의 생각을 놀라울 만큼 솔직하게 밝힐 줄 알게 되었다. 그런 그녀가 자기 욕망과 한계를 명확히 파악하지 못하고, 자기 존엄성을 그토록 돌보지 않던 시절이 있었다는 것은 상상하기 어려운 일이었다.

하지만 메그가 이야기하는 그런 망설임, 수치심, 혼란 등은 내게도 고통스러울 만큼 익숙한 것들이었다. 술 취한 상태에서 어물거리다 하게 되는 기분 나쁜 섹스. 내가 아는 너무나 많은 여자가 그런 섹스를 했고, 지금도 하고 있다.

1995년 하버드 공중보건대학원에서 1만 7592명의 학생을 대상으로 벌인 학내 음주 현황 조사에 따르면, 그 가운데 25퍼센트가 음주 후, 원하지 않는 성적 접근을 경험했다. 같은 해에 콜롬비아 대학에서 나온 연구는 대학 캠퍼스에서 이루어진 강간의 90퍼센트가 음주 상태에서 벌어졌다는 사실을 밝혔다. 그러므로 메그는 하나의 전형이었다. 자리에 누워서 천장을 바라보며 이 모든 일이 끝나기만을 기다리는 일, 어느 날 아침 어떤 남자의 침대에서 잠이 깼는데, 어떻게 거기까지 갔는지, 거기서 무슨 일을 했는지 아무 생각도 나지 않는 그런 일. 섹스는 매력적이지만 두렵고 낯설다. 그래서 술을 마신다. 술을 마시고 '해낸다'.

나는 사춘기 내내 섹스에 대한 두려움을 잠재우려 술을 마셨다. 내가 처음 성적으로 접촉한 상대는 중학교 3학년 때 같은 반이던 헨리다. 하키 선수로 기골이 장대하던 헨리는 피부가 거칠고 머리가 긴 데다, 밴드에서 드럼을 치는 아이였다. 우리는 파티에서 만나 맥주를 아주 많이 마셨다. 그러다 어느 순간 지하 파티장에 그 애와 나만 달랑 남게 되었는데, 그때 그 애가 나에게 키스를 하기 시작했다. 그 시간이 몇 시간은 되는 것 같았다. 헨리의 키스는 축축하고도 야릇했다. 나는 그 애의 손이 내 셔츠 속으로, 이어 브래지어 속으로 들어오는데도 저항하지 않았다. 어떻게 해야 할지 몰랐기 때문이다. 이물감 같은 것이 느껴졌지만(나 자신도 별로 만져본 적 없는 내 몸을 낯선 손이 더듬고 있었으니) 맥주가 힘을 발휘했다. 맥주의 힘 덕분에 남자의 손에 허벅지와 가슴을 내맡기고도 두려움을 느끼지 않았다.

술은 언제나 그렇게 힘을 발휘해서, 불편한 마음을 희석시키고 분위기를 가볍게 해주었다. 고등학생 때 친구들과 어울려 파티나 술집에 자주 다녔고, 자리가 끝나면 당시 사귀던 남자애들(헨리 다음에는 월이라는 미식축구 선수, 다음에는 존이라는 레슬링 선수였다. 다 고만고만하던 아이들. 나는 이들 중 누구에게도 깊은 친밀감이나 편안함을 느끼지 못했다)을 차에 태웠다. 차에 올라 내가 뒤로 몸을 기대면 남자아이들은 나를 키스하고 쓰다듬었다. 그들의 손은 내가 원치 않는 곳으로도 거침없이 드나들었지만 상관하지 않았다. 사실 아무 느낌이 없었다. 고등학교 졸업 파티 때 나는 술에 취해 필름이 끊긴 나머지, 하얏트호텔의 댄스 플로어에서 흰색 샌들을 잃어버렸다. 그리고 얼마 후 찰스강 옆에 세워놓은 차에 들어가 마이크라는 아이와 끌어안고 키스를 했다. 그때 느낌이 어땠는지는 기억이 없다. 적어도 의식적인 기억에는 없다. 그리고 그게 바로 핵심이었다.

그러므로 나는 메그가 남자와 잠자리를 하는 동안, 천장만을 바라보며 친밀감을 향한 이 잘못된 도전이 얼른 끝나기를 바랐다는 심정을 충분히 이해할 수 있다. 이는 전형적인 이야기며, 나 또한

똑같은 행동을 수없이 했다. 고등학생 시절의 나, 어떤 사내아이가 내 몸을 더듬는다. 충격과 호기심에 얼떨떨하다. 술기운으로 그런 감정을 막아낸다. 이제 대학생이 된 나, 비틀거리며 브루스의 기숙사로 올라간다. 너무 취해서 아무것도 느낄 수 없다. 파티에 가서 남자들에게 은근한 눈길을 던진다. 그러다가 멈출 지점을 놓쳐버린다. 내가 일으킨 사태를 수습할 방법을 찾지 못한다. 이런 당혹감을 잠재우려고, 무너지지 않으려고 술을 마신다. 그리고 나 자신도 느낀다. 술이 이런 일에 얼마나 중요한 역할을 하는지를. 충격은 줄어들고 탐색의 호기심은 늘어간다.

'자, 됐어. 문제없잖아. 난 할 수 있어.'

술을 마신다.

술을 마시고 남자를 사랑한다. 술을 마시고, 술 마시는 남자를 사랑한다. 나는 술을 좋아하지 않는 남자와 사귄 적이 단 한 번도 없다. 내 인생에 데이트란 것이 시작된 그 순간부터 술을 싫어하는 남자와 사귄다는 것은 생각조차 할 수 없는 일이었다.

술 마시는 남자를 선택하는 것은 너무도 당연해 보였다. 알코올은 두려움을 잠재우고, 거짓 행동을 하게 하고, 가기 싫은 곳으로 우리를 데리고 간다. 하지만 술은 행복한 섹스가 있는 로맨스의 길도 열어준다. 여자의 섹스에서 알코올은 너무도 튼튼한 결합재다. 적어도 내게는 그랬다. 세월이 지나면서 이 두 가지가 어찌나 긴밀한 관계를 이루었는지, 나는 그것들이 분리된 상황을 상상하지 못했다.

'술이 없는 첫 키스? 말도 안 돼. 술이 없는 섹스? 있을 수 없지.'
술은 내가 섹스를 느끼는 데 신체의 일부처럼 불가분한 요소였다.
그리고 때로는 그 융합이 놀라운 효과를 발휘했다.

기억의 단편 하나.

나는 열아홉 살이다. 뉴멕시코 주 샌타페이의 멋진 레스토랑에
남자친구 데이비드와 함께 앉아 있다. 나도 데이비드도 한껏 멋을
냈다. 그는 갈색 정장을 입었고, 나는 하늘하늘한 꽃무늬 원피스를
입었다. 둘 다 햇볕에 그을린 건강한 얼굴이다. 우리는 먼저 마가
리타를 한 잔씩 마시고, 저녁 식사와 함께 캘리포니아산 카베르네
적포도주를 주문한다. 나는 너무도 행복하다.

와인의 힘이 나를 보호하고 감싸주는 것이 느껴진다. 분홍색 테
이블보 위로 와인 잔을 쨍그랑 부딪치는 데이비드와 나는 나무랄
데 없이 귀여운 젊은 연인이다. 와인과 함께 나는 녹아내릴 듯 편
안했고, 와인과 함께 관능에 몸을 열었다. 사랑하는 남자와 함께
있을 때 술은 가장 가까운 원군이었고, 가장 믿을 만한 분위기 조
성자였다. 천성이 소극적인 데다, 섹스에 대해 불안감을 느끼고 성
장한 나는 무용가가 음악에 몸을 맡기듯이 술에 나를 맡겼다. 술이
있어야만 머릿속에 이는 비판의 목소리를 떨어뜨리고, 새로운 종
류의 음악을 향해 걸어갈 수 있었다.

데이비드는 내 첫사랑이다. 그는 샌타페이에 사는 내 친구의 친
구였는데, 고등학교 졸업반 봄방학에 거기 갔다가 만났다. 우리는
그때부터 사귀기 시작해서 대학을 졸업하고 몇 년이 지날 때까지
계속 관계를 유지했다.

큰 키에 단순하고 거친 아름다움이 있는 남자. 데이비드는 남서부의 자연을 연상시키는 강렬한 첫인상으로 다가왔다. 그는 내가 그때까지 알고 지낸 남자들과 비교하면 보스턴과 샌타페이의 거리만큼이나 달랐다. 몬태나 주 출신인 그는 산사람 특유의 조각 같은 외모를 지니고 있었다. 검은 머리에 초록빛 눈동자, 그리고 우리 어머니가 치약 광고를 찍어도 되겠다고 했을 만큼 가지런한 치아. 나는 거의 한눈에 그를 사랑하게 되었다.

그리고 우리 두 사람이 걸어간 로맨스의 길에는 알코올이 강물처럼 출렁출렁 흘렀다. 그때는 이런 사실을 몰랐다. 하지만 내가 데이비드에게 끌린 가장 큰 요인은 바로 그가 술을 대하는 태도였다.

우리가 만난 날, 샌타페이의 한 술집에서 테킬라 선라이즈를 마셨다. 테킬라가 전해주는 아찔한 취기 속에 데이비드의 검은 머리칼 한 올이 이마 위로 툭 떨어지던 모습이 아직도 또렷하게 기억난다. 아찔한 취기 속의 데이비드, 그것은 완벽한 조합이었다. 나는 술에 취한 채 그와 첫 키스를 했고, 술에 취한 채 첫 섹스를 했으며, 술에 취한 채 그에게 사랑을 고백했다. 데이비드는 알코올 중독은 아니었다. 그는 술을 좋아하기는 했지만, 지나치다 싶으면 멈출 줄 아는 사람이었다. 어쨌거나 그의 곁에는 언제나 술이 있었기 때문에, 나는 데이비드만 보면 자연스럽게 술을 기대했다. 저녁나절에 만나면 술집 냉장고에는 맥주가 있고, 선반 위에는 테킬라가 있었으며, 가까운 산으로 놀러 가는 길에는 차 뒷좌석에 맥주 상자들이 준비되었다.

술은 언제나 우리 곁에서 경계를 허물고 두려움을 몰아내 주었다. 그렇게 술은 우리를 상대방에게서 보호해주었다.

데이비드와 사랑을 시작한 무렵에는 나도 그리 대책 없는 알코올 중독자는 아니었다. 하지만 그때도 내게는 상당한 경향이 있었으며, 알코올 중독을 향한 걸음은 그때 벌써 시작되었다. 당시 내 행동을 돌이켜보면 알 수 있다. 그 무렵 나는 술과 함께한 즐거운 추억이 많다. 샌타페이의 야외 수영장에서 쿠어스 맥주를 마시던 일, 데이비드의 픽업트럭을 타고 뉴멕시코의 어느 산기슭에 가서 밤을 지새우며 와인을 홀짝거린 일, 고원 사막에서 별을 헤아리며 샴페인을 마신 일. 물론 기분 나쁜 추억도 많다. 필름이 끊긴 일들, 술에 취해 벌어진 싸움들, 특히 민망한 기억은 여름 캠프에서 일하는 베카를 만나러 콜로라도 주까지 갔는데, 차를 몰고 가는 동안 데이비드와 싸구려 백포도주를 얼마나 마셔댔는지 캠프장에 도착해서는 몸도 제대로 가누지 못하는 상태로 차에서 내린 일이다. 그때 나는 열여덟 살이었고, 베카는 기겁을 했다.

가만히 생각해보면, 나와 알코올의 관계는 대학 시절부터 천천히 변화하기 시작한 것 같다. 그때부터 술은 단순한 자기 변신의 도구(긴장과 억제를 푸는 수단, 좀 더 섹슈얼하고 개방적이고 유쾌한 사람으로 변화하는 수단)를 벗어나서, 내가 세상과 맺는 모든 관계에 관여하는 복잡하고 불가피한 존재로 바뀌었다. 그 시절을 돌아보면 세상살이에서 불거지는 온갖 감정과 갈등을 알코올을 통해 다스리려는 한 가지 행동 패턴이 내 안에 자리를 잡고, 뿌리를 내리고, 가지를 뻗어 나가는 것을 볼 수 있다.

알코올 중독자들은 거의 자동으로 인간관계가 엉망이다. 우리는 자기 존재감을 느끼고 당당하게 관계 속으로 걸어 들어가지 못하고, 술에 취해 질척질척 흘러 들어간다. 우리는 다른 모습으로 변신하는 데 너무 익숙해져서, 우리 자신의 핵심 버전, 그러니까 우리가 본래 가지고 나왔고, 다른 사람들과 의미 있는 관계를 맺을 수 있게 해주는 버전의 자기 모습을 잃어버린다. 우리는 친밀한 관계를 극도로 불편해하는데 여기서 알코올은 그런 불편함을 막아주는 한편, 그것을 진실로 극복하는 길 또한 막아버리는 이중적 작용을 한다. 우리는 감정을 솔직히 대면하는 것보다 거기서 한 발짝 물러서는 데 훨씬 더 익숙하다. 갈등을 느끼는가? 마셔라. 불안한가? 마셔라. 울화가 치미는가? 마셔라.

데이비드를 깊이 사랑했지만, 그에 대한 감정은 단순하지 않았다. 나에게 데이비드는 우리 가족의 스타일과 반대 방향으로 매달린 추와 같았다. 상냥하고 단순하고 사랑스럽고 평범한 남자. 통찰력이나 자기분석과는 아무 상관이 없는 남자. 그에게 끌리는 내 마음도 도통 헤아려지지 않았다. 이 가무잡잡한 사내, 약간 얼빠진 듯하고 지성과는 거리가 있는 이 사내를 남자친구로 선택한 것이 바람직할까? 내 주변 환경과 이다지도 동떨어진 사람을 원한다는 건 뭔가 문제가 있다는 뜻이 아닐까? 포옹과 섹스와 술을 원하는 나 자신의 욕망이 문제인가?

오랜 세월 동안 내가 이런 질문을 잊고 지낼 수 있었던 것은 우리 사이에 놓인 지리적 거리 때문이다. 데이비드와 함께 여름을 보내고서 나는 브라운 대학에 입학했고, 그는 샌타페이의 학교에 남았다. 그래서 그 후 3년 동안 우리는 5000킬로미터의 거리를 두고 짧고 뜨거운 만남과 안타까운 헤어짐을 반복하며 지냈다. 하지만 그런 생활은 내가 대학 4학년 때, 이미 학교를 졸업한 데이비드가 프로비던스로 와서 나와 함께 살기 시작하면서 어긋나기 시작했다. 인간관계의 방식이 갑작스레 변하면서 내가 술과 맺은 관계 방식도 함께 변했다.

데이비드와 나는 학교 근처의 한 아파트에서 살았다. 그가 온 직후 내 마음속에는 갈등이 일어났다. 그는 도저히 내 생활에 걸맞지 않아 보였고, 나 또한 브라운 생활과 데이비드 생활을 융합하는 일이 불가능했다. 나는 부지불식간에 인생을 두 개의 부분으로 나누어 살았다. 낮 동안에는 수업을 듣고 도서관에서 미친 듯이 공부하고, 밤에는 작은 마케팅 회사에 취직한 데이비드와 술을 마셨다(아마 매일 마셨던 것 같다). 그 한 해 동안 나는 그렇게 두 세계의 충돌을 막으려고 온 힘을 기울이며 보냈다. 둘이 함께 대학 친구들을 만나는 일은 거의 없었다. 우리는 주로 우리끼리만 지냈다.

알코올 중독자들은 삶을 구역화한다. 그러므로 내 행동은 아주 전형적인 사례였다. AA 모임에 가면 그런 이야기를 거듭 듣는다. 알코올 중독자들이 이중 인생(심지어 삼중, 사중 인생까지도)을 영위하는 것은 하나의 삶을 사는 방법을 모르기 때문이라고. 그 하나의 삶이란 자신이 누구인지, 자신이 진정 원하는 것은 무엇인지에 대한 선명한 이해에 기반을 둬서 이루어지기 때문이다.

모임에서 만난 한 여자는 알코올 중독을 '심각한 자기기만'이라고 정의했다. 그녀는 대학과 대학원 시절, 애인들에게 악착같이 집착하는 방법으로 성장이라는 버거운 과제를 피하며 살았다. 자기 존재의 판정표를 다른 사람의 손에 넘겨준 채, 그들이 내리는 규정을 받아들이며 살았다. 많은 사람이 이런 식으로 살지만(꼭 알코올 중독에 빠져야만 자아의식을 남에게 양도하는 것은 아니다), 알코올 중독자는 이런 일을 극히 열성적이고도 정밀하게 한다. 그들은 카멜레온처럼 자신을 두 개, 세 개, 네 개의 버전으로 바꿔내면서, 변신의 윤활제로 술을 퍼붓는다. 내가 누구인지 당신이 말해줘. 이번에는 당신이, 그리고 또 당신이.

그녀의 이야기를 들으니 데이비드와 함께 보낸 시절이 떠올랐다. 그 시절 나 또한 전혀 다른 두 가지 인생을 살았다. 데이비드와 함께하는 친밀함과 섹스, 술, 그리고 봉합된 갈등 속의 삶이 한편에 있었고, 다른 한쪽에는 엄격한 자제와 지적 탐색 속에 이루어지던 대학 생활이 있었다.

그런데 대학 생활 역시 한 남자에 의해 규정되었다. 브라운 대학은 필수과목이 드물기로 유명했다. 나는 저학년 때는 뚜렷한 방향 없이 이런저런 과목을 잡다하게 듣다가, 결국 영문학과 역사학을 복수 전공하기로 했다. 그런데 그 선택의 이유는 내면의 깊은 지적 욕구 때문이 아니라 내가 그 분야의 어떤 프로그램에서 두각을 보인 경험 때문이었다. 그 프로그램을 이끈 사람은 40대의 영문학 교수 로저였다. 면도날처럼 날카로운 지성을 자랑하던 그는 브라운 대학의 교수 중 처음으로 나를 특별하게 대해준 사람이었다.

나에게는 그런 경험이 간절히 필요했다(이는 알코올 중독자들의 전형적인 집착 형태다. 그들은 타인의 인정을 맹렬히 원한다). 하지만 대학 입학 후 내게 그런 기회는 오지 않았다. 학교는 너무 컸고, 나는 적응력도 별로인 데다 무엇을 공부하고 싶은지도 오리무중이었다. 학업 성적은 내가 추구해온 주요 목표 가운데 하나였다. 성적이 좋으면 부모님이 기뻐했고, 또 선생님이 기뻐했으니까. 성적도 타인의 인정을 받기 위한 수단이었다.

대학 3학년 때 만난 로저는 내가 원하는 방식으로 나를 인정해주었다. 이 일을 통해 나는 기쁨을 주고 싶은 사람을 발견했고, 그것은 내게 아주 친숙한 일이었다. 4학년 때 전공을 18세기 영국 문학과 역사로 좁힌 이유도 그것이 그의 전공이었기 때문이다. 그는 나의 지도교수가 되었고, 나는 그의 지도로 논문을 완성해서 브라운 대학을 우등 졸업했다.

졸업식 이틀 뒤에 로저가 나에게 졸업 축하 점심을 샀다. 그는 졸업식 날 점심 한 끼 사주고 싶다고 말하더니, 다음날 전화로 약속 시간을 정하고는 아파트까지 나를 데리러 왔다.

우리는 학교에서 차로 10분 정도 떨어진, 볕이 잘 드는 작은 레스토랑으로 갔다. 그는 먼저 마티니를 주문하더니 식사 때는 와인을 주문했다. 우리는 바닷가재 샐러드를 먹으며 글쓰기에 대해 여러 가지 이야기를 했다.

점심을 먹고 다시 그의 차에 올랐다. 그런데 차 안에서 로저가 갑자기 나에게 달려들어 키스를 퍼붓는 것이 아닌가. 너무나 놀라고 당황했다. 그렇지만 나는 술에 취해 있었으므로 그냥 내버려 두었다. 그가 내게 키스하는 것을, 그의 손이 내 가슴을 감싸는 것을. 그리고 며칠 후 그가 다시 전화를 걸어 점심을 청했을 때도 선선히 승낙했다. 달리 어떻게 해야 할지 몰랐기 때문이다.

그 여름, 예닐곱 번 로저와 함께 술에 취했던 것 같다. 우리는 매번 다른 레스토랑을 찾았고, 술을 많이 마셨다(그 술은 대개 마티니였다. 아버지의 술. 마티니). 그리고 식사를 마치면 술에 젖은 채 그의 차 안에서 키스를 받았다. 한편으로는 두려웠고, 한편으로는 무감각했다. 그래서 가만히 자리에 앉아 내 목에 뿜어대는 그의 숨결과 내 입속을 드나드는 그의 혀를 느낄 뿐이었다. 내가 어쩌다 그런 상황에 부닥치게 된 건지, 어떻게 해야 거기서 빠져나올 수 있는지도 알 수가 없었다.

술에 취하지 않았다면 그러지 않았을 것이다. 데이비드는 아침이면 출근했고, 나는 오후에 로저와 만나 점심을 먹었다. 그리고 차 안에서 로저의 키스를 받으며, 집에 가야 하는데, 데이비드가 퇴근하기 전에 집에 가야 하는데, 얼른 술에서 깨어 수상한 기색을 떨쳐내야 하는데, 하는 걱정에 사로잡혀 있었다. 어느 날 로저가 데이비드에 관해 물었다. 데이비드는 곧 대학원에 가고자 시카고로 떠날 거라고 대답하자, 로저는 빙긋 웃으며 말했다.

"잘 됐군. 그러면 당당히 애인이 되자고."

애인? 나는 그해 봄에 졸업했지만, 앞으로 무엇을 해야 할지 전혀 모르는 상태였다. 막연하게나마 글을 쓰고 싶다는 생각이 있었지만, 그건 의과대학에 가서 정신과 의사가 되는 쪽도 마찬가지였다. 하지만 그때까지 나는 이력서조차 보낸 적이 없었다. 아무런 실마리가 잡히지 않았기 때문이다.

"잘 됐군. 그러면 당당히 애인이 되자고."

그는 로드아일랜드 주 뉴포트 시의 야외 레스토랑에서 그 말을 했다. 그 말을 듣고 내 앞에 놓인 잔을 들어 끝까지 쭉 들이켰다. 산들바람이 불었고, 햇빛이 밝게 내리비쳤다. 속이 울렁거려 토할 것만 같았다.

그 후 10여 년이 지나는 동안, 나는 이때 일을 별로 이야기하지 않았다. 하지만 어쩌다 이야기가 나오면, 로저는 악한이고 나는 피해자였다는 식으로 사건을 단순화시켰다. 분명히 그런 측면이 있기는 했다. 하지만 또 하나 분명한 것은 내가 그를 뿌리치지 않고, 그의 앞에서 손쉬운 사냥감 행세를 했다는 것이다. 그리고 그 과정을 술이 도왔다.

키스 사건이 있기 전에 우리는 한 번 점심을 같이했다. 졸업식 몇 주 전, 시내에 있는 작은 지하 레스토랑에서였다. 벽돌로 쌓은 벽과 나무 테이블로 레스토랑의 분위기는 아늑했다. 우리는 그때도 마티니를 마셨는데, 로저의 눈빛을 보고 그가 내게 매력을 느낀다는 걸 감지했다. 또한 그 모든 일이 마티니의 도움이라는 것도 알았다. 마티니의 힘으로 나는 그에게서 그런 눈빛을 끌어내서 탐닉할 수 있었고, 평소 같으면 어림없을 자신감을 만끽했다. 술이 두 잔, 석 잔 들어가자 나는 테이블 위로 몸을 굽히고 호기심 가득한 눈길을 던지며 그에게 여러 가지 질문을 했다. 글 쓰는 일에 대해, 학자로서 그의 경력에 대해, 그가 살아온 인생에 대해. 나는 때

맞춰 미소를 짓고, 지나치지 않을 만큼 눈을 맞추었으며, 약한 모습을 보일 때는 약한 모습을, 존경을 보일 때는 존경을, 냉정함을 보일 때는 냉정함을 드러냈다.

그 시절 내가 그를 어떻게 생각했는지 잘 모르겠다. 그는 객관적으로 좋은 사람이던가, 아니면 덜떨어진 인간이던가? 모르겠다. 내가 그에게 성적 매력을 느낀 기억도 없다. 그에게 그런 욕망을 품는다는 것은 근친상간에 육박하는 일로 여겨졌다. 로저는 내게 아버지뻘 되는 사람이었다. 그에게서 받고 싶었던 것은 어린 계집애들이 아버지에게 바라는 종류의 칭찬과 승인이었다. 하지만 주인공이 어린 소녀가 아니라 젊은 여자일 때, 그리고 술에 취했을 때는 그 소박한 소망이 복잡한 양상을 띠게 된다. 그날 점심을 할 때 나를 휘감은 감정은 조바심이었다.

'그를 기쁘게 해야 해. 그에게서 내 존재를 인정받아야 해. 그러려면 성적 접근을 해도 상관없어. 내가 아는 방법은 그것뿐이니까.'

누군가의 애정과 승인을 간절히 바랄 때, 우리는 본능적으로 이렇게 행동한다. 대학 시절에 여학생이 교수와 남자 선배들에게 아양을 떠는 모습을 자주 보았다. 어린 시절부터 영화나 TV에서 본 것이 그런 것이기도 했다. 나 또한 여자가 가진 가장 현실적인 힘은 성적 매력이라는 생각을 마음 한구석에 갖고 지내다가, 부지불식간에 그런 인식에 근거해서 행동한 것이다. 명료한 인식은 없었지만, 그것은 내게 느껴졌다.

그러므로 몇 주 후 로저가 나를 불러 차 안에서 키스했을 때, 충격과 혼란 속에서 한편으로는 기묘한 승리감을 느낄 수 있었다. 그때 내 느낌은 '생각대로 됐어. 내가 이겼어'였다. 그리고 내가 이 게임에 적극적 동참자였음을 알았기 때문에, 내가 그를 끌어당겼음을 알았기 때문에 그런 상황에서 홀가분하게 빠져나올 수가 없었다. 다른 사람을 유혹해서 '예스'라는 답을 받아놓고, 나는 태연하게 '노'라고 대답할 수는 없는 노릇이었다.

알코올은 우리를 그런 어처구니없는 불능의 방정식으로 몰아간다. 자신의 힘을 느끼고자 상대를 성적으로 유혹하고, 성적 매력을 발휘하려고 술을 마시지만, 마음 한구석으로는 그 모든 것이 거짓임을 알고 있다. 그렇게 느끼는 힘은 작위적이고, 자기 내면의 것이 아님을 안다. 그러므로 나는 차 안에서 그렇게 로저의 입김과 손길에 몸을 맡긴 채 멍청히 앉아 있을 수밖에 없었다. 움쭉달싹할 수 없었다. 반발의 거품이(그에 대해, 그리고 나에 대해) 끓어올랐지만, 그것은 아주 미미했다.

술은 거짓된 미혹이다. 알코올은 힘을 주지만, 준 만큼 그대로 앗아간다.

나는 데이비드에게 로저의 일을 이야기하지 않았다. 하지만 그 일은 우리의 관계에 어쩔 수 없는 영향을 미쳤고, 일정한 거리감을 만들었다.

퇴근한 데이비드가 하루 일을 묻는다. 나는 "별일 없었어"라고 대답하고 입을 닫는다. 그러면 마치 내가 엄청난 비밀을 품고 지내는 것 같은 느낌이 들었다(물론, 비밀은 비밀이었다). 전화벨이 울릴 때마다 로저일까 하는 걱정에 벌떡 일어났다.

　그 여름 데이비드와 나는 술을 많이, 아주 많이 마셨다. 보드카는 1갤런들이 통으로 샀고, 테킬라도 큰 병에 담긴 것으로 샀다. 우리는 저녁 식사 전에 술을 시작해서, 식사 때는 와인을 곁들였고, 식사 후에는 보드카 토닉이나 테킬라 선라이즈를 마셨다. 로저를 만난 날에는 죄책감을 씻을 길이 없었다. 그를 만났다는 단순한 사실 때문에도 그랬지만, 그 관계에서 내가 일종의 공범 역할을 한다는 것도 그랬고, 데이비드를 향한 내 양면적인 감정이 사태를 복잡하게 만든다는 생각 때문에도 그랬다. 프로비던스에서 함께 사는 동안, 내 불투명한 앞날과 더불어 우리 두 사람의 여러 가지 다른 점이 언제나 마음을 불편하게 했다. 식사를 하다가 물끄러미 바라보면 그의 얼굴 위로 자꾸만 다른 남자들(말하자면 로저나 아버지 같은)의 얼굴이 겹쳐졌다.

　'데이비드도 그들만큼 지적인가? 그들만큼 내면을 성찰하는 힘이 있는가? 야심은? 그래도 이 남자를 사랑하는 게 좋을까? 아니면 나보다 저만치 앞서 있는 사람, 나보다 똑똑하고 야심 있는 사람, 그래서 내가 원하는 성숙한 인격으로 나를 이끌고 갈 수 있는 사람을 선택해야 하는 걸까?'

　어려운 질문이고 복잡한 감정이었지만, 나는 이런 고민을 한 번도 데이비드와 함께 풀어보려고 하지 않았다. 대신 술을 마셨고, 그러면 머릿속을 어지럽히던 질문들은 가물가물 흐려지다가 의식 밖으로 사라졌다.

　알코올 중독자들은 책임 회피의 귀재들이다. 자신이 느끼는 감정을 늘 타인이나 사물 탓으로 돌리는 것, 이것은 알코올 중독자를 가려내는 징후기도 하다. 이들은 관계가 꼬이고 엉겼을 때 자신이 잘못한 부분을 좀처럼 인정하지 못한다. 그해 여름 나는 데이비드와 함께 식사를 하면서 언제나 그에게 의문에 찬 눈길을 던졌다. 그에게는 뭔가 부족했다. 뭔가 마땅치 않았다. 나한테 문제가 있을 거라는 생각은 한 번도 들지 않았다. 내가 다른 사람의 한계를 받아들이는 능력이 부족하다는 것도, 내가 가진 거대한 결핍감의 크기도, 또 다른 사람들에게 인정받고자 하는 내 소망의 부조리함도 감지하지 못했다.

하지만 술에 취해 사는 동안에는 자신이나 다른 사람에 대해서 그런 종류의 정직함을 얻지 못한다. 술은 진정한 감정과 진정한 공포와 진정한 의문을 마비시킨다. 정직해질 수 있는 용기를 빼앗아 간다. 우리는 진정한 자신을 움켜쥐지 못하고, 자꾸만 자기 자신을 괴로운 상태로 몰아넣는다. 교수의 차에 앉아 키스를 당한다거나, 비밀을 감춘 채 남자친구와 식사를 하는 것과 같은.

우리 아버지에게도 비밀이 있었다.

로저와 그런 일이 있던 여름이 끝나갈 무렵, 어머니가 내게 전화를 걸어서 할 말이 있다고 했다. 8월 말의 어느 주말 아침이었다. 나는 부엌 식탁에 앉아서 식탁보의 체크무늬를 헤아리며 생각했다.

'누가 죽었나 보다.'

어머니는 전화로 심각한 말씀을 하는 분이 아닌데, 목소리에서 이상하게 긴장감이 느껴졌다.

"네 아버지와 헤어질까 생각 중이다."

"네? 뭐라고요?"

어머니의 목소리에는 이런 일을 설명한다는 것이 난처하기 이를 데 없다는 기색이 묻어 있었다.

"쉽게 하는 얘긴 아니야."

그리고 어머니는 아버지가 그동안 외도를 하고 있었다는 사실을 전했다. 관계가 지속한 지 벌써 7년이고, 어머니는 이제 참고 지내기 어렵다고 했다. 그래서 마서스비니어드의 별장에 가서 며칠 동안 생각을 정리해보겠다는 것이었다.

기가 막힌 소식이 아닐 수 없었다. 전혀 짐작도 할 수 없는 일이었다. 그날 오후 나는 계속 부모님을 생각했다. 외도처럼 심각한 일을 눈치채게 할 만한 사건(말다툼이나 팽팽한 긴장 같은)은 한 번도 없었다. 그래서 사실이 밝혀질수록 부모님이 이 일을 조용히 처리하고자 얼마나 많은 노력을 기울였는지 알고 놀라움을 감출 수 없었다. 아버지는 내가 대학을 졸업하기 전에 집을 나가서 몇 주 동안 지내다 온 일도 있었다고 한다. 하지만 내가 집을 찾았을 때는 아버지가 마침 이틀 동안 집에 들른 참이었고, 당연히 나는 그런 일은 생각도 못 했다.

나에게 부모님은 어른의 모범이었다. 두 분의 점잖고 과묵한 태도를 보며, 어른은 저런 것이고 저래야 한다는 의식을 형성했다. 이성적이고 냉정한 어른, 낮 동안 열심히 자기 일을 하고 밤이면 집에 돌아와 술을 마시며 평온한 저녁나절을 보내는 어른. 식사가 끝나면 아버지는 서재로 사라졌고, 어머니는 거실에 앉아 뜨개질하며 TV를 보거나 전화 통화를 했다.

두 분 사이에 갈등이 있다는 건, 더군다나 내가 그 여름에 겪은 것과 같은 종류의 갈등이 있다는 건 상상도 못한 일이었다. 두 분은 여러 해 전에 심리치료를 받았기 때문에, 갈등이 있었다면 거기서 모두 해결했으리라고 믿었다.

나는 본능적으로 어머니 편에 서서 충격과 분노를 표출했지만, 마음 한구석에서는 어쩔 수 없는 안도의 한숨을 쉬었다. 아버지의 불가사의가 한 꺼풀 벗겨지는 느낌이었다. 아버지에게 그동안 왜 그렇게 거리감이 느껴졌는지, 또 아버지가 왜 그렇게 홀로 고민하는 듯한 모습을 보였는지 조금이나마 맥락이 잡혔다. 거실에 함께 앉아 있을 때 아버지와 나 사이에는 대화가 거의 없었다. 나는 그것을 모두 내가 모자란 탓이라고만 여겼다. 나에게 아버지는 너무도 거대한 존재였다(아버지는 나와는 차원이 다른 중대한 문제를 고민하고 계실 거야. 나 같은 존재는 성가실 거야). 그런 아버지가 외도했다는 소식은 오히려 마음속의 부담감을 덜어주었다. 아버지는 당연히 고민할 수밖에 없었을 것이다. 이중생활을 하고 있었으니 말이다. 또 당연히 매일 밤 마티니를 들이켤 수밖에 없었다. 고통스러운 귀가와 그에 따르는 죄책감을 그런 식으로 달래지 않고는 견딜 수 없었을 테니 말이다. 소식 자체는 충격이었지만, 아버지의 좀 더 인간적인 면모를 발견하는 효과도 있었다.

어머니의 전화를 받은 지 며칠 후, 부모님 집으로 가서 아버지를 만났다. 아버지는 고통스러운 표정으로 뭔가 변명하려 했지만,

모든 것이 어색하기 짝이 없었다. 우리는 파티오에 나가 앉았다. 아버지는 마티니를 만들어 첫 잔을 단숨에 들이켜고 나서 입을 열었다. 하지만 아버지의 표현은 너무도 모호하고 두루뭉수리해서 뭐라고 질문조차 할 수 없었다.

"그동안 문제가 많았단다."

그러고는 별로 기억나는 말이 없다.

맑고 고요한 저녁나절이었다. 바람이 정원의 나무들을 흔드는 소리가 유난히 크게 들렸다. 아버지는 훨씬 더 늙어 보였고, 훨씬 더 아득해 보였다. 아버지는 어머니와 성적 갈등에 대해 언급했고, 또 할머니와 복잡한 문제에 대해서도 언급했다. 분노와 양면 감정에 대해서도 몇 마디 덧붙였다.

하지만 내 기억에 가장 또렷이 남은 것은 그의 구체적인 말보다 그를 바라보던 내 심정이다. 어린 시절부터 줄곧 느낀 그 감정은 바로 아버지 내면 깊은 곳에는 뭔가 어둡고 극도로 혼란스럽고 탐색 불가능한 것이 있다는 것이었다(나 또한 아버지와 그런 점을 공유했지만, 거기에 무슨 이름을 붙여야 할지는 알 수 없었다). 아버지는 아마 죽을 때까지도 내게 불가사의로 남을 것 같다는 느낌이었다.

나중에 아버지가 돌아가신 후, 아버지를 잘 알던 잭이라는 심리학자를 만날 기회가 있었다. 그와 이야기를 나누고 나서야 아버지를 괴롭힌 갈등 일부를 헤아릴 수 있게 되었다. 아버지의 아버지, 그러니까 우리 할아버지도 외도했다. 그것도 매우 많이. 게다가 할아버지는 다른 사람들에게 애인들 이야기를 자랑스럽게 떠벌리고 다녀서, 할머니 가슴에 말할 수 없는 상처를 안겼다.

할머니는 복수를 선택했다. 하지만 그 방법은 맞바람을 피우는 것이 아니라, 주변의 손쉬운 상대들을 유혹해서 자신의 매력을 확인하는 것이었다. 그 상대 가운데는 아들인 우리 아버지도 포함되어 있었다. 그런 성장기를 거치는 동안 아버지는 '성은 곧 수치'라는 관념을 형성했고, 누군가를 성적으로 사랑하게 되면 자동으로 그에 대한 수치심에 쩔쩔맸다고 잭은 말했다. 젊은 시절 아버지는 다정다감하고 섬세한 성격이었다고 한다. 그런 그에게 부모님이 요구하는 역할은 움쭉달싹할 수 없는 참담한 곤경이었다. 어머니 편에 서자니 그 유혹에 굴복하는 것이었고, 아버지의 편에 서자니 그의 잔혹성을 용인하는 것이었다.

잭의 말에 따르면, 아버지는 할아버지처럼 외도를 자랑하는 폭력은 행사할 수 없었기 때문에 있는 힘을 다해 그 사실을 감추었다. 그러다 1~2년이 지나 관계가 끝나면 그때 비로소 고백했다. 하지만 시간이 흐르면 다시 외도를 시작하고, 끝나고서 다시 고백했다. 아버지의 외도는 그렇게 끝났다 싶으면 어느새 시작되고 하는 식으로 끊임없이 이어졌다. 늘 약속을 했지만, 그 약속은 매번 깨졌다. 그러다 그해 여름 아버지가 다시 한번 고백을 하자, 어머니는 한계 상황에 다다른 것이다.

당시에는 이런 것이 분명하지 않았지만, 아버지의 외도 사실은 내게 일종의 해답이 되었다. 우리 집의 퍼즐이 풀리지 않은 것은 바로 이런 핵심적 조각들이 숨어 있었기 때문이었다. 그날 저녁 아버지와 함께 파티오에 앉아서 생각했다.

'모든 침묵은 그 때문이었구나. 가시지 않는 슬픔과 긴장은 거기서 비롯된 것이구나. 부모님이 다정한 포옹도, 격렬한 다툼도 하지 않은 것은 모든 에너지가 그렇게 사태를 감추고 감정을 억누르는 데 쏠려 있었기 때문이구나.'

아버지의 외도 소식은 한편으로는 충격적이었지만, 다른 한편으로는 너무도 자연스럽게 느껴졌다. 나는 파티오에 앉아 술을 마시며 짤막한 감탄사를 토할 뿐이었다. 그밖에는 무슨 말을 해야 할지 몰랐다.

'성적 갈등? 욕정과 간통? 우리 부모님이?'

짤막한 감탄사 이상의 반응은 할 수 없었다.

부모님의 별거는 사흘 만에 끝났다. 어머니가 마서스비니어드로 떠나자 아버지는 그 여자의 집으로 들어갔다. 하지만 무엇 때문인지 아버지는 어머니를 떠나보낼 수 없다는 결론을 내렸다. 그래서 아버지가 어머니를 찾아갔고, 일주일 정도 시간이 흐르자 갈등은 봉합되었다.

나중에 아버지는 베카에게 그때의 일을 이야기했다. 그 여자의 집에 있는 동안 아버지는 내내 술만 마셨다고 한다. 보드카를 마시고 진을 마시고, 마시고 또 마셨다. 술은 아버지의 성적 갈등에 대한 치료 약이었다.

놀라운 사실은 술을 마시고, 비밀을 만들고, 술로 자신을 치료하는 과정을 겪으면서도 술꾼들은 그 과정에 술이 어떤 영향을 끼치는지 미처 깨닫지 못한다는 점이다. 아버지는 술을 마셨고, 다른 여자와 관계에 교착되고, 비밀에 교착되고, 양면 감정에 교착되었다. 그리고 결국 이것들이 한데 연결되어 있다는 것, 술이 비밀을 키우고 비밀이 교착감을 키운다는 것, 술과 거짓말과 맹목은 서로 얽히고설켜서 하나의 태피스트리를 이룬다는 것. 이 모든 것을 아버지는 너무 늦게 깨달았다. 데이비드와 로저와 함께 한 그 여름, 나도 술 속에 묻혀서 똑같은 일을 저지르고 있었다. 한심할 만큼 인생을 복잡하게 꼬아가면서도 어느 쪽과도 진정한 유대를 이루지 못했다. 그리고 그것은 그 후 오랜 세월이 지나도록 마찬가지였다.

인생을 진전시키는 의미 있는 사건들은 정신이 명료할 때 일어난다. 로저와 야릇한 점심 데이트가 한 달 반 정도 이어졌을 때, 이제 그런 식으로 그의 차에 앉아 그의 손길에 나를 내버려 둘 수 없다는 판단이 들었다. 그래서 어느 날 굳은 마음을 먹고 그의 연구실로 가서, 쭈뼛쭈뼛 그러나 아주 명료하게 더는 그렇게 만날 수 없다고 말했다.

"저한테는 이런 일들이 너무 불편해요."

그는 책상에 앉아 굳은 얼굴로 나를 바라보았다.

나는 더듬거리며 말을 이었다.

"하지만 앞으로도 좋은 친구로 남았으면 합니다."

침묵이 흘렀다.

마침내 그가 말했다.

"애인이 될 수 없다면, 더는 만날 필요가 없다고 생각하네."

그 후로 나는 그를 만난 적이 없고, 전화 통화 한 번 한 적도 없다. 하지만 그렇게 되자 비로소 그에 대한 두려움에서 벗어나 그를 미워할 수 있었다. 오랜 세월이 흐르고서 그가 죽었다는 소식을 들었다. 프로비던스 시의 이스트사이드 지역에서 조깅하다가 심장마비로 즉사했다는 것이다. 아무런 느낌이 없었다.

Drinking Alone

. . .

데이비드가 시카고로 떠나고, 부모님이 결별의 위기를 겪고, 내가 로저에게 작별을 고하는 가운데 여름이 지나고 가을이 되었다. 그 가을에 혼자 술 마시는 법을 배웠다. 바로 그 해부터 베카가 내 과음을 걱정하기 시작했다. 내가 술을 끊기 10년도 전의 일이다. 베카가 우리 집에 놀러 왔다가 냉장고 문을 열어보고는 커다란 백포도주 통이 거의 비어 있는 것을 보았다.

"이걸 너 혼자 다 마신 거니?"

베카가 물었다.

나는 그게 별문제냐는 표정으로 베카를 바라보았다.

"당연하지. 그러면 안 돼?"

하지만 알코올 의존도가 점점 높아지면서 나는 그런 태도를 버리고 조금씩 신중해졌다. 알코올 중독자들은 대개 그렇다. 무슨 술을 마시는지, 언제 마시는지, 얼마나 마시는지, 또 어떤 상황에서 마시는지 감추려고 한다. 친구들에게 감추고, 가족에게 감추고, 때로는 전혀 그럴 필요가 없는 낯선 이들에게까지 감추려고 애를 쓴다.

내 친구 맥스는 주류 판매점 점원에게 그랑마니에 수플레 빵을 굽는 데 브랜디가 필요하다고 말하며 술을 샀다. 일주일에 세 번이고 네 번이고 똑같은 핑계를 댔다. 그는 금전등록기 옆에 놓인 미니어처 판매대로 가서 그 가운데 있는 브랜디를 가리키며 물었다.

"저게 2큰술 분량이 될까요? 수플레를 만드는 데 필요하거든요."

그러고는 쇼핑백에 브랜디를 세 병, 네 병 담아서 나오곤 했다. 맥스의 이야기를 들었을 때, 그의 마음을 금방 이해할 수 있었다. 나도 그랬기 때문이다. 알코올 중독 시절의 말기에(그러니까 헤네시 작은 병을 사다가 목욕 가운 주머니에 감춰둘 무렵) 나도 요리에 술이 필요하다는 듯이 말하곤 했다.

"아 참, 코냑도 좀 필요하군요. 저게 헤네시인가요? 네, 두 병만 주세요."

이런 이야기는 AA 모임에서 헤아릴 수 없이 많이 듣는다. 내 친구 메그는 술을 살 때 디너 파티를 준비하는 척하곤 했다.

그녀가 고민 가득한 표정으로 점원에게 묻는다.

"오리 요리를 할 건데 어떤 와인이 어울릴까요?"

그런 다음에 그녀는 와인 한 상자와 보드카 여러 병, 스카치와 혼합음료를 잔뜩 사 가지고 나온다. 많은 알코올 중독자가 날마다 다른 가게에서 술을 사고, 이따금 먼 동네에 가서 술을 사는 방법으로 자신이 소비하는 술의 양을 은폐한다. 여기서 두 병, 저기서 두 병, 다른 곳에서 한 상자.

진성 알코올 중독자들에게는 재활용도 큰 문제가 된다. 재활용 바구니에 술병이 수북이 쌓인다면 누구나 당황할 수밖에 없다. 혼자 술을 마시던 시절, 내가 살던 지역은 다행히 재활용하지 않았다. 그래서 나는 술병을 커다란 쓰레기봉투에 넣어서 길가에 내놓거나 쓰레기 수거통에 버렸다. 그때마다 술병들이 부딪히며 쩽그랑거리는 소리가 이웃들에게 들릴 것을 염려해 여간 신경 쓴 것이 아니었다. 때로는 2~3주가 지나도록 빈 병을 처리하지 않기도 했다. 그럴 때는 빈 병을 상자에 담아 싱크대 아래 찬장에 넣어두었는데, 찬장이 꽉 차면 밤중에 두 보따리의 무거운 쓰레기봉투를 끌고 아파트 밖으로 나와야 했다.

중독성 음주는 본성상 고독한 음주다. 자기 음주의 본질을 바깥세상에 감추기 때문이다. 그리고 어느 면에서는 자기 자신에게도 감춘다. 술꾼들은 흥을 돋우고 긴장을 풀고 사교성을 높이려고 술을 마신다고 생각한다. 하지만 그들의 음주는 외부와 자신을 차단하는 은거성 음주이기도 하다.

AA 모임에서 한 여자는 술을 마시지 않을 때면 사람들 사이에 있는 일이 얼마나 불편하고 거북했는지 말했다. 그때 술을 끊은 지 며칠 되지 않은 그녀는 일단 술을 마시면 그런 거북한 느낌이 사라지고, 주변 사람들이 자신을 어떻게 대하는지, 어떤 생각을 하는지 신경 쓰지 않게 되더라고 말했다.

"술이 곁에 있으면 나는 고치 속에 몸을 묻는 것 같았어요."

그녀의 말에 사람들이 고개를 끄덕이면서 깊은 공감의 물결이 흘렀다. AA 모임에 가면 알코올이 최고의 친구였다는, 그것도 가장 내밀한 의미의 친구였다는 이야기를 흔히 듣는다. 술은 우리의 애인이 되고 한결같은 동반자가 된다. 술은 냉장고 선반, 조리대 위, 혹은 찬장 속에 자리 잡고 앉아 진짜 사람처럼 우리를 반겨준다. 그 다정하고 믿음직한 모습은 가히 절친한 친구에 비견할 만하다.

나중에 내가 집 여기저기에 스카치 병을 숨기고, 목욕 가운 주머니에 작은 브랜디 병을 넣어두기 시작했을 때, 그런 내 모습은 인형을 손에서 놓으면 큰일이라도 날 것처럼 벌벌 떠는 어린아이와 다를 것이 없었다.

'제발 나를 보호해줘. 내가 세상에 혼자 남지 않게 도와줘.'

알코올은 한꺼번에 여러 명의 파트너 역할을 한다. 가장 믿고 마음을 의탁하는 진정한 사랑, 그것은 물론 알코올이다. 그런가 하면 알코올은 내연의 관계, 옛 애인, 그냥 얼굴만 아는 사람, 심지어 원수의 역할까지도 해낸다.

케니는 버번 충성파였다. 그는 버번위스키를 상자째 사두고는 집에서 혼자 오페라를 들으며 마셨다. 보비라는 남자는 보드카를 특히 좋아했는데, 그 사랑은 처음 쭈뼛거리며 술을 산 시절부터 변하지 않은 절개 굳은 사랑이었다. 그때 그는 뉴햄프셔 주 콩코드 시의 주류 판매점 앞을 서성거리다가, 지나가는 남자를 불러서 스마이어노프를 좀 사달라고 부탁했다. 그러자 남자는 "스미어노프 아닌가요?"라고 물었다. 보비는 "어, 맞아요. 내가 그렇게 말하지 않았나요?"라고 되물었다고 한다. 맥주 중독자, 스카치 중독자, 버번 중독자가 있고, 값비싼 적포도주만 마시는 중독자도 있다. 계절에 따라 파트너를 바꾸는 사람도 많다. 겨울에는 속을 훅 달구는 짙은 색의 증류주로 갔다가, 여름에는 진토닉이나 라임 덩어리를 띄운 럼 온더록스 같은 가벼운 술을 택하는 식으로.

나는 백포도주 열심 당원이었다. 물론 말기에 이르러서는 술이라면 가리는 것이 없었지만, 고를 수 있는 상황이라면 산뜻하고 차갑고 드라이한 프랑스산 소비뇽 블랑이나 북부 캘리포니아산 샤르도네를 마셨다. 냉장고 속에 얌전히 앉아 있는 백포도주 병의 모습은 언제나 내 마음을 푸근하게 했다. 병 표면에 어리는 차가운 물방울, 연한 황금빛 액체 앞에서 밝게 빛나는 사각형 레이블. 술을 떠난 이후 레스토랑에 가서 사람들이 맥주나 보드카, 진을 마시는 모습을 보아도 마음에 별다른 움직임이 없다. 하지만 웨이트리스가 기다란 백포도주 잔을 들고 옆을 지나가면, 거기 담겨 찰랑대는 백포도주를 보면, 나도 모르게 맥박이 빨라지고 눈빛이 간절해진다. 깊은 고통 속에 열렬히 사랑했지만, 결국 헤어진 옛사랑의 사진을 보는 것처럼.

대학을 졸업한 1981년 여름, 나는 프로비던스 시 이스트사이드 지역에 있는 작은 스튜디오로 이사했다. 그곳은 볕이 잘 들고 천장이 높은 데다 벽난로까지 있었는데, 나와 백포도주의 깊은 사랑이 시작된 곳이다. 나는 그때 처음으로 혼자 살게 되었고, 비로소 완전한 어른이 된 것 같았다. 하지만 그것은 혼자 문을 열고 들어와 구두 굽을 또각거리며 부엌으로 가서, 장본 물건을 조리대에 내려놓는 것 같은 단순한 행동에서 비롯되는 피상적 느낌이었다. 좀 더 정확히 말하자면 냉장고에서 샤르도네 병을 꺼내서 코르크를 따고 그것을 기다란 와인 잔에 따르는 것 같은 느낌이었다. 내게 그런 행동은 몹시 우아하고 세련된 일로 여겨졌다. 와인을 따르고, 난로에 불을 지피고, 소파에 앉아 잡지를 뒤적이는 일. 이런 일상의 작은 의례들은 나를 독립된 인간으로 이끌어가는 희망의 행동 규범으로 여겨졌다.

하지만 그런 행동 규범을 멋지게 실천하며 살지 못했다. 당시 프로비던스의 한 레스토랑에서 웨이트리스로 일하던 나는 늘 돈이 부족했다. 그러면서도 와인을 1갤런들이 통으로 사 마시기 시작했다. 저녁나절이 되면 '퐁' 하는 상쾌한 소리를 내며 코르크 마개를 따는 대신 와인 통의 뚜껑을 돌려서 열었다.

난로에 불도 거의 지피지 않았고, 잡지나 뒤적일 만큼 마음이 여유롭지 못했다. 매트리스를 구부려 만든 소파에 앉아서, 케니 로긴스의 음반을 듣고 또 듣다가 잠이 들었다. 케니 로긴스의 음악은 떠나간 데이비드를 생각나게 했고, 나는 술에 취해 울었다.

회복기의 알코올 중독자들은 혼자 있으면 자기 마음대로 술을 마실 수 있어서 좋았다는 이야기를 자주 한다. 혼자서 술을 마시면 파티장이나 레스토랑에서 느끼는 사교적 제약이 없다. 그 욕구, 그리고 그를 묘사하는 알코올 중독자들의 언어는 거의 어린아이 같은 측면이 있다. 술을 원하는 그 마음. 마음에 평안을 주는 술을 들고 자기만의 어두운 방으로 들어가 조용히 몸을 웅크릴 수 있기를 원하는 그 마음.

혼술은 이론적으로는 자신을 방어하는 행위다. 우선 혼자 있으니 대인 접촉을 피할 수 있다(사교적 음주를 즐기는 알코올 중독자도 때로는 그런 접촉에 부담을 느낀다). 게다가 알코올을 통해서 혼자 있다는 우울한 기분도 떨칠 수 있다. 자신의 거죽을 쓰고 살아가는 것이 너무도 힘겨울 때 우리는 혼자서 술을 마신다.

보즈웰은 『존슨의 생애』라는 책에서 존슨의 입을 빌려 이렇게 말한다.

나는 자신을 없애려고, 나 자신을 멀리 쫓아 보내려고 혼술을 한다.
술을 마시면 우리는 자신에게 좀더 만족하게 된다.

그해 12월의 어느 오후, 나는 아파트에 앉아 폭설이 내리는 창밖을 내다보았다. 눈송이들이 소용돌이를 그리며 땅으로 곤두박질쳤고, 나 또한 눈송이들과 함께 자기 연민의 나락으로 곤두박질쳤다. 그날 하루 역시 삶의 방식을 바꿔보려는 헛된 노력 속에 지나가고 있었다. 아침마다 달리기나 수영을 해야지, 그래서 하루를 힘차게 시작해야지, 이렇게 결심했지만, 그러지 못했다. 나는 점심 시간대(오전 11시부터 오후 3시)에 일했고, 근무 시간이 지나면 집에 돌아와 소파에 앉았다. 할 일은 줄을 서서 기다렸다.

'X에게 전화해서 글쓰기 워크숍에 대해 알아봐야 해. Y에게 전화해서 프리랜서로 일할 방법을 알아봐야 해. 대학 취업실에 전화해서 이력서를 검토할 시간을 잡아야 해.'

자신감도 없고 실패가 두려운 내게 이 모든 일은 버거웠고, 그 어떤 것도 해내지 못했다. 그래서 마비감과 무력감, 자기혐오에 젖은 채 앉아 있을 뿐이었다. 그러다가 6시가 되자 바람을 쐬야겠다 싶어 외투를 걸치고는 와인을 사러 폭설을 뚫고 주류 판매점으로 걸어갔다. 그날 밤 매트리스 소파에 앉아서 사 온 술을 거의 다 마셨다. 그리고 잠들기 전 일기장에 끼적거렸다.

너무나도 우울해서 견딜 수가 없다.
제발 이 느낌을 없애줘.

누구한테 그런 부탁을 한 것인지는 모른다. 어떤 외부의 힘, 어쩌면 그것은 저 멀리서 다가오는 막연한 운명이었을 수도 있고, 모든 상황을 일거에 뒤집어서 주변 환경과 나 자신을 내가 원하는 대로 변모시킬 강력한 에너지였을 수도 있다. 일기에서 나는 날마다 인생의 목적의식이 필요하다고 부르짖었다. 그리고 그런 목적의식은 어느 날 홀연히 훌륭한 직업, 훌륭한 친구, 훌륭한 로맨스의 형태를 띠고 내 앞에 나타날 거라고 믿었고, 그렇게 되기를 바랐다.

그때뿐 아니라 그 후로도 10여 년 동안 나는 끊임없이 '~라면 좋을 텐데'라는 가정법에 매달려 있었다. 20대에 그런 욕망의 대상은 멋진 직업과 날씬한 허벅지였다.

'글을 써서 먹고살 수 있다면 좋을 텐데. 몸무게가 3킬로그램, 5킬로그램, 7킬로그램 빠진다면 내 인생은 달라질 텐데.'

30대에는 그 초점이 남자에게 옮겨갔다.

'남자를 사귈 수 있으면 좋겠어.'

그러다 줄리안을 만나자 내 소망은 우리의 관계가 지금과 다르다면 얼마나 좋을까로 바뀌었다.

'얼마나 좋을까, 지금 이 상황이 바뀐다면.'

술을 마시지 않는 사람들, 그러니까 술이라는 정신의 마취제 없이도 하루하루를 밀고 나가는 사람들은 외부의 힘에 막연한 기대를 하지 않으며, 개인의 진정한 힘과 희망은 외부에서 주어지는 것이 아니라 적극적인 경험의 축적을 통해서, 즉 자기 앞에 닥친 과제들을(아무리 고통스럽고 두려운 일이라 해도) 하나하나 해내는 과정을 통해서 얻어진다는 사실을 터득하고 있다.

하지만 술을 마시는 사람은 그러지 못한다. 고통스러운 감정을 뚫고 지나가는 것과 그것을 외면하는 것의 다른 점을 알지 못한다. 그들이 할 수 있는 일은 그저 멍청히 앉아 술을 들이켜다가 취하는 것뿐이다.

1981년 9월 28일, 그러니까 술을 끊기 13년 전에 쓴 글이 있다. 필체는 구불구불 제멋대로 휘갈겨져 있다.

머리가 혼미하다. 술 탓이다.

혹시 내가 알코올 중독인 건 아닐까?

지금 와서 보면, 내가 그때 벌써 문제를 감지하고 있었다는 것이 놀랍다. 그러나 알코올 중독이란 본래 그렇게 작동하는 것이 아닐까? 한편으론 알고 있으면서, 한편으론 전혀 모른다. 정확히 말하자면 알고는 있지만, 그런 깨달음이 어떤 행동으로 이어지는 걸 원치 않는 우리 마음의 일부가 그런 깨달음에 엉뚱한 이름표를 달아버린다. 다음날 아침 눈을 뜨면 우리 마음은 지난밤과는 전혀 다른 상태가 되어 있다.

'이 정도 문제는 사소한 거지 뭐.'

결국 알코올 문제는 우리가 조금만 덜 우울해도 해결되는 문제로 둔갑한다.

그해 우울증이 상당히 심하던 나는 내게 정확히 그런 논리를 적용한 것 같다.

'언제가 될지는 모르지만 마음이 좀 안정되면 술을 줄일 거야.'

그 한 해 동안 나는 분노와 자기 연민에 휩싸여 살았다. 나는 직장을 구하지 못했다. 세상은 너무 냉혹하고 잔인해 보였다. 나는 자격도 모자란 데다 준비도 부족한 채로 그나마 친숙하던 대학 공간에서 떨어져 나왔다. 게다가 세상에 홀로 던져진 내게는 여자라는 어쩔 수 없는 굴레가 씌워져 있었다.

그때 내가 살던 집 주인은 같은 건물 3층에 사는 우락부락하고 거만한 남자였는데, 그는 내게 어떤 이야기를 할 때마다 내 가슴을 노골적으로 들여다보았다. 옆 건물에서 잡역부로 일하던 토니라는 남자는 내가 근처를 지나갈 때마다 휘파람을 불며 기분 나쁜 농담을 던졌다. 그때 나는 머리가 허리까지 내려올 만큼 길었는데, 어쩌다 그 사람 곁을 바짝 지나게 되면 그는 내 머리 타래를 휙 낚아

채서 당기곤 했다. 마치 긴 머리카락은 누구나 만질 권리가 있다는 듯 그 표정에는 아무런 미안함이 없었다.

그해 나는 달리기를 시작했는데, 거리를 달릴 때면 남자들이 차창 밖으로 고개를 내밀고 휘파람을 부는 일이 흔했다. 그때마다 나는 깊은 곳에서 솟구치는 분노를 느꼈지만, 그런 분노는 강렬하지만 대개 오래 머물지 않고 사라졌다.

이런 것은 사소한 사건이고 어떻게 보면 사건이라고 하기도 어렵지만, 자꾸 반복되다 보면 우리의 세계상도 어떻게든 영향을 받게 마련이다. 날마다 자기 가슴을 빤히 들여다보는 남자와 가까운 곳에서 지내다 보면, 이 세상은 안전하지 않다는 불안감을 느낀다. 아마 나는 분노했을 것이다. 하지만 여자들의 분노가 금기로 여겨지는 사회에서 자라난 만큼, 그 분노가 힘을 가질 수 있다고는 생각지 못했다. 나는 다른 방도를 몰랐기에 술을 마셨다. 일상에서 마주치는 이런 두려움과 분노를 어떻게 처리해야 할지 그때는 정말 알 수 없었다.

술은 끊고 1년쯤 지났을 때 지넷이라는 여자와 작은 카페에서 만났다. 3월 초의 흐린 어느 날이었다. 오후 3시 30분 무렵이었는데, 창밖을 내다보니 전문 직업인으로 보이는 30대 여자 네 명이 차례로 주류 판매점에 들어갔다가 커다란 쇼핑백을 하나씩 품고 나왔다.

회복기의 알코올 중독자들은 다른 사람의 음주 습관을 유심히 지켜보는 버릇이 있다. 특히 문제성 음주에 관해서는 더욱 큰 관심을 보인다(일종의 영토 관리 행위일 수도 있다). 지넷과 나는 그 여자들을 보며 생각했다.

'저기 또 있군. 진행기의 중독자야.'

하지만 그들을 바라보는 우쭐한 마음 한쪽에는 어쩔 수 없는 슬픔이 흘렀다. 매일 밤 귀갓길에 술을 사는 그 마음, 그리고 집에 홀로 앉아 술을 마시는 그 기분을 잘 알았기 때문이다.

잠시 후 우리는 혼자서 술을 마시던 시절의 이야기를 하기 시작했다. 지넷은 지금은 변호사지만, 그때는 남자들 일색인 대형 로펌에서 직원으로 일했다. 그녀는 혼자서 자신의 업무에 몰두해 있는 동안에는 별문제가 없었다고 했다.

"문제는 언제나 사람들하고 부딪혀야 한다는 거였어요."

그때는 1980년대 초반이라서, 지넷은 날마다 줄무늬 셔츠에 치마를 입고 목에 리본까지 매는 정장 차림을 했다. 그것은 당시 직장 여성들의 표준 유니폼이었다. 그런 차림으로 회사 복도를 걸어가거나 회의실에 들어설 때마다 어린 시절, 엄마의 진주 목걸이를 하고 뾰족구두를 신은 것 같은 극도의 어색함을 느꼈다. 그런 그녀를 동료는 전시된 상품처럼 슬슬 훑어보았다. 책상 아래 감춰진 다리며 가슴, 입술 같은 곳을.

시간이 지날수록 지넷은 자신의 존재 가치에 혼란을 느꼈다. 그녀는 업무 능력이 뛰어난 유능한 직원이었다. 하지만 그런 한편 그녀는 사무실에서 남자들이 보고 즐기는, 그녀의 표현에 따르면, 사무실 한구석에 박아둔 젊고 귀여운 인형이었다.

게다가 지넷은 아버지나 선생님 같은 사람들에게 칭찬을 받으며 자기 존재감을 키워온 터라, 사람들의 기분을 맞춰주는 데 익숙했다. 이렇게 자기 주변의 체계가 온통 허물어졌는데, 그리고 자신이 할 역할도 갑자기 바뀌었는데, 아무도 새로운 게임의 규칙을 일러주지 않은 것 같았다. 이런 것을 '자기 불신 증후군'이라고 일컫는다. 그녀는 뛰어난 업무 능력을 발휘했지만, 그것은 어쩐지 거짓으로만 여겨졌다. 자신은 가짜 성인, 자기 존재의 진정한 가치를 믿을 수 없는 미완성 인간인 것 같았다. 이것은 많은 여자가 보편적으로 겪는 경험이다. 자기 존재 가치를 잃고, 그 아래에서 분노를 삭이는 삶. 우리는 함께 고개를 저었다.

지넷이 말했다.

"닻을 잃은 느낌이었어요. 그리고 또……."

그녀의 목소리가 희미해졌다. 우리 두 사람 사이에는 수많은 느낌의 바다가 펼쳐졌다. 무언가 잘못된 느낌, 부족한 느낌, 불확실한 느낌, 외로운 느낌, 그리고 분노.

그녀는 웃었다.

"나는 어린 시절에도 인형 같은 걸 붙들고 지낸 적이 없어요. 어린 마음에도 그게 자랑스러웠죠. 밤낮없이 봉제 인형을 껴안고 사는 내 동생과는 다르다고요. 그런데 어른이 돼서 이렇게 다른 위안거리를 붙들고 살게 될 줄 어떻게 알았겠어요."

술은 액체로 만들어진 우리 마음의 위안물이다. 대지를 덮는 차가운 눈처럼, 술은 우리 마음의 공허와 분노를 지그시 덮어준다.

지넷과 나는 동갑이다. 그녀의 이야기를 들으면서 나는 스물한 살, 스물두 살, 스물세 살의 우리가 똑같은 일을 하는 모습을 떠올렸다. 우리뿐이겠는가. 일과를 마치고 집으로 돌아가는 수많은 젊은 여자가 상처 난 마음을 달래고 가슴의 공허감을 채우려고 그렇게 위안거리를 찾았을 것이다.

프로비던스에서 그렇게 1년을 보내고서 나는 신문사에 취직했다. 지넷과 마찬가지로 나도 낮에는 비교적 안정감 있고 편안한 가면을 유지할 수 있었다. 나는 취재기자로 일하며 꽤 인정을 받았다. 내 글은 윗선에서 많은 칭찬을 받았고, 그것은 학교에서 선생님한테 칭찬받는 것과 비슷한 자신감을 안겨주었다. 나는 언제나 마감을 지켰고, 직장 동료와 원만한 관계를 유지했으며, 맡은 일을 성실히 해냈다.

하지만 직장에서 얻은 성과와 그에 대한 성취감은 직장 바깥까지 이어지지 못했다. 내가 가진 전문 직업인으로서의 정체성은 사무실을 벗어나는 순간 훅 흩어지거나, 그냥 사무실에 남아 있는 것 같았다. 집 계단에서 여전히 집주인과 마주쳤고, 길에서는 희롱을 당했다. 그러면 다시 두려움과 혼란에 휩싸였다. 자기 존재감에 관한 의문은 풀숲의 맹수처럼 몸을 숨기고 기다리다가 내가 건물을 떠나는 순간 맹렬히 달려들어 물어뜯었다.

그래서 나도 지넷과 똑같은 행위를 했다. 많은 다른 사람이 그런 행위를 했다. 술병 앞에 웅크리고 앉아 모든 감각을 마비시키는 행위를.

영화 「재생자들」은 알코올 중독자의 역정을 단순화한 면이 있지만, 중간에 아주 생생한 장면이 하나 나온다. 마이클 키턴이 재활 교육을 받고 집에 돌아와 첫 밤을 보내는 대목이다. 그는 집 안을 윤이 날 정도로 쓸고 닦고 나서 할로겐 등의 불빛이 가구에 아롱거리는 가운데 의자에 앉는다. 그러다가 잠시 후에 벌떡 일어나서 다른 의자에 앉는다. 그렇게 불안스레 앉았다 일어나기를 반복하는 그의 모습은 어떻게 해야 편안함과 즐거움을 느낄 수 있을지 갈피를 잡지 못하는, 자신의 거죽을 쓰고 사는 법을 모르는 사람의 모습이다.

나는 이 영화를 출시된 해인 1989년에 보았다. 이 장면에 맞닥뜨린 순간, 그때까지 내가 살아온 여러 아파트를 떠올리며 몸을 움찔했다.

'이러다가는 나도 곧 저렇게 될 거야.'

그러면서 술이라는 갑옷 없이 어떻게 혼자 살 수 있을지 헤아려 보곤 했다.

1990년에 출간한 우울증에 관한 회고록 『보이는 어둠Darkness Visible』에서 윌리엄 스타이런은 술을 끊었다는 사실이 자신을 곧바로 우울증으로 몰고 갔다고 직접적으로 언급하진 않지만, 술꾼에게서 갑자기 술이라는 갑옷(현실의 자신과 그에 대한 고통스러운 인식 사이에 세워둔 방어벽)이 사라졌을 때 벌어지는 현상을 생생하게 묘사했다.

그렇게 오랫동안 내 마음속 악마들을 멀찌감치 물리쳐주던 강력한 동맹군이 별안간 퇴각한 느낌이다. 그 악마들이 잠재의식을 뚫고 몰려나오면서 나는 정서적으로 완전히 발가벗겨졌고, 일찍이 경험한 적 없는 무방비 상태에 내몰렸다.

삶의 스위치였던 술을 잃자, 스타이런은 무감각하고 무기력한 상태에 빠져 무시무시한 불안의 손아귀에 사로잡힌 것이다.

알코올 중독 말기에 나는 보스턴의 노스엔드에서 살았다. 노스엔드는 이탈리아계 사람들이 많이 사는 구역이다. 약속이 없는 밤이면 귀갓길에 집 근처 편의점에 들러서 백포도주 한 병을 산다. 그곳은 선택의 여지가 없었다. 이탈리아산 싸구려 소아베 한 병과 다른 곳보다 비싸게 파는 캘리포니아산 샤르도네 두어 병뿐이었다. 하지만 그 편의점에서 와인을 사는 것은 구색이 다양한 주류 판매점에 들르는 것과는 다른 맛이 있었다. 술을 사는 것이 주목적이 아니라 집에 가다가 우유나 시리얼 같은 몇 가지 생필품을 사는 김에 술도 좀 사는 것이라는 자기 합리화에 유리한 곳. 그 시절 와인은 나에게 가장 중요한 저녁 쇼핑 물품이었다. 하지만 어느새 와인 한 병으로는 성이 차지 않게 되자 그 편의점에 갈 때마다 맥주 두 병을 더 집어 들었다. 여섯 개들이 팩이 아니라 딱 두 병만. 계산하러 카운터에 물건들을 내려놓으면, 와인 병 옆에 얌전히 앉아 있는 몰슨 골든 맥주병들은 천진하게까지 느껴졌다.

집에 오면 곧장 맥주를 들이켜며 안도의 한숨을 쉬었다. 쌓여가는 술병은 스타이런이 말했듯이, 일종의 동맹군처럼 느껴졌다. 내 잠재의식을 막아주는 수비대, 깊고 깊은 은신처에서 자꾸 튀어나오려 하는 악마들을 막아주는 강고한 수비대. 때론 나는 마이클 키턴이 불안스레 일어났다 앉았다 하는 「재생자들」의 장면을 생각했다. 내가 사는 집도 할로겐 등과 회색 카펫으로 그의 집 못지않게 현대적인 분위기였다. 그 무렵 나는 끊임없이 마셔대는 맥주와 와인이 내게 구체적으로 어떤 역할을 하는지 알아차렸다. 그것은 나에 대한 뼈저린 의식을 막아주었다. 그것은 내가 나를 감당하며 사는 법을 배우지 않아도 되게 해주었다.

술이 없으면 나는 우리에 갇힌 동물 같았다. 그러니 늘 술을 끼고 살 수밖에 없었다. 술이 없으면 나 자신을 어떻게 해야 할지 알수 없었다. 내 생각과 팔다리가 내 것이 아닌 듯했고, 그것들을 사용할 방법도 나를 멀리 비켜가 있는 것 같았다. 특히 일요일 아침이면 늘 그런 느낌을 받았다. 홀로 부스스 잠에서 깨어나면 텅 빈 하루의 시간밖에는 아무것도 나를 기다리는 것이 없었다.

'나, 아파트에서 눈을 뜬다. 나, 어슬렁어슬렁 부엌으로 간다. 나, 그릇을 씻어 식기건조대에 넣는다. 나, 혼자라는 것이 신경 쓰이고, 내가 쉬는 숨 하나하나가 신경 쓰이고, 나라는 사람의 거죽, 내가 가진 생각들이 모두 신경 쓰인다. 나, 기다리고 기다리고 기다린다. 계속 이렇게 산다면, 이런 정신 상태를 버리지 못한다면, 나는 권태 속에 죽어버리거나 미쳐버리거나 어느 순간 터져버릴 것이다.'

술은 이런 들끓는 감정을 달래고 자의식을 재워주었다. 나는 프로비던스 시절에 배운 이 사실을 오랫동안 마음에 품고 다녔다. 여러 집을 전전하면서도 이 사실만큼은 귀중한 가구처럼 언제나 끌고 다녔다. 때때로 몰슨 두 병과 와인 한 병이 충분한 역할을 못 할 때면 길 건너 레지나 피자집에 가서 포장용 피자를 주문했다. 그리고 피자가 준비되는 동안 피자집에 딸린 바에서 키안티 와인을 시켰다. 나는 커다란 콜라 잔에 담긴 와인을 마시면서 TV를 보거나 바텐더와 이야기를 나누었다. 어떤 때는 첫 잔을 단숨에 마셔버리고 한 잔을 더 주문하기도 했다. 나는 팁을 후하게 주었기에, 바텐더는 언제나 준비된 자세로 내 잔을 살폈다. 그것은 무언의 약속이었다. 혼자서 술을 마시면서도 말동무를 찾는 술꾼들의 능력은 이렇듯이 놀라운 데가 있다.

　재닛은 지금은 술을 안 마시지만, 한참 술을 마시던 시절 나와 두 블록 거리에 살았다. 당연히 우리는 길에서 자주 마주쳤을 것이다. 그 시절 재닛도 레지나 피자집에서 자주 혼자 술을 마셨다고 한다. 우리가 그때 서로 의식했을까? 아니면 그냥 피자를 기다리며 각자의 술잔만 바라보았을까? 아마도 후자였을 것이다. 알코올 중독자들은 술 마시는 모습을 조금이라도 덜 노출하려고, 치밀한 계획을 세워 자신의 음주 행위를 여러 부분으로 분할한다. 쇼핑백에 술을 사 들고 집에 들어와 문을 잠그면, 그때 비로소 안도를 느낀다. 이런 계획에는 많은 에너지가 들게 마련이다.
　밤이 늦으면 우리는 전화를 건다. 이것도 아주 흔한 행동이다. 내가 아는 거의 모든 알코올 중독자들이 이런 일을 한다. 술을 마시고 밤늦게 집에 들어오거나, 소파에 오랜 시간 앉아 있다 보면 불안과 우울함이 요동을 치고, 결국 자신도 어쩌지 못하는 필사적인 심정으로 전화기에 달려든다.
　'가만, 새벽 1시로군. 캘리포니아에는 아직 안 자는 사람이 있을 거야. 더 늦기 전에 전화를 걸자!'
　이런 행동은 너무도 흔한 일이어서, 어떤 사람은 '취중 전화질'

이라는 이름까지 붙여놓았다.

내 친구 지니는 술을 끊고 3~4년이 지나서 시애틀의 한 친구와 통화를 하다가 이제 알코올 중독에서 회복되고 있다고 말했다.

그러자 친구가 대답했다.

"그런 것 같아."

지니가 놀라서 어떻게 알았느냐고 물었더니 친구가 말했다.

"생각 안 나? 너는 한 달에 한 번꼴로 전화를 걸어서, 아무래도 술 때문에 문제가 있는 것 같다고 울먹였잖아."

지니는 깜짝 놀랐다.

"내가 그랬어?"

그녀에게는 전화를 건 기억이 전혀 없었다.

지니는 언젠가 레스토랑에서 열린 작은 모임에서 이 이야기를 했다. 그러자 우리는 저마다의 기억 때문에 모두 눈을 또록 뜨고 몸을 움찔했다. 전화번호 수첩을 꺼낸다. 그리고 아직 밤이 덜 깊은 지역에 사는, 그중에 혀 꼬부라진 소리도 참아줄 만한 사람을 찾는다. 번호판이 겹쳐 보이지 않도록 한쪽 눈을 감고 버튼을 누른다. 신호음이 간다. 술기운 없는 차분한 목소리가 전화를 받는다. 그러면 천천히 입을 연다. 내가 무얼 하는 건지, 무얼 원하는지, 왜 전화를 했는지, 아무것도 알지 못한 채 뭐라고 뭐라고 중얼거리는 자신의 목소리를 듣는다. 나는 우울한가? 외로운가? 미쳤나? 상관 없다. 그냥 전화할 뿐이다. 취했으니 전화하는 것이다. 취했으니 전화기를 찾는다. 취했으니 어떤 인간적 접촉을 갈망하는 것이다.

혼술이 역설은(그러면서 정말로 위험한 것은) 우리가 정서적으로 자신의 진정한 모습을 만난다고 착각하는 것이다. 혼자 술 마시던 시절, 술이야말로 내 진정한 감정의 문을 열어주는 유일한 도구라고 느꼈다. 술을 마시고 녹아내린다, 술을 마시고 흐느낀다, 술을 마시고 다른 사람에게 전화 걸어 고통을 호소한다.

'우울해. 외로워. 나를 좀 도와줘.'

하지만 술은 기만의 도구다. 술이 빚어내는 감정은 환각이다. 다음날이 되면 우리는 무엇 때문에 전화를 걸었는지 기억하지 못한다. 아침에 깨어나면 분명한 사실 하나는 머리가 아프다는 것뿐이다.

술을 끊기 4~5년 전의 어느 금요일 밤, 나는 친구들과 술을 마시러 나갔다. 만나서 술을 마시고 저녁을 먹고 나서 또 술을 마시다가 마지막에는 멋진 상점들이 가득한 뉴베리 거리로 옮겨 다시 술집에 들어갔다. 뉴베리 거리에는 레스토랑도 많고, 미용실도 많고, 고급 패션 부티크도 많았다. 여름이었고, 우리 셋은(나와 남자 동료 두 명) 길에 내놓은 테이블에 자리를 잡고 코냑을 여러 잔 마셨다. 때로는 술을 마구 마시게 될 것 같은, 엉망이 될 때까지 부어라 마셔라 할 것 같은 예감이 드는 날이 있다. 그날이 바로 그런 날이었다. 그런 일을 충동질한 계기가 무엇이었는지는 기억나지 않는다. 또 그날 우리가 한 행동도 대부분 기억나지 않는다. 그저 술을 마시고 마시고 또 마시다 보니, 어느 순간 자기 보호 본능이 발동해서 집에 가야겠다고 택시에 올라탄 것 정도다.

그때 나는 마이클과 사귀고 있었기 때문에 케임브리지에 있는 그의 집으로 향했다. 택시를 타고 가던 동안은 전혀 기억이 없다. 기사에게 돈을 준 것도 마찬가지다. 내가 뒷좌석에서 정신을 잃었는지, 보스턴에서 케임브리지까지 가는 동안 죄 없는 기사에게 헛소리를 늘어놓았는지도 기억이 없다. 친구들과 외출한 마이클은 아직 돌아오지 않았고, 희미한 기억 속의 나는 마이클의 침실에 들어가 전화기를 집어 들고 어머니에게 전화를 걸었다. 새벽 1시나 2시쯤 되었던 것 같다(분명하지는 않다). 그런데 전화선을 타고 어머니의 목소리가 들려오자 나는 울음을 터뜨렸다.

그것은 내가 하는 전형적인 행동이었다. 술을 마시면 자기 연민과 멋대로 흐트러지고픈 마음에 휩쓸려 버리는 일. 어머니는 그런 것과는 거리가 먼 사람이었고, 바로 그 때문에 어머니를 불렀다. 어머니는 놀라운 '자기위로' 능력을 지닌 분이었다. 나는 어머니보다 고독의 문제를 잘 다루는 사람을 보지 못했다. 어머니는 온종일 혼자서 그림 그리고, 뜨개질하고, 책 읽는 것이 전부였다. 그렇게 혼자서 예술과 공예와 지성에 몰두했다.

이미 술에 깊이 빠져들었던 20대 시절, 부모님 집에 가면 어머니가 조용히 바늘을 움직이며 스웨터 짜는 모습을 가만히 지켜보곤 했다. 두 발을 소파에 올려 깔고 앉은 채 뜨개질하는 어머니의 모습은 평온 그 자체였다. 어머니는 어떻게 지루함도, 불안함도, 불편함도, 고독도 느끼지 않을 수 있는지 불가사의였다. 나는 자리에 앉아 어머니를 바라보며 부적처럼 술잔을 들고 있었다. 나에게 그런 일은 불가능했다. 술을 마시지 않으면서 혼자 있는 일. 그럴 방법을 몰랐다.

나는 그날 밤 어머니에게 뭐라고 해야 할지도 몰랐다. 막막해진 내가 울음을 터뜨리자 어머니가 물었다.

"애야, 무슨 일이니?"

나는 술 취한 목소리로 끅끅 흐느끼며 말했다.

"엄마…… 아무래도 술 때문에 문제가 있는 것 같아요."

나머지 대화는 생각나지 않는다. 아무튼 나는 그 전화기에 대고 오래도록 울었고 결국 진정이 되었다. 어느 순간 우리는 대화를 멈췄을 테고 전화를 끊었을 것이다. 나는 정신을 잃었다. 2시가 넘어 마이클이 집에 돌아왔을 때, 현관문은 활짝 열려 있고, 사방에 불이 켜졌으며, 나는 옷을 입은 채로 그의 침대에 뻗어 있었다. 그는 내 옷을 벗기고 이불을 덮어주었다(그것도 기억나지 않는다). 다음 날 아침 눈을 뜨자, 가슴속이 선뜩해졌다. 뭔가 형편없는 일을 저질렀는데, 그게 뭔지 어렴풋한 기억밖에 없는 끔찍한 느낌이었다. 하지만 어느 정도 기억이 되살아나자, 나는 자리에서 일어나 어머니에게 전화를 걸었다.

"어젯밤에 깨워서 죄송해요."

"우리가 한 이야기 생각나니?"

어머니가 물었다.

나는 생각난다고 대답하고, 이제 문제 해결을 위해 노력해보겠다고, 술을 줄여보겠다고 약속했다.

어머니가 물었다.

"정말 그렇게 할 수 있겠니?"

그렇다고 대답했다. 요즘 너무 우울해서 그랬지만, 앞으로는 잘

할 수 있을 거라고, 그러겠다고 약속했다.

"약속할게요, 엄마. 잘 해낼게요."

이것은 마서스비니어드 해변에서 똑같은 약속을 하기 3년 전의 일이었다. 이 늦은 밤의 통화에서 메넴샤 연못 산책길에 이르는 3년 동안 어머니가 나 때문에 얼마나 많은 걱정을 했는지 모른다. 어머니가 이 일들을 아버지에게 전했는지 어떤지도 모른다. 어쨌거나 아버지는 술 마시는 일에 관해 내게 아무 말씀도 하지 않았다.

그날 아침, 전화를 끊고 어머니를 생각했다. 한밤중에 걸려온 딸의 전화, 그것도 울며불며 횡설수설하는 전화를 받은 어머니는 얼마나 놀랐을까. 나는 극도의 죄책감과 극도의 수치심을 느꼈다. 하지만 그 느낌은 오래가지 않았다. 그런 밤을 보내면 우리의 온 정신을 사로잡는 것은 혹독한 숙취뿐이다. 머리를 바늘로 찌르는 것 같다. 물론 몸이 움츠러드는 수치심도 있고, 가슴을 찌르는 절망감도 있다. 하지만 가장 뚜렷한 고통은 육체적 괴로움이다. 그러므로 모든 정신을 거기 집중하게 된다.

'두통약이 어디 있지? 온몸이 걸레가 된 것 같아.'

그러면서 침대를 뒹군다.

'지금 필요한 건 잠이야. 생각은 나중에 하자.'

알코올 중독자들은 다른 사람들과 함께 술을 마실 때도 혼자 마신다. 사실 나는 술을 끊기 전까지는 이런 말을 이해하지 못했다. 하지만 지금 돌이켜보면, 여러 사람 속에 섞여 있으면서도 알코올 때문에 사람들에게서 고립되었던 장면들이 언뜻언뜻 떠오른다.

그날 아침, 숙취로 시달리던 내 머릿속에는 전날 밤 동료와 그렇게 오래도록 술을 마셨으면서도 그들과 눈길 한 번 제대로 주고받지 않았으며, 진정성이나 유대감 어린 대화를 한 마디도 나누지 않았다는 걸 깨달았다. 이런 생각은 짧은 순간 머리를 스쳐 지났지만, 그 후 오래도록 마음에 남아 시시때때로 되살아났다. 그럴 때마다 아픈 각성의 물결이 몰려와, 돌이라도 삼킨 듯 가슴이 묵직해졌다. 친밀한 사람들과 하룻저녁을 함께 보내면서 어쩌면 그렇게 고립될 수 있는지, 두 사람을 앞에 앉혀놓고도 어떻게 그토록 외톨이가 될 수 있는지 정말로 알 수 없는 일이었다.

나중에 친구 제인은 알코올은 베일이라는 말을 했다. 우리 앞에 우뚝 서서 진정한 유대관계로 나아가는 길을 가로막는, 보일 듯 말 듯 한 방패.

메리는 더 간결한 표현을 사용했다.

"그것은 정신의 방공호야. 언제나 대기하고 있는."

3
중독

A True alcoholic is someone who's turned from

a cucumber into a pickle;

you can try to stop a cucumber from turning into a pickle,

but there's no way you can trun a pickle back

into a cucumber.

Addiction

. . .

다음의 질문은 전국 알코올중독 및 약물의존협회가 만든 것으로, 사람들이 문제성 음주 여부를 스스로 알아볼 수 있게 하는 것이 목적이다. 술을 끊기 몇 주 전에 나는 이 질문에 다음과 같이 답했다.

	Yes	No
1) 실망스러운 일이 발생하거나 누군가와 다투거나 상사에게 질책을 들으면 때론 과음한다.	☑	☐
2) 문제나 스트레스가 생기면 평소보다 심하게 과음한다.	☑	☐
3) 술 마시던 초기보다 술의 양이 늘었다.	☑	☐
4) 술 마신 다음날(정신까지 잃지 않은 건 분명한데), 지난밤 일부를 기억할 수 없을 때가 있다.	☑	☐

5) 다른 사람들과 술자리 할 때, 남들이 눈치 못 채는 사 ☑ ☐
   이 몇 잔 더 마시려고 한다.

6) 술을 마시지 못하거나 구할 수 없으면 마음이 불편해 ☑ ☐
   진다.

7) 최근 들어 예전보다 서둘러 첫 잔을 마신다. ☑ ☐

8) 술 마시는 행위에 죄책감을 느낄 때가 있다. ☑ ☐

9) 가족이나 친구가 당신의 음주 이야기를 꺼내면 자신 ☑ ☐
   도 모르게 신경이 곤두선다.

10) 최근 들어 필름 끊기는 일이 전보다 잦아졌다. ☑ ☐

11) 친구들이 그만 마시자고 하는데, 당신 혼자 더 마시 ☑ ☐
    고 싶어할 때가 자주 있다.

12) 과음할 때는 대개 그럴 만한 이유가 있다. ☑ ☐

13) 술 마실 때 한 행동이나 말에 관해 나중에 자주 후 ☑ ☐
    회한다.

14) 음주를 조절하려고 술 종류를 바꾸거나 이런저런 ☑ ☐
    계획을 시도한 적이 있다.

15) 술을 줄이겠다는 결심을 자주 하고 또 깨뜨린다. ☑ ☐

16) 술을 끊고자 직장을 바꾸거나 다른 동네로 이사 가 ☐ ☑
    려고 한 적이 있다.

17) 혼술할 때는 가족이나 친한 친구들도 피한다. ☐ ☑

18) 재정 상태나 직업 수행에 문제가 생기고 있다. ☐ ☑

19) 사람들이 당신에게 근거 없는 편견이 있다고 생각 ☐ ☑
    한 적이 있다.

20) 술을 마실 때는 식사가 빈약하거나 불규칙하다. ☑ ☐

21) 아침에 일어나 손이 떨릴 때 술을 조금 마시면 해소 ☑ ☐
될 때가 있다.

22) 최근 들어 예전만큼 술을 많이 마실 수 없다고 느낀 ☑ ☐
적이 있다.

23) 며칠 동안 내리 술에 취해 지낸 적이 있다. ☐ ☑

24) 극도로 우울해져서 인생의 가치에 회의가 들 때가 ☑ ☐
있다.

25) 술을 마시고 환청을 듣거나 환각을 볼 때가 있다. ☐ ☑

26) 과음 후 극단적인 공포에 사로잡힐 때가 있다. ☐ ☑

위의 질문에 '예'라는 답이 1개 이상 나오면 알코올 중독을 의
심해야 하는 단계라고 한다. 예라고 답한 항목이 1~8개인 사람들
은 알코올 중독의 초기 단계다. 이런 단계는 대개 10년에서 15년
정도 이어진다. 예라고 답한 항목이 9~21개인 사람은 중기 단계
로, 대개 2년에서 5년 정도 이어진다. 22~26개의 질문에 예라고
답했다면 이미 말기로 들어섰다는 징표다.

말기 알코올 중독은 생명을 위협한다. 만성 과음은 인체 내 장
기와 시스템을 대부분 파괴한다. 미국 내 간 질환 사망 최대 원인
이 바로 과음이다. 과음은 암과 심장·혈관 질환뿐 아니라 폐렴이
나 결핵 같은 감염성 질환도 일으킨다. 또 뇌 기능을 둔화시키고
대뇌 피질을 위축시키며, 호르몬 균형을 깨뜨려 성 기능을 감퇴시
키며 불임을 유발한다.

내가 전국 알코올 중독 및 약물의존협회의 자가 진단표를 처음 본 것은 낸 로버트슨이 쓴 책 『회복하기』에서였다. 그때 나는 15개의 질문에 '예'라고 답하고서, '앞으로 5년 정도는 남았군' 하고 생각했다. 술과 깊은 사랑을 나누는 동안에는 자신이 하는 불장난이 어떤 것인지 도저히 알아차리지 못한다.

그 시절 내 머릿속에서 일어나던 일, 그 많은 알코올이 내 핏줄과 신체기관으로 줄줄 흘러들어온 일, 처음 만난 순간부터 술이 내 인생을 뒤틀던 일을 생각하면 때론 격심한 통증을 느낀다.

알코올 비중독자들은 어떤 지점에 이르면 인제 그만 마시라는 자동 경보시스템이 작동하는 것 같다. 몸에 들어간 알코올은 위장과 소장을 흐르다 핏줄 속으로 스며들고서, 세포막을 통과해 몸 전체의 수분과 뒤섞인다. 뇌, 간, 심장, 췌장, 폐, 신장 등 모든 기관과 조직이 알코올의 영향을 받는다.

알코올은 조금 마시면 기분 좋은 흥분감을 주지만, 기본적인 기능은 중앙 신경계의 활동을 저하하는 것이다. 처음에 알코올은 혈류를 증가시키고 심장 박동을 빠르게 하며 뇌세포를 자극하는데, 그 때문에 술을 마시면 몸에 열이 오르는 듯하고 말이 많아지며 활기를 띤다.

술을 많이 마시면 기능이 마비되기 시작된다. 동작이 어긋나고 시각이 왜곡되며, 반사 반응이 느려지고 혀가 꼬인다. 보통 사람들은 이 지점에 이르기 전에 술잔을 내려놓는다. 그들이 간직한 내적 경보 체계가 '인제 그만'이라고 신호를 보낸다. 알코올 중독 비율이 매우 낮은 것으로 알려진 어느 아시아의 민족에는 아시아 홍조 증후군이 있다. 술을 지나치게 마시면 온기와 구토감을 느끼며, 심장 박동이 빨라지고 혈압이 떨어지는 것이다. 이런 불쾌감 때문에 사람들은 자연스럽게 술을 멈춘다. 나는 그렇지 않았다.

어떤 사람은 멀쩡한데 왜 어떤 사람들은 알코올 중독에 빠지는 지 그 이유를 아직도 모른다. 하지만 몇 가지 실마리가 밝혀지고 있기도 하다. 아마도 유전적인 현상일 가능성이 있다. 지난 30년 간의 연구 결과를 살펴보면, 알코올 중독의 유전적 경향이 차츰 확인되고 있다. 물론 환경적 요인도 큰 역할을 하지만, 알코올 중독자들은 대부분 유전적 요소를 가지고 태어나는 것 같다.

알코올 중독은 신경학적 현상이기도 하다. 두뇌가 지속적으로 과다한 약물에 노출된 까닭에 그 안의 분자 구조가 변형되어 일어나는 일이다. 중독은 매우 복잡한 현상이지만 기본 개념은 명확하다. 즉, 욕망과 보상에 관한 두뇌의 정상적인 시스템이 알코올 탓에 헝클어져서, 행복감을 전해주는 신경 전달 물질과 단백질의 기능이 손상되는 것이다.

음주 행위는 두뇌의 보상 체계를 인위적으로 활성화하는 것이다. 마티니를 한두 잔 마시면, 알코올이 행복감을 전해주는 두뇌 회로 구조에 영향을 미쳐서 도파민이라는 신경 전달 물질의 분비를 촉진한다. 도파민은 바로 쾌락과 보상 감각에 핵심적인 역할을 한다. 세월이 흐르면(그리고 그동안 알코올이 일정 수준 이상 남용되면) 우리 두뇌는 그런 인위적인 활력 증가에 '대상성 적응'이라는 것으로 대응한다. 내적 물질 균형을 본래의 상태로 되돌리려고 도파민의 분비를 감소시키는 것이다. 이에 따라 본래의 쾌락과 보상 회로는 고갈된다.

그리고 악순환이 이어진다. 계속해서 술을 마시면 우리 두뇌는 행복감과 안정감을 제공하는 능력이 감퇴하고, 그러다 보면 그런 느낌을 만들려고 점점 더 인위적인 자극(알코올)에 의존하게 된다. 그래서 과음한 다음 날 잠에서 깨어난 알코올 중독자들은 두 가지 상반되는 사고와 씨름하는 것이다. 이성적이고 논리적인 사고는 결연한 심정으로 말한다.

'이렇게 과음하며 살 수는 없어. 술을 줄여야 해. 반드시.'

하지만 이성적 사고와는 거리가 먼 다른 부분(쾌락과 욕구를 향한 불가사의하고도 원시적이며 강력한 회로)은 더 강하고 호소력 있는 어조로 말한다.

'아냐, 난 지금 괴로워. 이 기분을 다스리려면 바로 그것, 알코올이 필요해.'

이런 점에서 본다면 알코올 중독은 순수한 의미의 질병disease이라고도 할 수 있을 것이다. 생리적으로 감당할 수 없는 불편함dis-ease을 만들어낸다는 점에서 말이다.

미국에서 알코올 중독을 육체적 질병으로 여기기 시작한 것은 1960년에 엘빈 모턴 젤리넥이 『질병으로 본 알코올 중독The Disease Concept of Alcoholism』을 출간하고부터다. 오늘날 의학계에서는 젤리넥의 개념이 표준이 되었지만, 아직도 많은 의사와 연구가들은 알코올 중독을 질병이라고 규정할 만한 유전적·생물학적 증거가 충분하지 않다며 유보적인 태도를 보인다. 또 어떤 의학자들은 의학적 모델이 알코올 중독의 생리학적 측면을 지나치게 강조하는 나머지, 사회적·문화적·심리적 원인을 간과하는 경향이 있다고 주장한다.

이런 논쟁을 별개로 치더라도, 알코올 중독을 당뇨병과 같은 일반적 질병과 비슷하다고 보는 개념은 진성 알코올 중독자도 선뜻 받아들이기 어렵다. 질병 같은 증세가 전혀 없기 때문이다. 숙취나 수전증 같은 구체적 신체 증상이 있긴 하지만, 이런 것들은 금방 사라지는 데다 마음만 먹으면 쉽게 무시할 수 있으며, 그로 말미암아 인생에 뚜렷한 장애가 발생하지도 않는다.

술에 취해 어머니에게 전화를 건 다음 날, 나는 아마도 욱신거리는 머리를 움켜쥐고 깨어났겠지만, 그렇다고 할 일을 그르치지는 않았다. 기억을 되살려보면 그날 나는 보트를 타러 갔고, 컨디션이 엉망이었지만(몇 차례인가 물결이 높이 일어서 보트 밖으로 먹은 것을 게워낼 뻔했다) 누구도 나를 병에 걸린 사람으로 보지 않았다. 오후 5시 무렵 맥주를 좀 마시고 빈속을 채우자 메슥거림도 사라졌다. 그래서 질병에 관한 이해가 예전보다 훨씬 포괄적으로 변했다 해도, 그날 나는 피 검사를 받거나 어떤 병에 걸렸는지 알아보려고 병원에 가지 않았다.

알코올 중독자는 대부분 어느 순간부터 자신들이 병에 걸린 것은 아닌가 하는 의문을 품는다. 어떤 사람들은 술자리에 앉자마자 미친 듯이 술을 마시다가 곧장 필름이 끊기고 통제력을 상실한다. 이런 유형의 사람은 자신을 움직이는 강력한 생리학적 힘(자신의 두뇌는 알코올에 평범한 사람과 다르게 반응한다는 것)을 좀 더 쉽게 이해할 수 있을 것이다. 하지만 오랜 세월을 두고 점차 알코올 중독에 빠져든 우리 같은 사람들은 질병의 개념을 받아들이는 데 오랫동안 머뭇거린다.

프로비던스에서 혼술하던 시절과 그 후 10여 년의 세월이 흐르는 동안 내가 환자라고 생각해본 적도 없고, 그런지 아닌지 고민한 적도 없다. 몸은 언제나 마음의 공범이다. 그때까지 나는 알코올이 기분 좋게 한다는 생리학적 진실을 신봉하고 있었다.

게다가 술을 끊기까지 나는 알코올 중독은 병리적 문제라기보다는 도덕적인 문제에 가깝다고 생각했다. 이것은 알코올 중독에 관한 우리 사회의 기본적이고도 심각한 오해 중 하나다. 우리는 술 때문에 문제를 빚는 것은 의지박약의 증거고, 자제력 부족의 결과라 생각한다. 그러므로 그것은 나쁜 것이다. 의지만 있으면 극복할 수 있다. 정신분석가의 딸로 자란 나는 그 해결 방법도 안다고 생각했다(그리고 재활센터에 들어가기까지 그것을 직접 실행해보기도 했다).

'왜 술을 마시는지 그 이유를 밝혀내라. 숨겨진 분노와 두려움, 네 심리적 뿌리를 밝혀내라. 그러면 문제는 해결될 것이다. 열심히 생각하면 정신이 건강해질 것이다. 정신분석학에 너를 맡겨라.'

그러나 실제로 그것은 패배를 자초하는 자기기만이다. 결국 재활센터에 들어간 나는 음주 문제에는 생리학적 근원이 있다는 강연 내용에 놀라지 않을 수 없었다. 그곳의 강연자들은 내가 수많은 밤 그토록 비이성적으로 술을 마셔댄 것은 강력한 물질적 메커니즘이 작용한 탓이라고 역설했다. 재활센터에서 보낸 첫 주에 한 의사가 최근의 신경학 연구를 설명하며 다음과 같이 말했다.

"두뇌 기능이 손상되어 좋은 기분을 전해주는 물질을 만들지 못하는 것입니다. 술을 끊는다면 그러한 균형을 되찾을 수 있습니다."

나는 얼이 빠진 듯 놀랐다.

'그렇다면 내가 문제가 아니었네. 심리 분석이나 의지와 관련된 것이 아니었어.'

신경학은 알코올 중독 문제에서 전통적인 상담 위주의 치료가 왜 별다른 효과를 내지 못하는지를 어느 정도 설명한다. 알코올 중독자의 심리를 아무리 훌륭하게 분석한다고 해도, 몸이 내는 목소리는 마음의 목소리보다 크고 직접적이게 마련이다. 두뇌가 술을 달라고 악을 쓴다면, 그 내적 원인을 캐고 또 캐낸다고 해도 소용없는 법이다.

과학적 연구는 왜 알코올 중독의 재발 비율이 그렇게 높은지도 설명한다. 신경의 보상 회로는 기억 능력이 뛰어나다. 하나의 메시지(알코올은 쾌락이다)가 두뇌에 저장되면, 그 메시지는 무기한 남는다. 와인 잔을 본다거나, 진의 냄새를 맡는다거나, 좋아하는 술집 앞을 지나가는 등 환경적 요인도 술을 마시고 싶은 욕망을 촉발한다. 재발 비율에 가장 자주 인용되는 통계는 랜드 코퍼레이션이 1980년 1월에 발표한 보고서 〈알코올 중독의 경로 : 재활치료 후 4년〉인데, 이는 지금까지 나온 동일 분야 연구 가운데 가장 광범위하고 포괄적인 내용을 담은 것이기도 하다. 이 연구는 알코올 중독 남자 900명을 4년에 걸쳐 조사·연구한 것인데, 그들 가운데 오직

28퍼센트만이 재활치료를 받고 18개월 후와 4년 후에 알코올 문제에서 벗어났다. 그리고 15퍼센트만이 4년 동안 지속적인 완화 경향을 보였다. 알코올 중독의 길에 들어서고 나면, 확률은 우리의 편이 아니다. 다시 안전하게 술을 마실 길, 정상적이고 사교적이고 자신을 통제할 수 있는 음주로 돌아갈 길은 보이지 않는다.

많은 알코올 중독자들이 이런 일을 설명할 때 오이와 피클이라는 비유를 든다. 알코올 중독자는 피클이 된 사람들이다. 오이가 피클이 되지 못하게 막을 수는 있지만, 피클이 된 것을 오이로 되돌릴 수는 없다.

나는 그렇게 스무 살 때도, 스물한 살 때도, 스물다섯 살 때도, 그리고 그다음에도 계속 피클이 되어갔다. 그런 초기 단계에서 과정을 중단시킬 수 있는지는 지금도 논쟁의 대상이다. 지난 몇 년 동안 음주가 통제 불가능한 영역으로 치닫기 전에 알코올 섭취량을 절제시키려는 워크숍과 셀프 헬프 그룹이 여럿 생겨났다. '절제 운동'이라고 부르는 이 움직임은 문제성 음주와 알코올 중독 사이에 뚜렷한 경계선이 있다는 것을 전제로 하기 때문에, 완전히 술을 끊는 것을 목표로 하는 AA의 방침과는 다르다. 주의사항만 잘 교육받으면 좀더 책임 있는 자세로 술을 마실 수 있다는 것이 그들의 생각이다. 하지만 내가 볼 때, 초기 단계의 알코올 중독자들에게 절제된 음주법을 가르친다는 것은 모순이다(나는 초기에도 절제된 음주를 한 적이 없다). 게다가 그것은 알코올 중독자들의 내면에 깊이 뿌리 박힌 알코올에 대한 강박적 집착을 고려하지 못하는 것 같다.

그 욕구는 절제라는 개념을 이해하지 못한다.

　그보다 더 중요한 것은, 그들이 말하는 절제의 원칙은 알코올 중독자가 대부분 스스로 음주 정도를 조절해보려고 시도하지만 결국 실패만 거듭한다는 현실적인 사례들에 어긋난다는 점이다. AA 모임에서 만난 한 남자는 3년 동안 술을 끊고 나서 다시 알코올 중독에 빠지게 된 사연을 말했다. 그는 '이제 절제된 음주를 실험해봐도 되지 않을까' 싶은 생각이 들어서 스카치 한 병을 샀다. 한 잔을 마셔보니 별일 없었다. 그 자리에 거꾸러지지도 않았고, 광기가 폭발하지도 않았다. 그래서 한 잔 더 마셨다. 그리고 또 한 잔…… 그렇게 저녁나절이 흐르고 나자 그는 자리에서 벌떡 일어나 한탄했다.

　"실험은 실패야."

　스카치 병은 남김없이 비워졌다.

　이런 이야기는 전형적인 사례다. 절제된 음주를 하려는 온갖 노력(종류를 한정하고, 마시는 양을 줄이고, 100가지도 넘는 음주 전략을 세우는)은 알코올 중독의 보편적인 징후 가운데 하나다. 증류주는 마시지 않고, 맥주만 마시겠다고 맹세하기도 한다.

　몇 가지 규칙도 세운다. 혼자서는 마시지 않는다. 아침에는 마시지 않는다. 직장에서는 마시지 않는다. 주말에만 마신다. 오후 5시 이후에만 마신다. 술 마시러 가기 전에 우유나 올리브유를 한 잔 마셔서 위벽을 보호하고 지나치게 취하는 일을 막는다. 술 한 잔 마실 때마다 물 한 잔을 같이 마신다. 이렇게 자신에게 음주를 조절할 능력이 있다는 걸 보여주고자 어떤 일이든, 그야말로 어떤 일이든 시도한다.

옛날에는 절박감이 너무 커지면, 자발적으로 수용시설에 들어가기도 했다. 그것은 오랫동안 하류 계층의 알코올 중독자들이 공식적으로 선택할 수 있는 유일한 방편이기도 했다. 우리가 아는 알코올 재활센터들이 들어서기 시작한 것은 그리 오래된 일이 아니다. 미국에서도 손꼽히는 뉴욕의 스미터스 재활센터는 1973년에 문을 열었는데, 그때만 해도 그러한 시설은 겨우 10여 곳뿐이었다.

그 이전에 병원에 간 알코올 중독자들은 대개 정신 질환자들과 한 곳에 수용되었다. 1935년에 AA를 공동 창립한 빌 윌슨도 1933년 처음으로 병원(맨해튼에 있는 찰스 B. 타운스 병원)에 입원했다. 낸 로버트슨에 따르면, 그곳의 치료 방법은 내쏟게 하는 것, 술을 완전히 끊게 하고 벨라도나나 아주까리기름을 먹여 설사하게 하는 것이었다. 윌슨은 그곳에 세 번이나 입원했지만, 지속적인 효과를 보지 못했다.

그러나 윌슨은 그곳에서 어떤 가능성 있는 해결책에 맞닥뜨렸다. 그것은 다른 알코올 중독자들과 대화를 나누는 것이었다. 이런 방법이 효과를 발휘하는 이유는 다양하기도 하고, 말로 설명하기 어려운 측면도 있다(물론 AA가 성공을 거두는 이유와 방법에 대해서는 지금까지 많은 책이 쓰였지만). 어쨌거나 그 핵심 요인 하나는 AA 모임이 갖는 집단적 희망과 자발적 지원과 관련이 있다. 알코올 중독자들은 기억이 매우 선별적이다. 아무리 지옥 같은 숙취를 겪었어도, 아무리 수치스러운 실수를 저질렀어도, 음주운전을 하다가 아무리 위험한 고비를 넘겼어도, 술을 대하면 그런 상황들을 제대로 기억해 내지 못한다. 술을 마시고픈 욕망이 극도로 강렬해지면, 그러한 기억은 순식간에 증발해버린다. 의지력은 자취를 감추고, 결단력은 해체되고, 방어력은 무너진다.

AA에서는 이에 대한 해결책을 제시한다. AA의 공감 활동(만남과 대화, 우정 나누기)은 알코올 중독자들이 서로 도와 선별적 기억의 문제를 극복할 수 있게 해주고, 술을 마신다는 것이 어떤 것이었는지 기억하게 해주고, 또 우리 같은 사람들의 생활이 술을 끊고서 어떻게 달라졌는지 알려준다. AA 문건이나 모임에서 공식적으로 제시하는 12단계 회복법은 날마다 커지는 고통과 모멸감에 맞설 수 있게 해준다. 인생을 정직과 자기 각성과 치유의 관점으로 살아가도록 해주고, 우리를 술에 빠지게 한 공포와 분노 같은 감정을 마비시키지 않고 직접 대면할 수 있도록 도와준다.

Substitution

. . .

술을 끊고 1년 정도 지났을 때, 나와 같이 술을 끊은 여자 세 명과 레스토랑에서 만났다. 이런저런 이야기를 하던 중 우리는 1983년 6월의 어느 날 밤, 한 사람은 굶주리고, 또 한 사람은 먹은 것을 토하고, 또 한 사람은 물건을 훔치고, 또 한 사람은 신경안정제 발륨을 먹었다는 것을 알았다.

아, 그리고 넷은 모두 술을 마셨다.

재닛은 음식을 토했다. 대학 시절 그녀는 일주일에 4~5번씩 먹은 것을 토했는데, 술을 너무 많이 마셔서가 아니라(많이 마시긴 했지만) 목구멍으로 손가락을 넣어서 일부러 그랬다. 재닛이 변기를 끌어안은 동안, 사라는 케이마트에서 스웨터를 훔쳤다. 정말 그 스웨터를 갖고 싶어서가 아니었다. 마음 한편에서 알 수 없는 무언가가 수치심과 모멸감을 요구했기에, 그녀는 1년에 두어 번씩 상점에서 필요도 없는 물건을 훔쳤다. 에이미는 사촌의 캐비닛에서 발륨을 훔쳤다. 사라가 스웨터를 배낭에 쑤셔 넣는 동안, 에이미는 훔친 발륨을 넣어놓은 타이레놀 병의 뚜껑을 열고 두 알을 꺼내 먹었다. 그럼 나는? 나는 내 방에 조용히 들어가서 사과 한 알과 1세제곱인치 크기의 치즈를 대칭형으로 잘게 자른 다음 그걸 하나씩 천천히 먹었다. 모두 300칼로리인 이 빈약한 식사는 이미 3년간 계속해온 내 식단이었다.

"진짜 재미있는 여자들만 모였네."

재닛이 좌중을 둘러보며 말했다.

우리는 웃음을 터뜨렸다.

AA 모임에 가면 네 명에 세 명은 자신을 알코올 중독자라고 소개한다. 그리고 나머지 한 명은 약물 중독자라고 소개한다. 어떤 사람은 "저는 알코올 중독자이자 약물 중독자입니다"라고 하기도 하고, 그냥 "중독자입니다"라고 소개하는 사람도 있다. 더 구체적으로 "저는 알코올 중독에 폭식증이 있습니다" "알코올과 콜라에 중독된 사람입니다"라고 말하는 사람들도 있다. 어떤 사람들은 AA 모임에 왜 알코올 아닌 문제가 끼어드느냐며 어리둥절해 하기도 하지만, 내가 참석한 모임은 대개 이런 교차 중독자 혹은 이중 중독자들을 포용하는 분위기였다.

AA 모임 참석자들은 다른 중독성 물질에 손을 대본 사람들이 많았다. 그래서 중독의 종류는 특별히 중요하게 여기지 않았다. 중독은 우리 마음에서 모두 같은 충동으로 말미암아 발생하고, 대개 같은 목적을 이룬다. 그곳으로 가는 길만이 약간 다를 뿐이다.

여자들의 중독은 알코올과 음식을 둘러싸고 발생하는 경우가 많다. 고등학교나 대학 시절에 폭식증 혹은 거식증에 걸렸다가 술을 마시면서 음식 문제가 일정하게 해결된 여자들의 이야기를 들은 적이 있을 것이다. 남자들은 마리화나나 코카인 같은 약물 아니면 도박으로 기우는 경향이 있다. 때로는 자해 같은 기이한 행동도 중독의 대상이 된다. 강박적으로 자기 몸에 칼을 그어대는 사람의 이야기는 해괴하고 황당하기 그지없지만, 자해도 다른 약물 중독과 마찬가지로 자신의 고통을 육체적으로 실현하는 방편이다. 그것은 거식증에 걸린 사람이 자신을 허기의 고통으로 몰아넣고, 알코올 중독자가 숙취라는 육체적 고통을 유발하는 것과 다르지 않다. 내 경험에 따르면, 뭔가에 중독된 사람들은 중독 대상을 한정하지도 않고, 또 중독 대상을 다른 것으로 교체할 생각을 빈번히 한다.

하버드 대학의 섭식장애연구소의 조사에 따르면, 섭식장애가 있는 여자 중 25퍼센트가 물질 남용의 문제도 함께 겪는 것으로 추정한다. 나는 그런 여자를 많이 안다. 한 가지 형태의 고통과 집착을 다른 형태의 고통과 집착으로 바꾼 여자, 동시에 두 가지 집착을 넘나들며 춤을 춘 여자, 자신의 마음을 견디고 몸에 약간의 평화를 얻고자 오랜 세월 고투해온 여자들을.

이들은 모두 식습관이라는 말을 달고 산다. "그때 나는 식습관이 엉망이었어"라든가 "요즘 식습관이 문제야"라는 식으로. 왜곡된 신체 이미지를 지녔거나 체중에 과민한 사람(내가 아는 여자 대부분 그렇지만)들은 이 말에 담긴 의미를 이해한다. 그것은 자기혐오와 자기방기의 동의어며, 통제력 상실과 그에 대한 공포, 그 밖에 여자들의 고유한 분노와 공포를 아울러 일컫는다. 이런 열렬한 감정 덕분에 우리 사회는 연간 330억 달러를 다이어트와 체중 감소 프로그램에 쏟아붓고 있다고 〈뉴욕 타임스〉는 추산했다.

그리고 그러는 동안, 술에도 여분의 돈이 떨어진다.

재닛은 서른일곱 살이다. 키가 큰 데다 짧은 커트의 금발에 붉은 립스틱으로 인상이 매우 강렬하다. 그녀는 지극히 사려 깊은 사람이기도 하다. 명료하고 섬세하며, 다른 사람의 말을 경청할 줄 알고, 남의 말에 감동하면 금세 눈물이 그렁그렁해지는 사람이다. 그런 그녀가 구토의 나날을 보낸 적이 있었다. 그 시절 얘기를 물어보면, 그녀는 눈을 지그시 감고 온 얼굴을 찡그린다. 음식과 알코올이라는 두 겹의 그물에 사로잡혀 허덕이던 시절은 그녀에게 1초도 생각하기 싫은 고통스러운 기억인 모양이다.

재닛은 버몬트 주의 한적한 시골 마을에서 자랐다. 그러다가 열일곱 살에 집을 떠나 대학에 들어가면서 그녀의 광기에 찬 인생이 시작되었다. 흔히 연상하는 파티나 하고 노는 그런 생활을 말하는 것이 아니다. 그것은 하루도 빠짐없는 음주, 강박적 과식, 고의적 구토가 결합한 중독 충동의 종합판이었다. 일주일에 한 개비 피우던 담배는 첫 학기 말에 하루 한 갑으로 뛰었다. 미친 듯이 술을 마시고 취했다. 체중이 올라가다가 줄어들었다가 다시 치솟았다가 곤두박질치곤 했다.

어느 봄날, 우리 집 부엌에 앉아 이야기를 나누다가 재닛은 말했다.

"당신도 알 거예요. 그렇게 살면서 대학을 졸업했다는 자체가 기적이라는 것을."

우리는 허브티를 마시며 고개를 저었다. 재닛의 신산스러운 옛날에 대한 동정 때문이 아니라, 우리가 아는 많은 여자, 그와 같은 방식으로 고투해온 수많은 여자에 대한 아픈 공감 때문이었다.

"고통스러운 일이죠. 그렇게 산다는 것은."

재닛이 말했다.

고통스러울 뿐 아니라 기막히게 전형적인 일이기도 하다. 처음에 우리를 술 속에 던져넣은 원인은 곧 우리를 다른 끔찍한 것들에도 척척 던져넣는다.

재닛의 그런 집착적 자기파괴는 폭식의 형태로 왔다. 대학 시절 그녀는 무얼 먹을지, 얼마나 먹을지, 그걸 어떻게 마련할지, 어디서 먹을지를 궁리하며 시간 보내기 일쑤였다. 한바탕 폭식을 하고 나면 다시는 그러지 말자고 결심하지만, 시간이 지나면 어김없이 마음을 돌려(이번 한 번뿐이야. 이번 한 번만 하고 그만두자.) 먹고 또 먹었다. 그것은 술 마시는 행위와 전혀 다를 것이 없었다. 때로는 쿠키, 칩, 케이크를 있는 대로 욱여넣었고, 때로는 두 가지 집착을 한데 결합해서 미친 듯이 술을 마시고 광기 어린 폭식을 했다. 그런 광기, 그런 방기放棄는 먹을 것에 대한 통제력을 잃어본 사람이 아니라면 이해하기 어려운 충동이다.

그렇게 해서 먹고 토하기를 마치면, 혹은 아침이 되어 퉁퉁 부은 얼굴과 지끈거리는 머리로 깨어나면 자기 모멸감이 물밀듯 밀려들었고, 그런 모멸감은 다시 똑같은 순환을 촉발하는 출발점이 되었다. 자신감과 자긍심 같은 것은 술에 떠내려가거나 변기 속으로 휩쓸려 내려갔다. 두려움이나 그밖에 감정을 잘 다룰 수 있게될 거라는 신념은 다시 한 눈금 내려앉았다. 자기능력에 대한 회의, 자기가치에 대한 회의, 자신은 진정한 의미의 식사를 할 자격이 없다는 자기비하에 휘말려, 그녀는 어쩔 수 없이 전과 똑같은 쳇바퀴에 발을 밀어 넣었다.

여자들이 이렇게 여러 종류의 집착 대상을 전전했다는 이야기에 나는 언제나 놀란다. 그들이 중독에서 중독으로 옮겨 다니는 모습은 그 사뿐함과 우아함이 무도회에서 나붓나붓 파트너를 바꾸는 것과도 같다.

중독은 그토록 능수능란하게 서로 얽혀든다. 강박적 과식은 우리에게 수치심과 성적 열등감을 안겨주고, 우리는 자기혐오를 덜고 허위의 자신감이라도 얻으려 술에 의지하고, 그러다 보면 사랑하지 않는 남자와 섹스를 하게 되고, 이것은 다시 우리에게 수치심을 안겨주고…… 그렇게 중독의 춤은 계속된다. 춤은 계속될 수밖에 없다. 그 음악이 '여자들의 마음'에 언제나 흐르기 때문이다. 공포와 분노를 배경음으로 깐 그 음악은 우리를 억제와 방종, 연애와 도피라는 슬픈 순환으로 이끌고 간다.

나는 '여자 알코올 중독자들의 마음'이라고 하지 않고 '여자들의 마음'이라고 칭했다. 왜냐하면 내가 아는 여자들은 알코올 중독자든 아니든 어느 정도 이러한 춤에 참가하고 있기 때문이다. 대상의 종류와 자기파괴의 정도에 따라 열기와 강도는 달라지지만, 춤자체는 같다.

칵테일 파티에서 여자들을 관찰해본 사람은 내 말뜻을 알 것이다. 여자들이 와인 잔을 손에 들고 오르되브르 근처를 빙글빙글 도는 것을 본 적 있는가? 버섯 요리 한 점이나 치즈 한 덩이를 바라보며 안타까운 목소리로 "딱 한 개만 더 먹을까?" 혹은 "아냐, 안돼"라고 말하는 모습은? 알코올 중독자를 비롯한 각종 중독자는 무도회장의 중앙 무대에 서 있는 셈이지만, 아무 문제 없어 보이는 수많은 사람도 그 주변에 둘러서서 때론 경계선 안쪽에 발끝을 댔다가 안전한 곳으로 물러나곤 한다.

마이클은 재닛의 이야기를 듣고자 나와 함께 AA 모임에 참석한 적이 있다. 우리는 뒤쪽에 앉았고, 나는 그에게 내가 아는 사람들을 설명해주었다. 두 명에 한 명꼴로 중복 중독자들이다.

"저 사람은 엘리자베스야, 7년 동안 폭식을 했지. 저 사람은 제이미, 알코올 중독자인데, 마리화나를 더 좋아해. 술은 오래전에 끊었지만, 마리화나는 자꾸 다시 손을 대지. 저 사람은 보비, 알코올 중독자면서 신경안정제 중독자야. 맨해튼의 정신과 의사가 보비에게 안정제라는 안정제는 다 먹여보았대. 저기 저 사람은 에이미, 에이미는 옛날에 사촌의 약장에서 발륨을 훔쳐 먹었어. 저 사람은 존이고, 알코올과 코카인 중독이야. 저기 루이즈는 알코올과 헤로인."

마이클이 내 말을 막고 물었다.

"헤로인이라고? 저 여자가?"

자그마한 몸집에 삐죽삐죽한 붉은 커트 머리가 인상적인 루이즈는 스물다섯에서 서른 살 정도 되는 젊은 여자였다. 오른쪽 눈썹에 피어싱했고 검은 옷을 자주 입었지만, 그런 점만 빼면 옆집 아가씨 같은, 모던한 카페의 카운터에 서서 카페라테를 부어주며 재즈를 들을 법한 여자였다.

"그래. 짐작도 못 했지?"

그는 다시 고개를 저었다.

"놀랍군."

놀라운 일이다. 하지만 중독은 누구에게나 찾아올 수 있다. 처음 AA 모임에 나갔을 때, 그러니까 재활센터에서 막 퇴원해 더는 술을 마실 수 없다는 좌절과 분노에 시달릴 때 어느새 나는 길 가는 사람들을 다른 시각으로 바라보고 있었다. 나는 사람들을 보며 누가 알코올이나 약물에 중독되어 있고, 누가 아닌지 판별해보고 있었다. 평범함의 표본 같은 사람들이 지나간다. 정장을 입고 서류가방을 든 남자, 스웨터와 레깅스 차림에 평범한 머리 모양을 한 여자, 나는 그들을 보고 생각한다.

'아냐, 저 여자는 아냐, 저 남자도 아니고, 여기는 알코올 중독자는 없어.'

하지만 그러다가 AA 모임에 가면 이따금 내가 거리에서 고개를 저었던 바로 그 사람이 앞자리에서 "안녕하세요? 나는 알코올과 코카인에 중독된 사람입니다"라고 고백하는 것을 듣게 된다. 누구도 장담할 수 없는 일이다. 안전한 사람은 없다.

중복 중독은 장단점이 있다. 장점은 중독 상황이 일찍 드러나서 상대적으로 젊은 나이에 치료를 받을 수 있다(AA의 20대 회원들은 코카인이나 헤로인 같은 약물 탓에 음주 문제가 조기에 악화한 사람들이다). 그리고 단점은 각각의 중독이 서로 가리는 역할을 해서 더 오랜 시간 동안 자신의 중독을 부정한다. 재닛의 경우가 그랬다. 그녀는 대학 시절을 '심리적 고갈기'라고 불렀다. 음식과 술의 중복 중독으로 너무나 많은 에너지를 빼앗겨서 다른 일을 거의 할 수 없었다.

대학을 졸업하고 다른 도시로 이사하니 폭식 습관은 천천히 줄어들었고, 식생활 자체가 정상 궤도로 들어선 듯했다. 그러나 그녀가 아직 인식하지 못한 것은(정확히 말해 인식하려 하지 않은 것은) 술이 폭식 습관을 대체하고 있었다는 것이다. 폭식이 떠난 자리를 술이 차지하고 있었다. 하지만 한 가지 괴로움은 두 가지 괴로움보다는 나아 보이는 법이다.

"그때는 그게 발전이고 회복 같았어."

재닛은 우리 집 부엌에서 함께 차를 마시던 날 말했다.

나도 중독 대상을 바꾼 경험이 있다. 그리고 그런 변화에 대해 재닛과 똑같이 느꼈다. 대학을 졸업하던 1982년, 나는 거식증의 세계로 들어섰다. 자신을 굶기는 그 열성은 내가 이후에 술 마시던 열성과 다를 바 없을 만큼 강력해졌고, 평소 54킬로그램이던 내 몸무게는 37킬로그램까지 줄어들었다. 중독 행위가 모두 그렇듯이 거식증 역시 매우 천천히 시작되고 느릿느릿 자리를 잡아갔기에, 나는 내 인생에 새로운 암종이 자라나고 있음을 눈치채지 못했다. 거식증도 술과 마찬가지로 강렬한 감정을 다루는 일종의 전략이었다.

프로비던스의 스튜디오에 살던 나는 같은 동네의 다른 집으로 옮겨서 룸메이트 두 명과 함께 살기 시작했다. 이때 처음으로 취직해서, 〈이글〉이라는 조그만 대안 신문사의 기자로 일하기 시작했다. 새로운 친구들과 새로운 직업, 곁에서 보면 내 인생은 조금씩 전진하는 것 같았다. 하지만 나는 1년 전과 다름없이 두려움과 분노에 싸여 있었다. 나는 여전히 어린 새처럼 연약했다. 그래서 내 몸의 뼈를 뽑아 나를 보호할 새장을 만들었다.

이 비유는 참으로 적절하다. 거식 습관은 진짜로 새장 같은 느낌이 들기 때문이다. 그 속에서 나는 안전을 느꼈고, 무엇보다 나 자신을 통제할 수 있다는 자신감을 느꼈다.

1982년 여름에 어머니가 유방암 진단을 받았다. 어머니는 종양 제거 수술과 방사선 치료를 받았고, 그 후 1년 동안 화학 치료를 받았다. 어머니가 입원할 무렵, 시카고로 떠났던 데이비드가 찾아왔다. 그는 애초에 7~8월 두 달을 프로비던스에서 나와 함께 보낼 계획이었지만, 몇 주 후 다른 친구와 함께 유럽 여행을 떠나기로 했다. 나는 이에 실망하고 분개했다. 그가 이런 계획을 전했을 때 익숙한 분노가 불끈 일었다가 스르르 가라앉는 것을 느꼈다. 하지만 나는 아무 말도 하지 않고 기차역까지 전송 나갔다가 사무실로 돌아왔다. 그리고 생각했다.

'아무것도 먹지 않을 테야.'

그것은 정치적 성명처럼 결연한 굶주림의 파업이었다.

여름이 끝날 무렵 데이비드가 시카고로 돌아가는 길에 프로비던스에 들렀다. 그가 여행을 떠난 6주 동안 나는 7킬로그램이 빠졌고, 머리는 짧게 잘랐다. 그때 내 모습은 암 환자와 다를 것이 없었다. 그러나 그때는 몰랐다. 데이비드에게 얼마나 화가 나 있었는지, 어머니의 건강 때문에 내 마음의 근심이 얼마나 컸는지.

아무것도 먹지 않겠다는 결정 뒤에 숨은 감정은 처음에는 불분명한 본능일 뿐이었지만, 그다음 해를 지나는 동안 내 속에 깊이 뿌리 내리고 일종의 자기규정으로 변해갔다.

'아무것도 먹지 않을 테야. 내가 가진 충동을 조절할 테야. 내 식욕을 다스릴 거고, 그를 통해서 강해질 거야.'

이 전략은 얼마간 성공했다. 굶주림은 나 자신이 특별하다는 느낌이 들었다. 사무실은 집에서 서너 블록밖에 떨어져 있지 않았는데, 그 여름 나는 일부러 세이어 거리로 멀찌감치 돌아서 출근했다. 브라운 대학 캠퍼스에서 가까운 세이어 거리는 온갖 식품점과 레스토랑들로 번화했다.

나는 빵집 창가에 놓인 페이스트리를 바라보고, 꿀을 섞은 도넛의 냄새를 맡았다. 카페 앞을 지나칠 때는 바깥 테이블에 나와 앉은 남녀가 닭 날개를 먹는 모습을 보았다. 주부들이 식료품점에서 불룩한 쇼핑백을 안고 나오는 모습을 보았고, 그들이 요리하는 모습과 음식의 간을 보는 모습을 상상했다. 나는 그들보다 우월한 사람 같았다. 그들이 굴복하는 그것을 억제하고 있었으니까. 격심한 불확실성과 가치상실에 시달리던 나에게 굶는 일은 하나의 확고한 목표가 되었다. 나는 그 일을 잘할 수 있었다.

그리고 나는 정말로 그 일을 잘했다. 1983년 가을에 나는 10킬로미터 도로 경주에 참여했는데, 이때 룸메이트 한 명이 내가 결승선을 통과하는 모습을 사진으로 찍었다. 사진 속의 나는 넓적다리가 무릎보다도 가늘었다.

거식증은 왜곡된 방식으로나마 놀라운 효과를 발휘했다. 나는 고통과 갈등은 비밀처럼 숨겨야 한다고 믿게 되었고, 내 몸을 해골처럼 여위게 만드는 것은 내가 가진 고통을 마모시켜주는 것 같았다. 나는 성과 관련한 것들이 두려웠다. 내 주변의 남자들(로저, 예전 집주인 그리고 잡역부와 같은)이 나를 육체적으로 바라보고 탐하는 환경이 두려웠다. 그리고 굶주리는 일은 내 몸에서 성과 관련한 가슴과 엉덩이 부분을 쪼그라들게 했다. 생리가 멈추었다. 내 몸은 열두 살 소년처럼 딱딱하고 앙상해져 갔다.

거식증과 알코올 중독이 갖는 유사성을 생각하면 번번이 놀란다. 두 가지 집착 모두 정서를 굴절시키고, 자신의 감정과 거리를 유지하게 한다. 하나는 그 수단이 음식이고, 또 하나는 술일 뿐이다.

거식하는 동안 나는 이런 내면의 동기는 인식하지 못했다. 내가 두려움과 성적 위협, 분노에 휩싸여 있다는 것이 문제라는 사실은 전혀 인식하지 못했다. 내가 생각할 수 있는 것은 오직 언제 먹을지, 어디서 먹을지, 얼마나 먹을지, 그리고 어떤 환경에서 먹을지였다. 나는 먹는 일을 둘러싸고 수십 가지 행동 규범을 만들어놓았다. 그리고 내가 나에게 허용한 극소수의 음식들은 일종의 경배 대상이 되었다. 그런 정서는 나중에 백포도주를 앞에 두고 느끼던 것과 똑같았으며, 퇴근 후 조니워커 블랙 한 잔을 대할 때 느끼던 감정도 마찬가지였다.

중독이 깊어지면 인생은 공허한 동일성의 반복으로 재편된다.

날마다 똑같은 의례와 규범에 갇히고, 어제와 오늘이 구별되지 않는다.

아침에 나는 제일 먼저 출근해서 참깨 베이글(150칼로리)을 먹었다. 여기에도 엄격한 의례가 있었다. 먼저 베이글을 잘게 쪼개고서 정해진 순서대로 먹는 것이다. 신문의 1면을 읽으며 한 조각, 사설을 읽으며 또 한 조각, 앤 랜더스 칼럼을 읽으며 또 한 조각, 이런 식으로.

점심때는 커피 맛 요구르트(200칼로리)를 먹었는데, 대개는 스푼으로 천천히 떠먹으며 다른 대안 주간지들에 실린 레스토랑 탐방기를 읽는다.

밤이 되면 내 방에 들어가서 가장 정교하고도 복잡한 식사인 사과와 치즈(300칼로리)를 먹는다. 먼저 치즈를 정확하게 32등분 한다. 그러고는 접시 가장자리에 사과 조각을 돌려 담고 그 위에 치즈 조각을 얹는다. 식사가 완성되면 TV 앞에 앉아서 천천히, 아주 천천히, 규칙적으로 그 조각들을 먹는다. 이런 저녁 식사 의례는 진행 속도가 매우 느려서 보통 2시간은 걸린다.

술을 끊은 초기 내 거식 시절에는 어쨌든 술은 거의 안 마셨다고 생각했다. 하지만 잘 생각해보면 그때도 술을 꽤 마셨다. 술 마시는 시간이 짧고 간격이 드문드문했을 뿐, 기회가 생기면 언제나 폭주를 했다. 나는 이따금(4주나 6주에 한 번씩) 계속된 굶주림을 견딜 수가 없어서, 그런 엄격함과 통제에서 잠시 놓여나지 않고는 견딜 수가 없어서 미친 듯이 먹고 마셨다. 이런 폭발에 앞서서는 대개 내가 지독히 외롭다는 사실과 내가 만드는 허기는 육체에 한정되지 않는다는 아픈 깨달음이 선행되었다.

그러던 어느 날 집에 돌아와 보니, 룸메이트들이 식탁에 분위기 있는 램프를 켜놓고 배달한 중국 음식을 먹으며 하이네켄 맥주를 마시고 있었다. 룸메이트 한 명이 의자에 등을 기대고 앉아 웃음 띤 얼굴로 접시에 남은 만두 하나를 포크로 이리저리 굴렸다. 그렇게 음식을 함부로 다루는 친구의 모습에 나는 놀랐고, 내 마음속에 일어나는 슬픈 욕망의 기세에 다시 한번 놀랐다.

음식을 대하는 편안한 태도, 친구들과 함께 한 자리에서 흔히 볼 수 있는 정겹고 유쾌한 분위기. 나도 평범한 사람들처럼 그 자리에 앉아 친구들과 함께 맥주를 마시고 중국요리를 먹고 싶었다. 그렇게 내 삶을 살고 싶었다. 하지만 그럴 수 없었다. 그냥 그럴 수 없었다. 그래서 친구들이 같이 먹자고 했을 때 싱긋 웃으며 그 제안을 거절했다.

"아냐, 괜찮아. 오는 길에 샌드위치를 하나 먹었거든."

그리고 얼른 방에 들어가 옷을 갈아입고는 달리기를 하러 나갔다.

하지만 나도 이따금 손을 놓았다. 손을 놓고 동료와 어울려 시내 술집에서 진탕 마시고 칠리며 파이 같은 것으로 배를 채우고, 비틀거리며 귀가해서는 몽롱한 정신으로 냉장고를 뒤져 룸메이트들이 넣어둔 음식을 꺼내 먹었다. 때로는 직접 요리를 하기도 했다. 〈구르메〉 같은 요리 잡지에서 알아둔 요리법으로 푸짐한 요리를 마련했다. 4가지 치즈를 곁들인 파스타, 마늘빵, 버터크림을 넣고 초콜릿 아이싱을 입힌 헤즐넛 토르트 과자 등. 때로는 룸메이트들을 위해 요리를 했고, 때로는 케임브리지까지 가서 부모님에게 해주기도 했다. 그럴 때면 내가 『등대로』에 나오는 램지 부인처럼 요리를 통해 단란한 분위기를 만든다는 자부심이 들었다.

하지만 이런 노력은 언제나 실패였다. 폭발하듯 몰아치는 식사와 음주, 이런 행동은 언제나 내게 혹독한 느낌을 가져다주었다. 나는 술 마실 기회가 생기면 어김없이 너무 많이 마셨다. 음식도 너무 많이 먹어서 엄청난 식욕에 내가 질려버릴 정도였다. 그러고 나면 후회와 우울함에 사로잡혀 잠이 들었고, 다음 날 아침에는 부은 얼굴로 자기 모멸에 잠긴 채 깨어나서, 거식에 대한 결심을 두 배로 굳히고 먹는 양을 전보다도 줄였다.

게다가 그런 식사는 나를 분노하게도 했다. 쌍둥이 자매 베카를 빼고는 누구도 내게 왜 이렇게 말랐느냐고 묻지 않았고, 그것은 조용한 분노를 일으켰다. 37킬로그램의 가련한 딸이 부엌에서 8천 칼로리의 식사를 준비하는데 아무도 말리는 사람이 없었다. 추수감사절이나 크리스마스에 집에 가면 나는 칠면조 요리를 먹는 둥 마는 둥 깨지락거릴 뿐이었지만, 아무도 알아차리지 못했다. 허기의 파업은 좀처럼 원하던 성과를 거두지 못했다.

그렇게 2년하고도 반이 흘렀다. 나는 스물두 살에서 스물네 살이 되었다. 이렇다 할 친구도 없었고, 섹스 없는 생활의 나날이었다. 즐거움 비슷한 것이라고는 아주 가끔 퇴근 후에 동료와 함께 술집에서 마시는 백포도주뿐이었다. 술은 나를 질긴 고립과 굶주림에서 구해주는 위안 같았고, 그런 만큼 건강한 것, 좋은 것으로 여겼다.

1984년 가을 나는 프로비던스를 떠나 보스턴으로 갔고, 길고도 복잡하고 힘겨운 길을 거쳐 마침내 거식증을 벗어나서 비교적 정상적인 식습관을 되찾았다. 이 과정은 분명하지도 않고 간단하지도 않다. 굶기를 그만두는 것은 술을 끊는 것처럼 확연한 일이 아니다. 그리고 거식증을 극복한 사람들의 이야기를 들어보면, 그 과정은 대개 길고도 고통스러운 실험과 모험의 길이며, 전진과 후퇴가 어지럽게 뒤얽힌 길이며, 자신이 굶주린 이유를 깨닫고, 같은 목적을 더 나은 방법으로 달성하려고 몸부림치는 과정이다.

우리가 진실로 거식증을 벗어날 수 있는 길은(거식증 아니라 유사한 어떤 중독도) 그밖에 달리 대안이 없을 때뿐이다. 더는 물러설 곳이 없다는 느낌이 커지고, 우리가 겪는 고통(처절함, 지겨움, 불행함)이 너무 커졌을 때뿐이다.

나는 심리치료사와 상담하기 시작했다. 치료사는 사소한 행위를 통해 경직된 태도를 풀고, 생활에 약간씩 변화를 주면서 불편함을 참는 법을 연습하라고 권했다. 사소한 행위, 그것은 아침에 베이글 하나가 아니라 두 개를 먹는 것, 혹은 크림치즈를 곁들이는 일 따위였다. 내 방에서 행하던 규범에 따른 빈약한 식사를 포기하고 다른 사람들과 함께 식사를 하는 일 같은 큰 변화도 있었다.

그 시절(뿐 아니라 술을 끊기 직전에도) 내가 깨닫지 못했던 것은 그 과정에서 알코올이 얼마나 중요한 역할을 했는가 하는 것이다. 프로비던스를 떠나고서 몇 년 동안 내가 먹은 음식과 술의 양을 그래프로 그려보면, 두 개의 선이 거의 나란히 올라갔을 것이다. 나는 전보다 더 많이 먹고, 더 많이 마셨다. 오랫동안 두 행위는 서로 겹쳐 있었다.

나는 다시 남자들을 사귀기 시작했다. 그들은 대개 나와 나이 차이가 크거나 이혼했거나, 무슨 이유로든 상처와 약점이 있는 사람들이었다. 나는 그들과 만나서 비교적 정상적인 저녁을 먹고 돌아오는 길에 항상 편의점에 들러서 스니커즈나 캐드베리 크림 초콜릿 같은 캔디 종류를 샀다. 그러고는 그걸 차 안에서 허겁지겁 입속에 욱여넣었다. 그것은 내 마음속 깊은 허기, 정확히 파악되지도 않고 달리 어떻게 대응해야 할지도 알 수 없는 마음의 깊은 불편함을 달래기 위함이었다. 그리고 때로는 그와 똑같은 충동에 밀려 주류 판매점 앞에 차를 멈추고, 브랜디 한 병, 두 병, 혹은 세 병을 집어 들었다.

하지만 음주는 재닛이 그랬듯이 굶는 일에 비하면 한 발 진화한 것 같았다. 거식을 하다 보면 감출 것도 너무 많고, 사회적 고립감도 컸다. 어쨌거나 나는 스스로 굶주림의 새장 밖으로 기어나갔다. 고립은 나쁘지 않았다. 먹는 것에 집착하는 동안 나는 사람에게도, 또 사람을 둘러싼 갖가지 욕구나 두려움에도 집착하지 않을 수 있었다. 내 방에서 정해진 의례에 갇혀 있는 한 나는 안전했다. 그런 은둔을 포기하는 것은 몹시 고통스러웠다. 그래서 세상으로 돌아가 사회생활을 재개하는 데는 불가피하게 새로운 갑옷, 새로운 방어벽이 필요했다. 거식을 포기하면서 나는 예전에 떠난 곳으로 돌아갔다. 술 마시는 생활로.

돌아보면, 술은 표면적으로는 효과가 있었던 것 같았다. 앙상하던 내 몸에는 다시 살집이 붙었다. 파티에 가고 레스토랑에 다니고 술집을 드나들었다. 하지만 그때 내가 한 일은 대상을 바꾼 것뿐이었다. 신발은 바뀌었지만, 내가 추는 춤은 똑같았다.

보스턴으로 이사하고 3년이 지난 1987년, 섭식 문제가 있는 여자들의 모임에 나가기 시작했다. 회원은 모두 네 명이었는데, 내가 합류하고 얼마 지나지 않아 그중 한 명(키 크고 호리호리한 20대 후반의 도라)이 음주운전으로 걸렸다. 도라는 오랫동안 폭식증과 거식증을 왕복하고 있었다. 그 모임은 그녀가 처음으로 시도한 치료 목적의 활동이지만, 그녀는 모임 활동에 적극적이지 않았다. 그녀의 눈에는 언제나 피곤이 묻어 있었고, 누군가 그녀에게 솔직하게 지적할 때마다 얼굴이 고통스럽게 일렁거렸다. 음주운전 사건이 얼마 지나지 않아 그녀가 모임을 그만두겠다고 했다. 그녀는 의자에 앉아 아주 뻣뻣한 자세로 말했다.

"여기서는 얻는 것이 아무것도 없어요. 만날 모여서 하는 일이라곤 신세 한탄뿐이잖아요."

아무도 대답하지 않았다.

잠시 침묵이 흐르고서 그녀가 다시 말했다.

"게다가 나는 점점 좋아지고 있어요. 그러니까 이런 건 이제 필요 없어요."

그녀는 새 직장을 구했으며, 일이 마음에 든다고 했다. 새 친구들도 사귀었다고 했다. 하지만 그녀의 목소리에는 어떤 날카로움이 느껴졌다. 마치 그 새로운 평온을 우리가 아니라 자신에게 이해시키려는 것 같았다.

다른 회원이 끼어들었다.

"그러면 음주운전은 어떻게 된 건가요? 그건 왜 그렇게 된 거죠?"

도라는 나쁜 짓을 하다 들킨 것처럼 흠칫 놀라더니 고개를 들었다.

"그건 별일 아니에요. 그러니까 내가 이 모임에 나와야 한다는 말인가요? 음주운전 때문에?"

다시 침묵이 이어졌다.

"'나쁜 일은 생기게 마련'이라고 쓰인 범퍼 스티커 알죠? 바로 그래요. 나쁜 일은 생기게 마련이라고요. 그래서 어쩌라고요? 그걸 왜 분석하죠? 나는 이제 그런 거 분석하고 싶지 않아요."

그리고 도라는 우리 모임을 떠나서 다시 돌아오지 않았다. 그 후 오랜 세월이 지나는 동안, 특히 음주운전을 하고 돌아온 다음 날이면 그녀가 떠올랐다. 도라는 왜 그랬을까?

'도라는 술 문제가 있었던 거야. 섭식 문제를 알코올 중독과 바꿨던 거야.'

분명히 그랬을 것이다. 그러나 나 또한 그렇다는 생각은 하지 못했다.

Denial

...

AA 모임에 가면 현실 부정은 알코올 중독의 주요 증상이 아니라 그 본질이라는 말을 많이 듣는다. 이유는 간단하다. 현실 부정은 우리를 본래의 자리, 본래의 참호, 본래의 바닥에 붙들어 매서 앞으로 한 발짝도 움직이지 못하게 한다. 현실 부정의 틀에 갇히면 우리의 음주 문제는 변신의 신 프로테우스 처럼 멋대로 모양을 바꾸는 부정형의 존재가 된다. 자신의 음주 문제를 들여다보려고 해도 볼 때마다 그 모양이 다른 어떤 것으로, 그러니까 마음에 용납할 만한 어떤 것으로 바뀌어 있게 된다.

얼마 전 모임에서는 어떤 여자가 퇴근하는 차에서 맥주를 마시곤 했다는 이야기를 했다. 그 정도는 사소한 일이다. 그게 사소하지 않게 되려면 그녀는 스스로 운전 중에는 술을 마시지 않겠다고, 그런 행동은 문제라는 것을 규칙으로 정해놓아야 한다.

"옛날에는 그런 것은 정말 나쁜 일이라고 생각했어요. 그런데 내가 그러는 것은 괜찮을 거 같았어요. 그래서 규칙을 바꿨지요."

여기저기서 고개를 끄덕이는 사람들이 보였다. 모두 한마음으로 끄덕끄덕. 우리는 모두 그런 식으로 규칙을 바꾼 경험이 있다. 그것도 헤아릴 수 없을 만큼 많이.

재활센터에 있을 때 몇몇 사람이 카페테리아에 모여 각자 술 마시면서 저지른 최악의 일을 이야기한 적이 있었다. 30대 후반의 테스가 먼저 입을 열었다.

테스는 금발에 파란 눈, 그리고 주근깨가 조금 있지만 매끄러운 피부가 돋보이는 여자였다. 어느 날 그녀는 보스턴 시내에서 술을 마시고 정신이 오락가락할 만큼 취했다. 그녀는 술집에서 만난 모르는 남자와 함께 호텔에 가서 밤을 보냈다. 다음 날 아침이 되자 알코올성 진전 섬망증 때문에 손이 떨려서 담배조차 피워 물 수 없었다. 그런데 남자가 그녀에게 돈을 주려고 했다. 테스는 너무도 큰 충격과 모멸감에 남자를 그 자리에 세워두고 호텔을 나왔다. 하지만 차를 어디에 주차했는지 기억이 나지 않았다. 간신히 차를 찾아서 운전석에 앉자, 다리 사이로 피가 흐른다는 것을 깨달았다. 배가 고통스럽게 아팠다. 테스는 깨달았다.

'이런, 아기가 유산되었어.'

그녀는 당시 임신 3개월이었다.

카페테리아는 조용하고 어두웠으며 우리를 빼고는 손님도 없었다. 우리는 테스의 이야기에 귀를 기울였다. 테스는 손에 든 담배를 내려다보며 나직한 목소리로 이야기를 계속했다. 그녀는 시동을 걸고 다니던 산부인과가 있는 케임브리지로 출발했다. 하지만 어느 순간 그녀는 자신이 무얼 하는지 깨닫기도 전에 주류 판매점 앞에 차를 세우고 말았다. 이런 상황을 어떻게 헤쳐나가야 할지 암담했다. 술 한 잔을 마시지 않고는 이대로 차를 몰고 병원으로 갈 수 없었다. 손은 여전히 심하게 떨렸지만, 치맛자락을 앞쪽으로 돌려서 옷에 묻은 핏자국을 가린 뒤 여섯 개짜리 맥주 팩과 보드카 작은 병을 샀다. 그리고 다시 차를 몰고 가면서 맥주를 들이켜고, 한 병을 더 마신 뒤 보드카 병을 땄다. 테스는 이야기를 멈추고 담뱃불을 껐다. 그다음은 어떻게 되었는지 잘 기억이 나지 않는다고 했다.

"잘 모르겠어요. 나는 케임브리지에 도착했고, 차는 길가에 주차되어 있고, 차 바닥에는 술병들이 나뒹굴고, 엉엉 울고, 경찰이 있었어요. 그리고……."

테스가 말끝을 흐리자 그 자리에 있던 어떤 남자가 그 일을 계기로 재활센터에 오게 되었느냐고 물었다. 그게 끝이었느냐고.

테스가 고개를 들었다. 그리고 무감각한 얼굴로 대답했다.

"아니요. 다음날이 되니까 나아지더라고요. 그래서 계속 술을 마셨어요."

현실 부정은 그렇게 작동한다. 우리는 그렇게 계속 술을 마신다.

나 또한 계속 술을 마셨다. 그래서 내 20대 중반이(거식증은 벗어났지만 술 속으로 깊이 빠져든) 그토록 혼탁했던 것 같다. 먼저 얼개를 대강 떠올려보자. 나는 프로비던스를 떠나 보스턴 서부의 뉴턴 시에 아파트를 얻었고, 옆집에 사는 일레인과 친해졌다. 그리고 조그만

주간 신문사에 취직했고, 칵테일 파티에서 친구 샘을 만나 리츠호텔에서 함께 술을 마셨다. 이때는 건강에도 신경 썼다. 내 문제들을 털어놓을 수 있는 여자들 모임에도 가입하고, 찰스강에서 노 젓는 훈련도 했다. '노 젓기'라는 힘겨운 훈련은 내게 식욕 외에 다스려야 할 새로운 과제였다.

하지만 이런 굵직한 일 외에 자세한 사항은 온통 흐릿하다. 일주일에 한 번 매사추세츠 종합병원 정신과에 다닌 것은 생각난다. 진료실의 파란 소파에 힘없이, 때로는 말없이 앉아 있던 일. 당시 거식증과 알코올 중독의 중간쯤 되는 지점에 서 있던 나는 왜 그렇게 슬프고 무력감에 빠져 있는지 이해하지 못했다.

그 무렵 나는 마리화나를 피웠다. 일주일에 며칠 밤은 아파트에 틀어박혀 마리화나를 피우며 음악을 들었다. 그러면 마음속에는 마리화나가 촉발한 각종 깨달음이 너울너울 날아다녔다. 하지만 다음 날 정신을 차리고 보면 마약 기운 속에서 그렇게 심오하게 느껴지던 통찰은 모두 진부하기 짝이 없는 엉터리였다(어느 날인가는 우리 어머니가 안경을 썼다는 한 가지 사실에 근거해서 인간 성격에 관한 종합적 이론을 세우기도 했다). 때로는 마약 기운에 약물과 알코올의 위험성에 대한 통찰을 얻기도 했다. 하지만 그런 것들은 기록해둔 적도 없었고, 그것을 근거로 어떤 행동을 시도해본 적은 더더욱 없다.

그 시절을 돌아볼 때 생각나는 것은 내 인생이 새로이 시작되기를 막연히 기다리던 모습, 일주일에 한 번씩 정신과 진료실에 앉아 있던 모습, 그리고 자기 연민에 빠져서 "어떻게 해야 할지 모르겠어요"라고 어린애처럼 칭얼대던 모습들이다. 나를 진료하던 의사가 어떻게 그 지루한 시간을 참았는지 지금 생각해도 놀라울 따름이다.

그 시절 나는 정기적으로 아버지와 점심을 먹었다. 우리 사무실이 아버지의 진료실과 가까웠던 터라, 아버지는 6주나 8주에 한 번씩 차를 몰고 와서 나를 레스토랑으로 데리고 갔다. 그러고는 십대에 그랬듯이 긴장이 가득한 대화를 나누었다. 아버지는 기분이 어떠냐고 물었고, 별일 없느냐고 물었다. 나는 전면에 여유의 휘장을 둘러 자의식을 감추려고 애썼다. 때론 우리는 와인 한두 잔을 곁들였는데, 그럴 때면 분위기가 한결 부드러워졌다.

우리 부녀의 만남은 언제나 50분 만에 끝났다. 그것은 바로 정신과 진료시간과 일치했고, 이 사실은 내게 은밀한 즐거움과 조용한 분노를 동시에 안겨주었다. 그런 만남이나 정기적인 부모님 집 방문 때를 빼고는 가족과 얼마간 거리를 두고 살았다. 그 이유는 나도 잘 몰랐지만, 어쨌거나 마음의 본능은 나와 식구들을 분리하고 있었다.

내 인생에 한결같은 것이라곤 술 마시는 일뿐이었다. 술 마시고, 그러고서 술 마시는 일을 걱정하고, 그다음에는 걱정도 잊었다. 술 마시고 질문하고, 그런 다음에는 질문을 내던져버렸다.

1986년의 어느 여름밤, 하버드 광장 근처의 어느 길에서 가게 창문에 비친 내 모습을 보았다. 처음에는 그게 나인지도 몰랐다. 그때 나는 퇴근하고 직장 동료와 술을 마신 뒤 샘을 만나러 가던 참이었다. 단정한 옷차림의 젊은 여자, 어깨 길이의 머리, 짧은 흰색 치마에 헐렁한 면 스웨터, 그리고 멋진 검은색 펌프스. 나는 약간 취해 있었다. 아직 초저녁이었지만, 와인 두 잔을 마신 탓에 이미 취기가 올라 있던 나는 마지막 저녁 빛을 받으며 거리를 뛰어가던 중이었다. 그때 나는 내 모습을 보며 이런 질문을 던졌다.

'내가 저기 비친 모습처럼 멀쩡한 건가 아니면 미쳐가는 건가?'

저 여자가 정말 누구인지 모르겠다는 생각이 들었다. 세련된 치마와 구두 차림의 스물여섯 살 여자. 내가 저 여자를 걱정해야 하는지, 그냥 내버려 두어야 하는지 모르겠다는 생각도 들었다. 저 모습은 젊고 세련되고 도시적이고 활동적인 전문직 여성이 오후 5시 반의 법석을 뚫고 하버드 광장 거리를 또각또각 걸어가는 모습인가? 아니면 미친 사람의 영상인가? 뭔가 문제가 있다는 징후인가?

질문은 오래 머물지 않았다. 나는 곧 차 있는 곳에 도착했고, 차를 몰아 백베이에 가서 서둘러 주차하고 리츠칼튼호텔로 가서 샘과 함께 3~4시간 동안 값비싼 백포도주를 마셨다. 어쨌든 당분간은 한 가지 답을 선택하리라. 도시적이고 멀쩡한 여자라는, 아무일 없다는, 그러니 걱정하지 말라는.

그러나 때론 그런 밤이 깊을 무렵이면 나는 비틀거리며 화장실에 들어가 생각했다.

'내가 보여주는 겉모습에 문제가 있어.'

리츠칼튼호텔의 바에서 화장실에 가려면 로비를 가로질러 계단을 내려가야 한다. 어느 날 나는 하이힐을 신고 로비의 지나치게 폭신한 카펫 위를 걸은 적이 있다. 밤은 깊었고, 이미 예닐곱 잔의

(어쩌면 그 이상의) 와인을 마신 나는 비틀거리며 로비를 걸어가다 계단 꼭대기에서 벽에 꽝 부딪혔다. 그리고 화장실에 도착해서는 무릎 사이에 고개를 묻고 앉았다. 술에 취해 어지러웠고, 나도 내가 취했음을 잘 알았다. 그럴 때면 내게 있는 두 이미지가 서로 경쟁하는 것처럼 느껴졌다. 초저녁 하버드 광장의 나는 값비싼 퓌메 블랑 와인을 음미하는 세련된 젊은 여성이었다. 그러나 밤이 깊을 무렵 나는 요동치는 배를 움켜쥐고 화장실을 찾아 호텔 로비를 비틀거리는 주정뱅이였다.

이따금 나는 술에 너무 취한 나머지 물체가 두 겹으로 보이는 복시複視를 피하려고 한쪽 눈을 감고 운전하기도 한다. 어떤 때는 샘의 침대 위에서 샘의 티셔츠를 입은 채 눈을 뜨기도 한다. 그와 섹스한 기억이 없으니, 정말로 했는지 안 했는지를 확인할 방법은 없었다. 그에게 물어보기도 민망한 일 아닌가.

나는 걱정하고 현실을 부정한다. 그리고 다시 걱정하고 술을 마신다. 진 라이스가 쓴 『굿모닝, 미드나이트』라는 책에는 이런 묘사가 나온다.

한밤중에 깨어난다. 그리고 울음을 터뜨린다. 도대체 내 인생은 어떻게 된 것인가? 가련한 내 인생이여, 청춘이여⋯⋯ 병에 와인이 남아 있다. 그걸 마신다. 시계가 똑딱거린다. 잠이 든다.

이 부분은 문제성 음주와 알코올 중독의 경계선을 설명하는 대목에서 나온다. 그 경계선이란 잠시 모습을 보이다가 금세 사라져서 눈에 보이지 않는다. 이전까지 그 경계선은 가변적이고 미묘한 선이라고 생각했다. 하지만 마음을 바꾸었다. 그것은 보이지 않는 선이라고. 적어도 술 마시는 당사자들은 그걸 보지 못한다. 전구에 불이 들어오면 딸각! 하고 재빨리 스위치를 내린다. 그러면 다시 아무것도 보이지 않는 어둠으로 돌아간다.

딸각 : '젠장. 엉망진창이야. 나는 뭔가 문제가 있어.'

딸각 : '아냐, 난 괜찮아. 뭐가 문제야. 걱정할 거 없어.'

내 친구 게일은 전문 식당의 요리사인데, 새벽 5시에 일어나 샤워하면서 오늘 밤에는 무얼 마실까, 또 언제 시간을 낼 수 있을까, 어떻게 마시고 얼마나 마실까, 누구랑 마실까, 하는 생각에 몰두한다. 날이면 날마다 말이다. 매일 새벽 5시에 샤워하면서 술 마실 궁리를 한다. 때론 딸각! 하고 불이 들어오면, 그녀는 이것이 광증이고 커다란 문제며, 악화 일로로 치닫는 의존성이라는 것을 깨닫는다. 하지만 그때마다 그런 깨달음을 지그시 눌러버린다.

'오늘 할 일을 생각해봐'(딸각! 얼마나 힘들겠어)

딸각! 딸각!

'나는 아무 문제 없어. 직장 생활 잘하잖아. 청구서를 연체하는 일도 없어. 내가 알코올 중독자가 된다는 건 있을 수 없어.'

딸각, 딸각, 딸각.

'그런 생각은 그만둬. 나는 괜찮아.'

이것이 알코올을 둘러싼 현실 부정의 모습이다. 만약 게일이 샤위하면서 다른 것, 예를 들어 아스파라거스에 대해 집착한다면(그걸 어떻게 살지, 언제 먹을지, 얼마나 먹을지, 다른 사람들이 그녀에게서 아스파라거스 냄새를 맡을지 끈질기게 생각한다면) 그녀는 자신이 통제력을 상실하고 있다는 사실을 좀 더 쉽게 깨달을 수 있을 것이다. 하지만 알코올 같은 중독성 물질(우리 마음을 변화시키고, 자아 감각을 형성하고, 우리가 가진 대처 능력의 중심을 이루는 것)에 이르면, 사실을 희롱하는 정신의 능력에는 한계가 없어진다. 게일은 생각했다.

'내겐 합리적인 이성이 있어. 나도 내가 집착한다는 거 알아. 그게 지나치다는 것도 알아. 하지만 내가 이성을 완전히 잃은 건 아니야.'

당연히 우리에게는 이성이 있다. 그래서 지루하고 불안하고 우울해진다. 걱정에 시달리고 초조함에 시달리고 스트레스에 시달린다. 기쁨에 들뜨기도 하고 슬픔에 잠기기도 한다. '내일이 있어. 내일 생각해보자.' '상황이 나아지면 그때 생각해보자.' '상황이 나아지면 술을 줄일 거야'는 내가 가장 좋아하던 말이다.

게일이 한 일은 바로 내가 한 일이며, 수많은 동료 알코올 중독자가 한 일이다. 나는 리츠호텔 화장실에 앉아 머리를 무릎에 박은 채 생각했다.

'힘든 하루였잖아.'

나는 가물거리는 의식을 붙들고 내가 가진 속성 중 알코올 중독과 거리가 먼 것들을 주워섬겼다.

'나는 젊다. 여자다. 직장이 있다. 전문직이다. 그러니 문제가 없다. 문제가 있을 리가 없지.'

그리고 자리에서 일어나 얼굴에 물을 끼얹고 머리칼을 쓸어내리고서 다시 술자리로 돌아갔다.

딸각.

윌리엄은 자신을 알코올 중독자라고 소개하며, 술을 끊어야 하는데 아직 시도도 못 하고 있다는 말을 자주 했다.

1995년 어느 봄날, 나는 그와 함께 케임브리지에서 산책했다. 그때는 내가 술을 끊고 1년쯤 지났을 때였다. 그는 발끝을 내려다보며 천천히 걷다가 말했다.

"나는 그런 일은 없어요. 난데없이 클리블랜드 시에서 깨어난다거나 모르는 사람 침대에 누워 있는 일 같은 거. 무슨 말인지 알죠?"

"알아요."

"아침에 일어나서 보드카부터 들이켜는 일도 없어요. 그러니까 나는 일할 때는 술을 전혀 안 마셔요."

"네, 알아요."

39세의 작가 윌리엄은 계속 말한다.

"술을 덜 마시면 일이 더 잘 될 거라는 건 알아요. 그건 분명하게 알 수 있어요. 나는 깨어 있어요. 글을 쓰지 않을 때도 말이죠. 언제나 상황은 파악해요."

그는 잠시 멈추었다가 다시 말을 이었다.

"어쨌거나 술을 끊어야 내 일이 제대로 진척된다는 것은 잘 알아요. 이성적으로는 똑똑히 이해해요. 술을 안 끊는 건 바보 짓이라는 것도 알아요. 그런데 왜 시도조차 하지 않는지 그걸 모르겠어요."

내가 대답했다.

"AA에서 말하는 '오늘 꼭 하루만'이라는 표현이 다른 의미로도 작용하기 때문이죠."

그는 나를 바라보며 무슨 뜻이냐고 물었다. 나는 그에게 내 경험을 이야기했다. 어느 날 잠에서 깨어보니 아까 이야기한 테스처럼 주차해둔 곳이 생각나지 않았던 일을. 도대체 어느 근방에 세웠는지 실마리조차 잡히지 않았다. 1980년대 말, 그러니까 줄리안과 동거하고 있을 때다. 그때 나는 매 순간 무력감과 암담함에 휩싸인 채 지냈다. 거식증은 벗어났지만, 그 기억은 내게서 그리 멀지 않았다.

주말을 맞아 줄리안이 뉴욕에 가자, 나는 저널리스트 폴과 함께 식사하러 나갔다. 술을 즐기는 폴은 특히 마티니를 좋아해서 언제나 똑같은 방식으로 주문했다.

"봄베이 마티니. 스트레이트로 트위스트를 얹어주고요. 아주아주 차갑게 해주세요."

폴과 나는 저녁 식사 자리에서 이미 취했다. 식사 전에도 마시고, 식사 중에는 와인을 마셨으며, 식사 후에는 브랜디를 마셨다. 나는 술기운에 마음이 넓어져서, 저녁을 사겠다고 했다. 그런데 계산이 되지 않았다. 자리에 앉아서 계속 숫자를 더해 보았지만 답이 나오지 않았다. 그래서 나는 식대의 60퍼센트에 이르는 어처구니없는 팁을 주고 나왔다. 팁을 너무 적게 줄 수 없다는 생각 때문이었다. 술 취한 사람들의 전형적인 논리 가운데 하나다.

그리고 나는 폴을 데리고 우리 집으로 와서 크리스마스 때 줄리안과 함께 마시려고 사둔 60달러짜리 포트 와인을 꺼냈다. 와인은 거의 새것이나 다름없었는데, 폴과 나는 그 병을 모두 비웠다. 1시 반인가 2시쯤 되자 폴은 전화를 걸어 택시를 부르고 떠날 준비를 했다. 배웅하러 나간 아파트 계단에서, 갑자기 마음속 애정이 넘쳐서 그를 끌어안고 사랑한다고 말했다. 그런데도 폴은 떠났고 나는 집에 돌아와 뻗었는데, 다음날 아침 일어나보니 어떻게 집으로 돌아왔는지, 차를 어디에 세웠는지, 차에서 내려 집으로 들어오는 길은 어땠는지 전혀 기억나지 않았다.

이 이야기를 하는 동안 윌리엄은 내내 고개를 끄덕이며 '그런 이야기라면 잘 알죠. 나도 그런 경험이 있는 걸요'라는 표정을 지었다. 나는 이야기를 계속했다.

그날 아침 나는 두통을 베개에 묻어버리기라도 하겠다는 듯, 10분 정도 침대에 누워 있었다. 관자놀이가 불끈불끈 뛰었고(킹슬리 에이미스는 이를 '이마의 더러운 망치질'이라고 불렀다) 오른쪽 눈이 쑤셨다. 마침내 몸을 일으킨 나는 커피를 마시려고 부엌에 내려갔다가 조리대에 뒹구는 포트 와인 병을 보았다. 그러자 차 생각이 났다. 줄리안과 나는 보스턴의 노스엔드에 살았다. 노스엔드는 좁은 길목들이 정신없이 얽힌 복잡한 주거 지역이라서 주차 공간을 찾는 게 아주 골칫거리였다. 운 좋은 날도 20분 정도 걸렸고, 폴과 함께 술을 마신 금요일 저녁 같은 때는 한 시간이 걸리기도 했다. 그러니까 아마 차를 아주 먼 곳에 주차했을 가능성이 컸다.

나는 지끈거리는 머리를 움켜쥔 채 프린스 스트리트, 세일럼 스트리트, 헐 스트리트, 커머셜 스트리트를 쑤시고 돌아다녔다. 그러다 40분 만에 결국 우리 동네 반대편의 좁은 공간에 주차된 차를 발견했다. 그렇게 집으로 돌아온 길조차 전혀 기억나지 않을 만큼 취하는 일이 두 달에 한 번 이상 있었다. 나는 차를 둘러보며 점검을 했다. 라이트는 꺼졌고 문은 잠겼고, 살점이나 핏자국 혹은 찢어진 옷자락은 보이지 않았다. 그러니까 어떤 끔찍한 일이 있었다는 흔적은 없었다.

차에 시동을 걸고 포트 와인을 샀던 주류 판매점으로 갔다. 거기서 대체용 와인을 사서 돌아와 1인치 정도를 잔에 따르고, 와인병을 본래 와인이 보관되어 있던 찬장 구석에 넣었다. 그리고 오후에 빈 포트 와인 병을 길가의 쓰레기 수거통에 버렸다. 그날 밤 나는 다른 친구와 함께 저녁을 먹으며 다시 상당한 양의 술을 마시고 돌아와 잔에 따라둔 와인을 마셨다.

몇 주 후 줄리안이 찬장에 든 와인 병을 보고 말했다.

"전보다 양이 늘어난 것 같은데. 새로 사다 놓은 거야?"

나는 말도 안 되는 소리 말라는 표정을 지어 보인 뒤 다른 곳으로 화제를 돌렸다.

나는 윌리엄에게 말했다.

"그런 일이 한두 번이 아니었어요. 지금 생각해보면 어떻게 그런 일을 모두 정당화하고 살 수 있었는지 놀라울 정도죠. 오늘 하루뿐이야, 지금 한 번뿐이야, 늘 그렇게 생각했거든요. 오늘 꼭 하루뿐이라고요. 우리는 언제나 그때 한 번뿐이라고 생각하죠. 내일이면 달라질 거라고요."

그는 고개를 끄덕였다. 잠시 침묵이 흐르고서 그가 덧붙였다.

"그런데 저는 운전은 하지 않습니다."

내가 술을 끊지 않았다면, 윌리엄을 즐거운 술벗으로 삼았을 것이다. 그도 나 못지않은 비교와 현실부정의 고수였다.

'나는 운전을 하지 않으니까 당신만큼 심한 건 아냐.'

술 마시던 시절, 나는 늘 차를 가지고 다녔다. 음주운전도 많이 했다. 그러므로 윌리엄 같은 말은 할 수 없었다. 그 대신 다른 말을 했다. 대개 다른 술꾼들과 나를 비교한 말들이었다.

'나만큼 술 마시는 사람이 그렇게 적지는 않아. 더 마시는 사람도 많지. 일레인을 봐.'

나는 늘 내게 그런 식으로 말했다. 그런 환경은 내가 일부러 만든 것이라는 사실을 전혀 인식하지 못했다. 스스로 술꾼 가득한 세상으로 걸어 들어갔다는 것을.

술꾼은 늘 다른 술꾼을 찾는다. 우리가 원하는 그 말을 해줄 사람을 찾는다.

'술 마시러 가자.'

'한잔 더 할까?'

'그러지 말고 한 잔만 더 하자.'

이는 정말 쉬운 일이다. 두려울 만큼 간단하다. 처음에는 술이 가까이 있고, 술 마시는 일이 어렵지 않아 술을 마신다. 그런데 그 길을 가고 또 가다 보면, 스스로 술 마실 환경을 만들어서 술을 마신다. 자신도 모르는 사이에 언제나 주변에 알코올이 마련된 환경을 꾸린다. 저녁 식탁, 찬장, 냉장고, 친한 친구네 집의 찬장과 냉장고가 모두 그런 환경이 된다. 술 마시는 사람하고만 친구가 된다. 앉은자리에서 와인을 여섯 병 마시는 일쯤 아무렇지도 않게 생각하는 사람들, 음주의 해악을 부정할 수 있게 도와주는 사람들이 우리 주변에 남게 된다.

술꾼들은 서로 알아본다. 무리 속에서도 우리는 금세 단짝을 찾아낸다. 그것은 초보 엄마나 퇴역 병사처럼 공통된 경험이 있는 사람들이 서로 잘 알아보는 것과 마찬가지다. 우리는 특정 종류의 음악('한 잔 더'라는 합창)을 연주하려고 한 가지 음계로 조율되어 있으며, 누가 그 음악을 들으며 그 출렁거리는 유혹을 이해하는지, 누가 그러지 않는지를 판별할 줄 안다. 당장 첫 잔을 들이켜고 싶어 안달이 난 술꾼은 어김없이 그 음악을 듣는다. 그런 사람들은 우리가 옆에 앉은 지 2분도 지나지 않아 고개를 들고 묻는다.

"웨이트리스는 도대체 어딜 간 겁니까?"

이미 첫 잔을 들이켠 술꾼도 마찬가지고, 술이 전해질 새 없이 잔이 비어 버리는 술꾼 또한 그렇다. 합창은 마음속에서 출렁출렁 울린다. 언제나 한잔 더 마실 준비가 되어 있는 술꾼, 식사 때가 되어도 나가지 않고 술만 마시는 술꾼, 일행에게 계속 술 마실 것을 부추기는 술꾼, 술 마시지 않는 일행이 자리를 떠나면 은밀한 안도감을 느끼는 술꾼, 이들이 모두 그 음악을 듣는다. 미국 내 알코올 소비량의 절반이 11퍼센트의 인구가 소비한다. 그러므로 우리는 함께 많은 노래를 부를 수밖에 없다.

일레인은 술꾼이었고, 약간 기묘한 방식이기는 했지만 바로 그점 때문에 나는 그녀를 좋아했다. 그녀는 어떤 제약도 죄책감도 없는 술꾼이었다. 레스토랑에 들어갔다가 그 집에 주류 판매 면허가 없다는 걸 알게 되면 주저 없이 자리를 박차고 일어섰다.

"술 마시러 가자."

그녀는 오랜 흡연으로 목소리가 갈라져 있었는데, 그 목소리로 이런 말을 사납게 내뱉으면 따르지 않을 도리가 없었다.

만나고 1년쯤 지났을 때 일레인은 보스턴에서 차로 25분 정도 걸리는 사우스쇼어로 이사했다. 주말이 시작되는 금요일 저녁이면 나는 이따금 그녀의 집으로 차를 몰고 갔다. 그럴 때면 집에 일찍 돌아간다는 확신을 할 수 없었기 때문에 늘 하룻밤 묵을 채비를 했다.

그녀의 집은 커다란 부엌이 딸린 식민시대풍 주택이었는데, 우리는 그 넓은 부엌의 식탁에 앉아 치즈와 크래커를 안주로 술을 마셨다. 나는 와인을 마셨고, 그녀는 맥주를 마시다가 나를 따라 와인을 마셨고, 다음에는 보드카를 마셨다. 나중에는 둘 다 아르마냐크 브랜디를 마신 뒤, 비틀거리며 침대로 기어들었다. 일레인은 대개 닭이나 파스타를 준비해두었지만, 우리가 그것을 요리해 먹은 적은 거의 없다.

어느 날 아침 일레인의 집에서 일어나보니, 브래지어와 스웨터만 입었을 뿐, 아랫도리에는 속옷이고 뭐고 아무것도 걸치지 않은 상태였다. 나는 어리둥절하지 않을 수 없었다. 그 전날 일레인은 친구 네 명을 불러서 음식 대접을 했다. 두 명은 제임스와 랜스라는 게이 커플이었고, 한 명은 일레인의 오랜 친구 찰리였고, 나머지 한 명이 나였는데, 나는 이 찰리라는 사람에게 은근한 호감을 품고 있었다. 우리 다섯 명이 샴페인 11병을 마셨다. 그러고 나서 술집에 나가서 더 마시려고 했지만, 중간에 길을 잃는 바람에 2시간 동안 정신없이 차만 몰았다.

흔히 겪는 이런 초현실적인 경험을 우리는 모험처럼 여기기도 했다. 우리는 제임스의 볼보에서 샴페인을 더 마시고 마리화나를 피웠다. 덕분에 미친 듯이 웃어댔고, 그런 다음에는 무엇 때문에 그렇게 웃었는지 잊었다. 언제 어떻게 돌아왔는지도 기억나지 않는다.

집에 돌아온 다음은 온통 흐릿한 장면들뿐이다. 일레인의 집에 돌아오고서 나는 술을 더 마셨던 것 같다. 버번이었는지 스카치였는지 어쨌든 짙은 색 술이었다. 소파에서 찰리의 곁에 앉은 다음에는 더 기억이 가물가물하다. 나는 찰리의 팔과 어깨에 몸을 기대고는, 눈을 감지 않으려고 애썼던 것 같다.

그렇게 거실에 있다가 어떻게 내가 작은방으로 가서 잠들었는지는 전혀 기억이 없지만, 바지와 양말을 벗으려고 씨름한 것과 침대에 기어오른 것은 흐릿하게 생각난다. 제임스와 랜스는 거실에서 잠들었다. 찰리는 택시를 불러서 집으로 갔다. 다음날 여전히 술기운에 잠긴 채 깨어났을 때 온몸의 마디가 어긋난 듯 아파서 이조차 닦을 수 없었고, 내가 어디에 있는지 깨닫는 데도 1분 정도 걸렸다.

햇빛 밝은 조용한 방에서 느낀 그 기이하고 혼란스러운 감각은 그 후 오랜 시간이 지나는 동안 내게 아주 익숙한 것이 되어갔다. 밝은 햇빛과 지끈거리는 두통, 새들의 지저귐과 오른쪽 눈에 불끈거리는 통증, 나는 몸을 동그랗게 말고 눈을 감은 채 오래도록 가만히 누워 있었다. 제발 후회할 만한 짓은 하지 않았기를, 찰리에게 허튼수작을 걸지 않았기를, 정신 나간 짓은 하지 않았기를 간절히 바랐다. 그리고 다시 잠이 들었다.

11시에 아래층에 내려가 보니 일레인이 부엌에서 커피를 끓이고 있었다. 잠시 가슴이 뜨끔했다. 필름이 끊긴 다음 날이면 누구나 겪는 그런 느낌.

"안녕."

나는 식탁에 앉아 최대한 태연한 척 인사하고 일레인의 눈치를 살폈다. 내가 무슨 잘못을 했나? 나한테 짜증이 났나? 그냥 내가 한심해 보이는 건가?

그녀는 나를 보더니 "어유~" 하는 한마디를 뱉었다.

내가 용기를 내서 물었다.

"우리가 잠든 게 몇 시였지?"

일레인이 대답했다.

"너는 3시 반에 쓰러졌어. 찰리는 곧 가고, 남은 세 사람은 마리화나를 더 피웠어. 이러다가 나는 곧 죽을 것 같아."

숙취는 현실부정의 연습 경기 같다. 우리는 숙취를 통해 현실과 씨름하면서 너는 괜찮다고, 아무 문제 없다고, 어젯밤은 그냥 평범한 술자리였다고 되뇌고 되뇐다. 그날 아침 일레인은 화난 것도 짜증 난 것도 아니고, 그냥 숙취로 머리가 아픈 것 같았다.

나는 안심했다.

술 깬 아침의 막막한 걱정. 내가 아는 알코올 중독자들은 모두 그런 경험이 있고, 그냥 있는 정도가 아니라 아주 많다. 파티 다음 날 잠에서 깨어 전날 과연 내가 무슨 말을 했는지, 무슨 짓을 했는지, 오전 내내 걱정에 잠겨 일이 손에 잡히지 않는다. 참다 못하면 파티 주최자에게 전화를 걸어 그 반응을 살핌으로써 우리 행동의 단서를 찾아내려 하기도 한다.

"어젯밤에 내가 술을 좀 많이 마셨지."

마치 어쩌다 보니 그런 일이 있었다는 듯이 말한다.

"무슨 실수나 하지 않았는지 모르겠네."

그리고 기다린다.

'아냐, 아무 일 없었어. 글쎄, 취한 줄 전혀 몰랐는걸.'

내가 언제나 간절히 듣고자 하던 말.

다른 사람이 걱정하지 않는다면, 나도 걱정할 필요가 없었다.

최악의 순간은 내가 무슨 말을 했는지, 어떤 비밀을 누설했는지, 친구를 두고 무슨 험담을 했는지, 무슨 자랑을 늘어놓았는지를 기억하려고 머리를 쥐어짤 때다. 때론 술에 취하면 평소에 지닌 사회적 행동 규범이 스르르 녹아내리는 느낌이 들었다. 그러면 누군가 귀에 대고 속삭인다.

'안 돼. 그런 말은 하는 것이 아니야.'

하지만 나는 그 목소리를 무시하고 이야기를 계속한다.

'미건이 짐이랑 같이 잔 거 알았어? 그래, 헬렌이랑 사귀고 있을 때 말이야. 그래, 그리고 헬렌이 그러는데 짐은……'

그런 다음 날 아침 후회로 몸을 움츠린다. 내가 왜 그런 행동을 했는가? 정보와 힘을 동일시했기 때문이다. 이런 사실에 접근할 수 있으니 나는 얼마나 중요한 사람인지 알리고 싶었다.

하지만 그렇게 해서 남는 것은 자기 자신을 믿지 못할 사람으로 만드는 것뿐이다. 다음 날 아침 깨어나 기억의 조각을 긁어모은다. 식탁 위로 몸을 구부리고 말하는 내가 보인다.

"이거 다른 사람들한테는 절대 얘기하지 마……."

다음 날 후회할 짓이라는 걸 안다. 자신의 가치를 깎아먹는 짓이라는 걸 안다. 하지만 어쨌건 그 일을 저지르고, 다음 날 아침 그 사실을 기억한다.

일레인은 술 마신 다음 날 일어나서 전날 지껄인 말을 후회하고, 자신이 무슨 일을 저질렀는지 알지 못해 답답해하는 그런 상태를 '어허'라고 불렀다.

'어허, 내가 무슨 심한 말을 했나? 누구와 섹스라도 했나? 집으로 오는 길에 사람을 치어 죽였나?'

나는 그녀가 그런 일에 이름을 지어두었다는 것이 반가웠다. 남들도 그런 일을 겪는다는 뜻으로 여겨졌으니까.

나는 찰리와 한 차례 데이트했다. 일레인 집에서 식사 모임이 있고 몇 주 지났을 때 우리는 레스토랑에서 우연히 마주쳤다. 그가 내게 다가와 인사를 했고, 우리는 간단한 대화를 나눴다. '잘 있었어요? 네, 안녕하세요?' 수준의 대화였지만, 나는 열네 살짜리처럼 수줍고 부끄러웠다.

"일레인의 집에서 본 뒤 처음이네요. 그날 즐거우셨나요?"

그렇게 말하고는 바보짓을 했다는 생각에 몸이 쭈뼛해졌다. 불쾌한 기억을 일부러 자초하고 있는 게 아닌가.

'그날 즐거우셨나요? 술 취해 비틀거리던 내 모습을 다 기억하나요?'

"네, 아주 즐거웠어요."

"잘됐네요."

잠시 긴장된 침묵이 흐르고서 찰리가 목을 가다듬었다.

"가봐야겠네요."

그리고 레스토랑 저편의 자리를 가리켰다.

"네, 만나서 반가웠어요."

그날 밤 잠자리에 누워 내 소심함을 떠올리고는, 술이란 인격의 덫 역할을 하는 것이 아닐까 생각했다. 자신의 소심함을 그토록 고통스러워하면서도 오랫동안 끈질기게 간직한 것은 내가 진정한 자아를 술로 가렸기 때문이 아닌가, 술로 내 내부체계를 마비시키기 전에는 사람들에게 나를 알 기회를 주지 않았기 때문이 아닌가 하는 생각이었다.

'찰리는 뭐 저런 멍청이가 있느냐고 생각했을 거야.'

하지만 며칠 후 찰리가 전화를 걸어서 함께 저녁 식사를 하자고 청하자, 멍청이가 되었다는 고민은 사라졌다.

우리는 보스턴의 한 레스토랑에서 술을 많이 마신 뒤, 그의 다른 두 친구(커플이었는데 이름은 잊었다)와 합류했다. 우리는 술을 더 마셨고, 코카인도 흡입했다. 나는 완전히 필름이 끊겼다. 그날 밤처럼 11시 이후의 기억이 단 5분도 남지 않고 완전히 사라진 날은 그리 흔치 않았다. 다음 날 아침 그 친구들의 집에서 잠이 깼다. 누군가 내 뇌를 밖으로 꺼내서 자근자근 짓밟고서 도로 넣어놓은 것 같은 느낌이었다. 찰리는 나를 어색하게 대하다가, 자신의 구형 뷰익에 태워 집까지 데려다주었다.

졸음과 숙취로 몽롱해진 나는 차에서 그의 어깨에 머리를 얹었다. 그런데 그는 아무런 반응을 하지 않았다. 나를 만지지도 않고 바라보지도 않고 미소 짓지도 않았다. 나는 잠시 그렇게 기대고 있다가 몸을 일으켰다.

그는 나를 내려놓고는 "몸조심하세요" 한 마디만 남기고 사라졌다. 그 뒤로 그에게서는 아무 연락이 없었다. 깊은 책임감과 수치심이 느껴졌지만, 그렇다고 그 책임감을 받아들이거나 마주할 수도 없었다. 그래서 친구들에게 찰리의 이야기를 할 때는 "진지한 관계에 병적인 공포증이 있는 그저 그런 남자"라고 설명했다.

그렇게 내게는 언제나 이유가 있었다. 술 마실 이유가 있었고, 일이 뜻대로 되지 않는 이유, 인생이 늘 그렇게 엉망진창인 이유도 있었다.

술을 마시면 맨정신일 때는 하지 않을 어리석은 일을 저지르기 마련이다. 어니스트 헤밍웨이는 술을 마신 어느 날 화장실에서 엉뚱한 끈을 잡아당겨서 지붕의 채광창을 무너뜨렸고, 덕분에 평생 이마에 상처를 간직하고 살았다.

20대 중반과 후반, 그러니까 일레인과 샘의 시절, 나에게 그런 일은 늘 일어났다. '젠장, 이번엔 또 뭐야?' 하고 주절거리게 하는 일. 술에 취한 밤에 위험한 지역에 차를 세웠다가 나중에 모조리 털린 사실을 알고 경악한 적도 여러 번이었다. 또 늘 물건도 잃어버렸다. 내가 무척 아끼던 겨울 코트는 보스토니안 호텔의 크리스마스 파티 때 잃어버렸고, 지갑은 술집에서 잃었다. 쌍둥이 자매 베카가 준 귀고리는 술 취해 귀가하던 길에 잃어버렸다. 이런 일이 닥치면 나는 어떻게 할 수 없는 환경을 비난했다. 도시 생활(자동차), 절도 범죄(코트와 지갑), 귀고리 뒤쪽의 복잡한 구조와 외투 깃의 관계(베카의 선물). 앞서 말했듯이 나에게는 늘 이유가 있었다.

호르몬 탓을 하는 사람도 많다. 듣고 보면 그럴듯하게 들리기도 한다. 내 친구 애비는 어느 날 함께 커피를 마시다가 말했다.

"있잖아, 어느 날 우리가 술에 잔뜩 취했어. 말할 수 없이. 그러면 생리 직전이라서 그랬다고 하는 거야."

"맞아. 아니면 생리가 막 끝나서 그랬던지."

"아니면 배란기라서 그랬던지."

"잠을 제대로 못 자서 그럴 수도 있어. 식사를 제대로 못 했기 때문일 수도 있고."

"보름달이 떠서 그런지도 몰라."

이유를 찾는 것은 자연스러운 현상이다. 그건 본능이다. 애비는 날마다 폭음하지는 않았다. 그건 게일도 나도 마찬가지였다. 우리는 일주일이 멀다 하고 애인과 헤어지지도 않았고, 주기적으로 망신을 당하지도 않았고, 낯선 사람에게 구토하지도 않았으며, 음주운전으로 살인을 저지르지도 않았다. 우리 인생에 나쁜 일이 일어났다면, 그것은 우연히 발생한 불운에 해당하는 경우라 여겨졌다. 그리고 내 인생은(내가 아는 많은 알코올 중독자들의 인생은) 그런 난관에 부딪히고도 그럭저럭 잘 흘러갔다. 직장도 잘 다니고 집도 있고, 은행 계좌도 튼튼하다. 애인도 잘 사귀고, 친교도 많이 나눈다. 심리치료도 받는다. 우리가 술을 마시는 건 그럴 자격이 있기 때문이다. 인생은 고된 것, 그 누구라도 이따금 약간의 이완과 보상이 필요하지 않은가?

많은 알코올 중독자가 평범한 과음 수준을 벗어나 고삐 풀린 폭음의 단계로 넘어갔을 때 자신이 무슨 일을 할지 예측할 수 없었다고 고백한다. 그런 일은 외부의 사건처럼 우리에게 그냥 닥쳐온다. '내가 술을 마실 때마다 나쁜 일이 일어나지는 않았어요. 하지만 나쁜 일이 일어났을 때는 언제나 술이 관련되어 있었어요'.

AA 모임에 가면 흔히 듣는 말이다. 진성 알코올 중독자들은 나쁜 일이 일어나지 않은 때를 더 열심히 기억한다. 친구들과 즐겁게 술 마신 때를, 집에 안전하게 돌아온 때를, 자기 침대에서 깔끔하게 깨어난 때를. 그리고 불미스럽고 수치스러운 일이 일어났거나 지난밤의 일이 떠오르지 않을 때는 뭔가 변명을 둘러댄다. 비난의 화살을 돌릴 대상을 찾는다. 스트레스, 힘든 인생, 호르몬.

테스가 말한다.

"다음 날이 되니까 나아지더라고요. 그래서 계속 술을 마셨어요."

나 또한 그랬다.

4
이
중
생
활

So on it goes.

You lie and you deflect blame and you rationalize

and the hole you dig yourself gets deeper and deeper.

Denial–first of drinking, then of the self–stretches to include

more and more bits of reality,

and afte a while you literally cannot see the truth.

Giving Over

...

술은 망상을 낳는다. 술과 함께 하는 인생은 모험 가득한 낭만의 행로로 여겨지고, 밝은 햇살 아래 출렁이는 눈부시고 역동적인 바다처럼 느껴진다. 단 한 잔의 술로도 우리 가슴은 에너지와 열정에 부풀어 오르고, 조금 전까지 가슴을 짓누르던 문제를 몽땅 해결할 수 있을 듯 자신만만해진다. 하지만 진실은 그 반대다. 술은 우리 인생을 정체시키고, 바위처럼 그 자리에 붙박아둔다.

오랜 세월 동안 나는 내가 아닌 다른 사람들을 보며 이런 진실을 확인했다. 일레인을 봐도 그렇다. 그녀는 지나친 음주로 한 인간으로 성장하고 변화할 기회를 잃는 것 같았다. 나는 우월감에 잠겨 생각했다.

'일레인은 건강한 관계를 맺기 어려워. 술을 너무 많이 마시잖아. 자기가 얼마나 엉망진창인지조차 모른다고.'

일레인은 나를 만나기 3년 전부터 한 유부남과 사귀었고, 나를 만나면 언제나 그 남자 이야기를 했다. 브라이언 어쩌고, 브라이언 저쩌고. 그녀는 그를 숭배했고, 그러면서도 끊임없이 비난했다. 자신이 겪는 모든 불행과 절망이 그에게서 비롯되었다는 듯이.

그러나 정신분석학자의 딸로 자란 내가 볼 때, 그 뿌리는 좀 더 깊은 곳에 닿아 있는 것 같았다. 술집에 앉아서 "요즘 브라이언이랑은 좀 어때?" 하고 물으면 그녀는 즉시 두 사람이 최근에 만났을 때 있었던 일을 약 25분간에 걸쳐 상세하게 전한다. 그가 한 약속, 그의 결혼생활 이야기, 그가 그녀 앞에 뿌려놓은 희망의 씨앗들에 관해서. 그들은 두 달에 한 번은 헤어졌지만 언제나 다시 만났다. 브라이언도 술을 마셨다.

나는 일레인이 그 관계에서 헤어나지 못하는 것도, 자신이 불행한 원인을 언제나 주변 환경에 돌리는 것도 그녀의 과도한 음주와 관련있다고 생각했지만, 어떻게 그런지는 설명할 수 없었다.

"집어치워. 다른 사람을 만나서 인생을 좀 즐기며 살아."

그들이 헤어질 때마다 나는 말했다.

그러면 일레인은 부엌 식탁에 앉아 술잔을 내려다보며 고개를 끄덕였다. 하지만 그녀를 보면 그 남자를 떠날 생각이 전혀 없다는 걸 알 수 있었다. 그녀에게 그를 떠난다는 것은 선택 항목이 아니었다.

일레인은 지나치게 방어적이었다. 성격도 급했고, 생각이 깊은 편도 아니었다. 속마음을 담아두지 못하고, 원하는 것은 당장 얻어내야 했지만, 그 이유는 알고 싶어하지 않았다. 나는 그녀의 그런 성향 탓에 브라이언과 관계를 이어간다고 생각하곤 했다. 아무리 상황이 나빠져도, 그가 아무리 여러 번 이혼의 약속을 저버려도, 또 아무리 여러 번 이별을 반복해도, 두 사람 사이에는 언제나 결합과 화해의 시간이, 둘의 관계에서 일레인의 모든 환상이 실현된 것처럼 보이는 순간이 있었다. 그녀는 바로 그런 순간을 위해 살았다. 그런 순간은 지난 시간의 모든 절망을 치유해주었다. 마치 술이 나쁜 감정을 치유해주는 것처럼.

어느 날, 그런 화해의 시간이 지난 직후에 그녀와 만나 술을 마셨다. 일주일 동안 연락 없이 지내던 브라이언이 샴페인 한 병을 들고 그녀 앞에 불쑥 나타났다. 그리고 간절히 사과하며 그동안 몹시 보고 싶었노라고, 자신에게는 그녀가 정말로 필요하다고 말했다. 두 사람은 그녀의 집 거실 바닥에서 사랑을 나누며 하룻밤을 보냈다. 그것으로 둘의 관계는 치료되었다. 그 일을 이야기하는 일레인의 얼굴이 어찌나 환하게 빛나던지, 수많은 날 그녀를 애태우던 그 모든 상처는 연기가 되어 굴뚝으로 싹 빠져나간 듯했다.

"그 사람의 말은 거절을 못 하겠어."

부드럽게 그녀의 말투에는 존경심 가까운 것이 느껴졌다. 마치 브라이언이야말로 지상에서 가장 강력하고 유혹적이고 경이로운 존재라고 말하는 것만 같았다.

지금 생각해보면, 그런 말은 자기 인생을 움직일 힘을 잃은 여자들, 인생에 대한 주권을 송두리째 넘겨주고 항복해버린 여자들의 말이다. 그녀가 두려움과 불안, 우울을 잠재우려고 오랜 세월 지속해온 만성적이고 일상적인 음주는 자기 통제력을 망가뜨렸고, 시각을 왜곡시켰으며, 선택의 여지를 생각해볼 수 없게 만들었다.

내게도 브라이언 같은 남자가 있었다. 스물여덟 살에 만난 줄리안. 하지만 당시 나는 우리 관계를 그런 것으로 생각하지 못했다. 내가 폴과 술을 마시고 차를 잃어버린 날, 집을 비운 동거자가 바로 줄리안이었다.

처음 만났을 때 나는 그가 재수 없었다. 이야기가 나온 맥락은 잊었지만, 우리가 나눈 첫 대화는 파테 요리에 관한 것이었다. 우리는 파티에서 만났다. 몇몇 사람들과 담소를 나누는 도중 그가 파테 만드는 법이 어쩌고 하는 말을 꺼냈다.

"우리 어머니도 크리스마스엔 항상 파테를 만들어주시죠."

그러자 그가 내게 물었다.

"혹시 '테린' 말씀하시는 거 아닌가요? 사람들은 파테하고 테린을 자주 헷갈리거든요."

어이가 없었다.

'별 재수 없는 사람 다 봤네.'

얼마 후 어머니와 통화를 하다가 이 일을 이야기했다.

그랬더니 어머니가 말했다.

"정확히 말하자면 그 사람 말이 맞아. 파테는 껍질이 딱딱하니까."

그렇다고 내 생각이 바뀌지는 않았다.

'흥, 그렇단 말이지. 그래도 재수 없는 건 마찬가지야.'

그 뒤 내가 직장을 옮기자 그가 샴페인을 사들고 사무실에 찾아왔다. 테탱제르라는 최고급 샴페인이었다. 그리고 일주일쯤 뒤에 그가 전화를 걸어 함께 저녁 식사를 하자고 청했고, 내 생각은 조금 바뀌었다.

'그렇게 나쁜 사람은 아닐 수도 있겠군.'

우리는 처음 만난 순간부터 술을 마셨다. 향기로운 적포도주와 새침한 백포도주를 마셨고, 그때까지 이름도 모르던 갖가지 술도 마셨다. 그중에는 프랑스산 아페리티프인 리카르도 있었는데, 줄리안이 그것을 작은 잔에 따르고 물과 함께 섞으면 노릇하고 부드러운 액체가 되었다. 그가 처음 해준 요리는 로즈메리를 얹은 양고기 구이다. 식사를 마치고 그의 집 파티오에 앉아 브랜디를 마시며 바흐의 바이올린 협주곡을 들었다. 처음으로 그의 집에서 밤을 보낸 날, 그는 일찌감치 일어나서 별 재료도 없이 와플을 굽더니 그 위에 코냑을 살짝 뿌려 완성했다. 그것은 그때까지 내가 먹어본 최상의 아침 식사였다.

알코올 중독자 루이즈는 20대 내내 획기적 전환을 찾아 헤맸노라고 말했다. 그녀가 말하는 '획기적 전환'이란 어느 날 불현듯이 찾아와서 새로운 인생을 열어주는 일대 사건을 가리키는 말이었다. 물론 그녀는 약물과 알코올을 사용해서 그런 인생에 도달하려고 했지만, 그밖에 다른 방법도 여럿 시도했다.

내가 아는 알코올 중독자들은 대개 그랬다. 루이즈에게 그런 계기는 주로 다른 아파트나 다른 직장, 그리고 다른 도시였다. 한 곳에서 일이 어그러지면 그녀는 짐을 싸서 다른 곳으로 떠났다. AA 모임에서는 이런 끊임없는 이동을 '지리적 시도'라고 부른다. 새로운 도시에서도 문제가 해결되지 않으면 루이즈는 다른 것에 집착했다. 다시 학교에 입학해서 학위나 자격증을 따고, 직업을 바꾸는 식으로. 그녀의 조용한 이야기에서 깊은 메시지가 느껴졌다. 자기 인생의 외부를 구부리면 인생의 내부도 함께 구부러질 것을 기대하는 행동들.

루이즈에게 그 이야기를 들었을 때 나는 와플과 코냑, 그리고 줄리안을 떠올렸다. 그날 아침 부엌에 들어갔더니 막 구운 와플 냄새와 따뜻한 커피 향이 흘렀고, 줄리안은 허리를 굽히고 서서 코냑을 뿌리고 있었다. 머릿속에 불이 탁 나가는 느낌이었다.

줄리안은 미술 작품 딜러였다. 도시적이고 지적인 데다 관능미까지 갖춘 그는, 특히 고급스러운 것들에 정통했다. 그는 내가 오래도록 풀지 못하던 퍼즐의 새로운 해결책 같았다. 불안감 대신 즐거움에 취하도록 해주는 사람, 내게 익숙한 지성과 내게 부족한 열정을 통합시켜주는 사람. 나는 조리대에 선 그를 보면서 생각했다.

'그래, 이것은 새로운 인생이야.'

그는 해답이었다. 획기적인 전환이었다.

그러나 자신의 희망과 환상을 모조리 다른 사람이나 사물에 거는 것은 언제나 위험천만한 일이다. 나는 그것을 일레인에게서 보았고, 나 자신에게서도 보았다. 내 외모를 특별하게 느끼는 어떤 것으로 만들고자 하던 일, 남자의 승인을 통해 내 존재 가치를 느끼고자 하던 일, 그런 일이 줄리안을 통해서 똑같이 반복되었다. 하지만 이번에는 그 느낌이 너무도 현실적이었다. 새로운 삶이 아주 가까운 곳에 느껴졌다. 그래서 나는 눈에 뻔히 보이는 이런 공통점들을 무시했다.

줄리안은 내가 간절히 원하면서도 얻지 못하던 것들(처세술, 자신감 같은)에 능란하게 다가가는 사람 같았다. 그리 오래지 않아 나는 그가 없으면 절대로 그런 것을 얻을 수 없으리라는 믿음 아래 그에게 필사적으로 매달렸다. 어느 날 거실에서 셔츠를 다리는 줄리안을 보면서 그가 내 인생을 바꿔줄 거라고, 그에게는 내 인생을 바꿀 능력이 있다고 생각했었다.

'저 사람과 함께 살면 우리는 재능 있는 젊은 커플이 되겠지. 우리는 함께 멋진 요리를 하고 훌륭한 와인을 마시겠지. 그의 세련된 자신감은 정서적 삼투작용을 통해 내게 흘러들어올 거야.'

이런 환상이 내 마음을 뒤흔들었다. 그래서 몇 달 후 함께 식사를 하다가 그가 "이제 함께 살 집을 마련해보는 게 어떨까?" 하고 말했을 때, 나는 노벨상이라도 받은 것처럼 감격했고, 마침내 내 길을 그리고 나 자신을 발견했다고 확신했다.

우리는 와인으로 자축했다.

하지만 우리 관계는 그 직후 흔들리기 시작했다.

쌍둥이 자매 베카는 내가 줄리안과 만난 지 1년이 지난 1989년 5월에 결혼했다. 결혼식장에서 나는 울었다. 베카의 결혼이 기뻐서도 아니었고(나는 기쁘지 않았다), 원래 결혼식에 감격을 잘하기 때문도 아니었다(그런 일은 없었다). 내가 울어버린 건 술에 취해서 마음이 약해졌기 때문이고, 그대로 잔디밭에 쓰러져 죽어버리고 싶었기 때문이다.

울음을 터뜨린 것은 피로연이 거의 끝나갈 무렵이었다. 그때까지 나는 비록 속으로는 아무라도 죽이고 싶은 살의가 번득이고, 당장에라도 드레스를 찢고 길거리로 달려나가고 싶은 충동이 솟구쳤지만, 겉으로는 아무 내색 없이 잘 참고 있었다.

그 무렵 줄리안과의 관계는 엉망진창이 되어 있었고, 나는 결혼식을 증오했다. 청첩장과 출산 소식을 증오했고, 동창회보에 실리는 동기들의 소식을 증오했다. 승진하는 인간들, 새집을 사는 인간들, 화려한 도시로 이사 가는 인간들, 이들을 조용히 증오했다. 그런 것은 이 세상에 나만 빼고(나는 이렇게 제자리에 서서 꼼짝 못 하고 있는데) 모두 문제없이 잘살고 있다는 반박 불가능한 증거를 내 눈앞에 들이밀었다.

그 많은 증거 가운데서 베카의 결혼은 특히 충격적이었다. 베카는 결혼 일주일 전에 아버지가 교수로 있는 보스턴 의과대학을 졸업했다. 나는 아버지가 졸업식장 연단에서 베카에게 졸업장을 전달하는 모습을 지켜보았다. 말 그대로 아버지가 딸에게 의사 가운을 물려주는 흐뭇한 광경이었다.

전통적으로 우리 집안에서 가장 장려하는 행동은 두 가지는 의과대학을 가거나(우리 일가에는 의사가 아주 많다) 결혼을 하는 것이다. 일주일 사이에 베카는 두 가지를 다 이룬 것이다. 그녀는 내가 출발선을 떠나기도 전에 유유히 결승선을 통과하는 것 같았다.

나는 내가 입은 드레스도 증오했다. 나는 드레스를 맞추었다. 줄리안이 잡지에서 골라준 의상을 본떠 만든 핑크색 드레스였다. 그때 나와 줄리안의 동거는 8개월째에 접어들었다. 우리는 베카의 결혼식 직전에 커플 치료까지 받았지만, 이미 너무 늦었다.

심리치료사가 줄리안에게 물었다.

"당신은 캐롤라인의 어떤 점을 사랑합니까? 당신이 이 관계를 유지하는 이유는 무엇입니까?"

줄리안은 의자 등받이에 몸을 기대고 잠시 생각했다.

"캐롤라인은 말이에요, 좋은 와인 같아요. 맛이며 향기며 색깔이며 모든 것이 수준 이상이에요. 하지만 그렇다고 그걸 매일 밤 마시는 것이 좋을지는 잘 모르겠습니다."

나는 몇 년이 지난 뒤에야 그런 말이 그때 내게 얼마나 큰 분노를 일으켰는지 깨달았다. 당시만 해도 나는 그를 어느 정도 믿고 있었다. 내가 좋은 와인이긴 해도 훌륭한 와인은 아니라고 생각했다. 그래서 온 에너지를 쏟아 내 포장을 바꾸고 레이블을 바꾸려고 했다. 그렇게 해서 줄리안은 물론 나 자신에게도 내가 가치 있는 사람임을 이해시키려고 했다.

드레스를 맞춘 것도 그 때문이다. 줄리안이 재봉사를 구했고, 디자인 역시 그가 〈보그〉에 실린 웅가로 광고를 보고 골랐다. 어느 날 퇴근 후 그와 함께 샵에 들렀을 때 나는 그의 마음에 쏙 드는 옷을 입고 그의 마음에 쏙 드는 모습이 되면 우리 두 사람이, 베카와 앤디가 아니라, 나 캐롤라인과 줄리안이 결혼할 수 있으리라고 진심으로 믿었다.

줄리안 또한 이런 내 생각을 부채질했다. 그는 나에 대해서 언제나 나보다 의견이 분명했다.

"이제 당신이 나를 위해 해줄 일이 세 가지 있어. 하나, 새 겨울 코트를 살 것. 둘, 머리에 하이라이트 염색할 것. 셋, 당신에게 어울리는 경우가 아니라면 내 옷을 함부로 입지 말 것."

동거를 시작하기 3주 전에 그가 말했다.

나는 고개를 숙였다. 우리는 그의 침대에 앉아 영화를 보고 있었는데, 나는 방이 추워서 바닥에 뒹굴던 그의 낡은 스웨터를 껴입은 참이었다. 그 스웨터는 나에게 전혀 어울리지 않았다.

그날 우리는 새벽 2시까지 이야기를 나누었는데, 줄리안은 자신이 나에게 품은 각종 불안과 의구심을 모두 털어놓았다. 그는 내가 지속적인 매력을 발휘하도록 충분히 노력하지 않는 것이 안타깝다고 했다. 우리 관계가 권태로운 습관으로 굳어버릴 것이 걱정이라고도 했다. 나는 이런 그에게 일면 분노를 느끼기도 했지만, 결국 그의 말에 힘없이 수긍해야 했다.

다음날 출근해서 그에게 내가 가진 걱정을 토로하는 장문의 편지를 썼다. 그랬더니 마음속에 두려움이 한가득 밀려들었다. 결국 편지를 구겨버리고, 그의 아파트에 가서 깨끗이 청소하고 꽃을 꽂아놓고서, 실망시켜서 미안하다는 쪽지를 남기고 나왔다. 그 후 몇 달이 지나는 동안 나는 머리에 노란색 하이라이트 염색을 하고, 검은색 모직 코트를 샀다(그가 함께 골랐다. "아주 고전적인 재단이로군"이라고 말하면서). 그리고 어쩌다 그의 옷을 입을 때면 극도의 주의를 기울였다.

하지만 내가 베카의 결혼식에 입고 간 드레스는 처참한 실패작이었다. 드레스는 어깨를 드러내는 디자인이었는데, 재단이 너무 깊어서 자꾸만 아래로 흘러내렸다. 나는 가슴이 노출되는 것을 피하고자 쉴 새 없이 옷을 추켜올려야 했다. 게다가 허리가 너무 끼어서 숨조차 쉬기 어려웠으며, 얇은 모직으로 만든 드레스는 엄청나게 구김이 잘 가서 결혼식이 열린 부모님의 집에 도착한 순간 아코디언 주름처럼 구겨져 있었다. 끔찍하고 끔찍한 시간이었다. 나는 식이 진행되는 동안 펌프스 뒤축을 잔디 속에 쑤셔 박고 서 있었다. 바보 천치가 따로 없는 느낌이었다.

그때 나는 벌써 줄리안에게 상당한 공포를 느끼고 있었다. 우리는 쉴 새 없이 싸웠다. 분노와 악의의 벽이 두 사람 사이에 두껍게 자리 잡았고, 감정적 폭발은 일상적이었다. 때로는 내가 폭발했고 때로는 그가 폭발했다. 일주일이 멀다 하고 도화선에 불꽃이 튀었고, 곧이어 분노의 연쇄 반응이 일었다. 우리가 커플 치료를 받을 때, 그는 '잠재력'이라는 표현을 자주 썼다.

"캐롤라인에게는 잠재력이 많아요. 하지만 그게 도대체 언제 실현될지, 그때까지 기다릴 수 있을지 모르겠어요."

줄리안은 잔인할 만큼 정직한 사람이었다. 그의 말은 가감 없는 사실 그대로였다. 그는 나를 사랑했지만, 그가 볼 때 나는 너무나 연약하고 불안하고 혼란스러웠다. 그래서 내가 그 모든 것을 이기고 강한 사람이 되어야 한다고 생각했다.

물론 그의 말은 옳았다. 나는 연약하고 불안하고 혼란스러워서 언제나 그에게 반박할 말이 부족했다. 하지만 그런 말을 하는 그가 미웠다. 나를 있는 그대로 사랑하지 않고, 자신이 원하는 모습으로 변화한 나를 사랑하는 그가 미웠다.

베카의 결혼식에서 나는 그에게 총이라도 쏘고 싶었다. 그의 옷차림은 나보다 훨씬 훌륭했다(그가 입은 값비싼 이탈리아제 정장은 필렌스

베이스먼트 할인점에서 세일할 때 산 것이다). 그는 친척들하고도 나보다 잘 어울려서 여기저기 허물없이 돌아다니며 이야기를 나누었고, 낯선 하객에게도 상냥하게 인사를 건넸다. 예전에 나한테 보여주던 다정한 모습 그대로였다.

나는 샴페인을 들이키며 그의 곁에 있었다. 사람들의 눈에 아름답고 세련된 커플로 비치고 싶지만, 현실은 그렇지 않다는 걸 잘 알았다. 나는 연어를 딜 소스에 찍어 먹었고, 케이크를 엄청나게 먹어댔으며, 집으로 돌아갈 때가 다가오자 베카를 끌어안고 울음을 터뜨렸다. 내가 운 것은 어머니가 베카를 너무도 대견하게 바라보았기 때문이다. 또 아버지가 의자에 올라가 한바탕 연설을 했기 때문이다. 베카의 쌍둥이로서 나는 인생의 낙오자가 된 것 같았기 때문이다. 나는 드레스 하나도 제대로 맞출 줄 모르는 바보였다. 남자친구와 싸우는 일밖에는 아무것도 할 줄 모르는 천치 바보.

내가 결혼식에 입고 간 핑크색 드레스는 내 인생에서 둘째로 끔찍한 드레스였다. 내 인생 최악의 드레스는 단연 라이크라 섬유로 만든 검은색 쫄쫄이 미니 드레스(앞에 펼쳐 들고 있으면 뒤꿈치 없는 기다란 양말처럼 보이는)였다. 그 드레스는 동거를 시작한 지 얼마 되지 않아 줄리안이 뉴베리 거리의 한 가게에서 발견한 것이다. 어느 주말 그는 나를 데리고 가서 그 옷을 보여주며 말했다.

"저 옷을 입으면 아주 예쁠 것 같아."

탈의실에서 옷을 갈아입고 나오는 내 기분은 반쯤 벌거벗은 듯 민망하기 짝이 없었다. 미끈거리는 수건 조각을 두른 느낌이었다.

"글쎄, 잘 모르겠네."

내가 망설였지만, 그는 만족했다.

"멋진걸."

나는 그 옷을 사서 신년 파티에 입고 갔다. 그런데 파티장에서 내 모습은 싸구려 속옷 모델과 다를 바 없어 보였다. 드레스는 목이 깊게 팼고 소매가 길었다. 치마는 쭉 잡아 늘이면 허벅지 중간까지 내려왔지만, 탄성 섬유로 만든 탓에 자꾸만 위로 올라갔다. 나는 그날 밤 내내 한 손에는 와인 잔을 들고, 다른 한 손으로는 치맛자락을 내려야 했다.

파티에 가기 전에 나는 줄리안과 다투었다. 내가 오븐에 버섯을 너무 오래 두어 요리를 망쳤다고 그가 화를 냈다. 그래서 나는 파티에서 외롭고 예민했다. 나는 검은 하이힐을 신은 채 불안하게 서서 몰래몰래 치맛단을 내리느라 안간힘을 썼다. 그때 술마저 마시지 않았다면 카펫에 주저앉아 눈물을 터뜨리고, 수치심에 죽어버렸을지도 모른다.

우리는 집에 돌아와 한바탕 또 싸웠다.

"그런 드레스를 입을 때는 단화를 신는 것이 상식이야."

그의 말은 내게 분노보다는 참담한 느낌을 안겨주었다. 줄리안의 말이 옳았다. 단화를 신었으면 섹시해 보이려다 싸구려가 돼버리는 상황은 피할 수 있었을 것이다.

우리는 어처구니없을 만큼 많은 시간을 내 옷차림 때문에 다투며 보냈다. 그것은 실상 나 자신, 우리 두 사람이 원하는 내 모습에 대한 다툼이었다. 줄리안은 〈보그〉나 〈엘르〉 〈하퍼스 바자〉 같은 잡지를 가지고 와서 화보를 들춰 보이며 말했다.

"이런 차림은 어때? 저 옷이 당신한테 잘 어울릴 것 같아."

이런 말은 내 마음에 수백 가지 복잡한 감정을 일으켰다. 먼저 나는 한없이 의기소침해지고 움츠러들었다. 내가 가지고 있던 옷들은 전부 쓰레기인 것 같았다. 또 불안하고 초조해졌다. 내 취향에 문제가 있는 것만 같았다. 그가 내게 입을 옷을 미리 말해주었으면 하는 바람과 정작 그런 말을 하는 그에 대한 분노 사이에서 널을 뛰었다.

우리가 함께 맞은 첫 크리스마스 때, 그는 내게 옷을 한 무더기 선물했다. 그 가운데는 검은색 면라이크라 혼방 미니스커트도 있었고, 검은색의 끈 속옷도 있었다. 그것들은 그때까지 받은 어떤 선물보다도 나를 혼란스럽게 했다. 그는 언제나 나에게 "당신을 표현해봐. 새로운 시도를 해봐"라고 말했다. 그리고 잡지의 화보를 보여주거나 옷을 사줄 때도 진정으로 나를 돕기 위해서라고 생각했다. 나는 도움이 필요하다는 신호를 보냈고, 실제로 그도 언제나 즐거워서 그런 역할을 하는 것은 아니었지만, 나 또한 그의 조언들이 내 마음을 얼마나 복잡하게 하는지 똑바로 말하지 못했다.

그래서 대개 나는 아무 말도 하지 않았다. 대신 식탁에 펼쳐진 가슴 큰 여자들의 사진들(거기다 망사 옷을 입고 가죽과 뼈로 된 장신구를 한)을 내려다보며 고개만 끄덕일 뿐이었다. 그럴 때마다 마음 깊은 곳이 오그라드는 것 같았다. 어떤 때는 내 안에 아주 작은 또 다른 사람이 꿈틀대는 것이 느껴졌다. 시간이 지날수록 그의 분노는 점점 커졌다. 하지만 그는 갈수록 작아지고 또 작아져서, 결국은 아무 목소리도 낼 수 없게 되었다.

나는 한 달에 한 번 이상 베카에게 전화를 걸어 울음을 터뜨렸다.

"줄리안이랑 싸웠어."

나는 훌쩍이다 금방 서럽게 흐느끼곤 했다. 그러나 그때까지도 내가 마시는 술과 내가 흘리는 눈물이 서로 연관 있다고는 생각하지 못했다. 줄리안과 내 관계에는 술이 너무도 깊게 엉켜 있어서, 어느 한쪽을 포기하지 않고는 다른 한쪽도 버릴 수 없다는 것을 아주 늦게야 깨달았다.

베카는 그 관계를 일찌감치 간파했다. 그래서 이따금 그런 사실을 지적해주었다. 내가 울적하고 답답해서 전화를 걸면 베카는 이렇게 말했다.

"그 관계에서 벗어나려면 술을 끊어야 해."

하지만 나는 그 말을 이해하지 못했다. 그것은 너무 단순하고 냉정한 시각 같았다. 그때 나는 줄리안이나 알코올이 없으면 당장 죽을 것 같았기에, 그 어떤 말을 들어도 움직이지 않았다. 그 후로 5년이 더 지나도록 나는 그 자리에 그대로 남아 있었다.

진성 알코올 중독자는 대개 무력한 사람들이다. 적어도 그들 마음으로는 그렇게 느낀다. 그런 것은 겉으로 봐서는 알 수 없다. 특히 적응형 알코올 중독자는 더욱 그렇다. 그들은 개인 능력의 지표가 되는 직장, 가족, 은행 계좌 같은 온갖 부속물을 무사히 유지한다. 하지만 뒤로 한 발짝 물러서서 그 휘장의 안쪽을 보면 사정은 전혀 달라진다. 알코올 중독에 빠져 있으면서 자기 인생을 능동적으로 살아갈 힘이 있는 사람은 없다. 그들의 힘은 모두 술에서 나온다.

나는 줄리안과 함께 있는 동안 무력감에 시달렸고, 그래서 술을 마셨다. 술은 내게 다른 힘을 주었다. 물론 그것은 거짓된 힘이었지만, 그나마 내게 있는 유일한 힘이었다. 동거를 시작할 무렵, 이미 줄리안 앞에서 내 의지대로 할 수 있는 것이 거의 없었다. 그에게 위협을 느꼈고, 그가 떠날 것이 두려웠다. 우리는 우리 관계를 두고 끊임없이 싸웠다. 그는 나더러 너무 수동적이고 나약하다며 불만을 터뜨렸다. 그는 나에게 나 자신을 표현할 것을 요구하고 또 요구했다.

"내게는 강한 사람이 필요해."

그의 말은 평생토록 내 머릿속에 울리던 목소리(나는 부족해, 나는 남자의 사랑을 붙잡아둘 능력이 없어)와 닮아 있었다. 퇴근 후 집에 돌아오면, 나는 구명 밧줄을 붙잡듯 와인 병에 손을 뻗쳤다. 그것은 본능적이고 필사적인 몸부림이었다. 줄리안의 곁에서 긴장을 늦출 수 있는 수단은 술밖에 없었다. 그것은 오래전에 아버지의 곁에서 겪은 무기력함과 같은 빛깔의 느낌이었고, 나 역시 그때와 똑같은 수단으로 그에 맞섰다.

우리는 매일 밤 술을 마셨다. 와인 애호가인 줄리안은 와인 두병을 가져와서 비교하며 마시는 행위가 잦았다. 먼저 술잔에 와인을 조금 따라서 살살 흔들고서 불빛에 비춰본다. 그러고는 와인의 코는 어떻고 다리는 어떻고 하며 평을 한다. 때로는 나에게 와인 관련 질문을 하기도 했다.

"맛이 어때?"

그가 나에게 묻는다.

그는 언제나 아주 구체적인 표현("블랙베리의 느낌이 나는걸" 혹은 "타르질의 여운이 있어" 같은)을 원했다. 그러면 나는 대개 마음에도 없는 소릴 해서 그의 비위를 맞췄지만, 속으로는 '그냥 술이나 따라, 인마' 하고 이죽거렸다. 그리고 그가 술을 인색하게 따르는 것에 분개했다. 인정하고 싶지 않지만 나는 어느새 고급 보르도 와인과 싸구려 부르고뉴 와인의 차이점은 별로 신경 쓰지 않았다. 그리고 줄리안이 잠시 자리를 비우면 얼른 술병을 들고 잔 꼭대기까지 철철 따라 부었다.

세월이 흐르면서 나는 '자아상 결핍'이나 '자부심 결핍' 같은 말을 혐오하게 되었다. 도대체 이 말들은 무슨 뜻인가? 날마다 헤아릴 수 없이 많은 여자가(그리고 상당수의 남자가) 자신의 존재 가치를 상실시키는 사람에게 빠져들어 자신에 대한 두려움을 키워간다.

'너는 꼴불견이야, 너는 매력 없어, 너는 결점투성이야, 네가 그나마 운이 좋은 건 그 모든 문제에도 너를 계속 참아주는 나를 만났다는 거야.'

이런 감정은 자아상 결핍 같은 진부한 어떤 것에서 비롯하는 것이 아니라, 근원적인 자기혐오에서 뻗어 나온다. 그리고 마침내 우리는 이런 감정 자체에 중독되어, 자신의 혐오스러운 이미지에 매달린다.

나는 줄리안에게 매달렸다. 그가 진정한 내 모습(꼴불견에 매력 없고 결점투성이인)을 잘 안다고 생각했기에, 또 그런데도 그가 나를 사랑해주기 원했기에, 나는 그가 머지않아 나에 관한 인내를 접고 떠날 것으로 생각했기에, 그에게 매달렸다. 또 그에 대한 대안이 너무 끔찍했기에 그에게 매달렸다. 그를 떠나려면 내 존재 가치를 느낄 수 있어야 했고, 그가 내게 불만을 암시할 때마다 가슴속에서 튀어 오르는 깊은 분노를 인정해야 했다.

이런 지독한 자기혐오가 어디서 비롯되었는지 모르겠다. 하지만 그건 중요한 것이 아니다. 나는 심리치료실에서 그 감정을 분석하며 많은 시간을 보냈지만, 그 분석 내용을 토대로 행동할 만한 새로운 버전의 나를 형성할 기력이 없었다. 그래서 계속 그렇게 마비된 상태로 지냈다. 나 자신의 무가치성의 뼈저린 인식 때문에 줄리안의 어깨너머로 반 벌거숭이 여자들의 사진을 보며 계속 고개를 끄덕였다. 그리고 그로 말미암아 신년 파티에서 라이크라 미니드레스의 치맛단을 붙들고 쩔쩔맸고, 그로 말미암아 밤마다 술병을 집어 들었다.

그 무렵 나는 술보다 줄리안에게 더 중독되었다. 내 세계는 점점 작아졌다. 줄리안이 내 정신 대부분을 차지하고 있어서, 다른 일에는 신경 쓸 여유가 없었다. 사무실에 출근해서도 온종일 그에게 내 심정을 하소연하는 편지만 써댔다. 만나는 친구도 줄었다. 머릿속에는 온통 줄리안뿐이었다. 그가 나에게 한 말, 내가 대꾸한 말, 그 말의 의미는 무얼까 생각하고 또 생각했다. 그러다 보니 다른 사람들을 만나는 일이 점점 힘들어졌고, 줄리안 이외의 일에는 신경 쓰기가 어려웠다.

베카가 결혼한 해 여름, 어머니는 척추와 대뇌에 종양 진단을 받았다. 1982년에 치료한 암이 재발했다. 어머니는 그때 치료받고 나서 5년이 넘도록 재발의 징후를 보이지 않았다. 통계적으로 5년이 지나면 재발 우려가 크게 떨어지는 것이 정설이었기에, 우리 가족은 모두 안심하고 있었다. 그런데 그 암이 돌아온 것이다. 어머니는 방사선 치료를 받았고 타목시펜 약물치료를 받았다.

베카와 나는 담당 의사를 만나서 진단 결과를 전해 들었다. 의사는 매우 직접적으로 말했지만, 그 내용은 아리송하기만 했다. 어머니는 결국 암으로 돌아가실 테지만, 그게 언제가 될지는 알 수 없다는 것이었다.

의과대학을 갓 졸업해서 의학 지식이 나와는 비교할 수 없이 월등한 베카는 그의 말에 기겁했다. 10년 생존 가능성보다는 2년 생존 가능성이 더 크다는 것이었다. 하지만 나는 그런 가능성의 깊이를 잴 수 없었다. 게다가 온 정신이 줄리안에게 쏠려 있던 터라, 내 문제만도 감당하기 어려웠다. 그 여름 내가 어머니의 건강을 걱정하며 보낸 시간은 어처구니없을 만큼 적었다.

하지만 부모님의 결혼 생활에 관해서는 생각이 많았다. 아버지와 나는 그때도 50분짜리 점심 만남을 이어갔는데, 그럴 때 이따금 어머니하고는 잘 지내시느냐고 물었다. 파경 위기를 겪고서 두 분은 커플 치료를 받았고, 얼마간 평화를 회복한 것 같았다. 아버지는 언제고 명료한 표현을 하지 않았다. "잘 해내고 있다" 아니면 "별문제 없다"가 전부였다. 하지만 내가 볼 때 두 분은 상대의 한계를 인정하고 포기할 것은 포기한 채 둘 사이에 공유한 소중한 것들(지적 교감, 마서스비니어드의 별장, 그리고 우리)을 지키며 살기로 한 것 같았다.

나는 그런 상태가 영 석연치 않았다. 집에 가면 두 분은 여전히 긴장된 침묵 속에 앉아 있었고, 나는 그 모습을 보며 생각했다.

'나는 이런 상태로 만족할 수 없어.'

줄리안과 내 관계가 아버지와 어머니의 관계보다 하등 나을 게 없었지만, 불꽃이 튀고 서로 물고 뜯는 우리 관계는 내게 기묘한 에너지를 주었다. 악다구니가 침묵보다는 나았다. 분노가 인내보다는 또렷한 얼굴을 지녔다.

줄리안은 내 인생을 성형했다. 그 성형을 통해 내 인생이 점점 더 흉측하고 뒤틀린 형상이 되어갔다 해도, 그와 나누는 격렬한 관계는 내 정신에 긴장의 초점을 제공했다. 어머니와 아버지 사이에 흐르는 흐리멍덩한 불행보다는 내가 겪는 날 선 갈등이 바람직해 보였다. 그렇게 싸우면서도 줄리안은 늘 내 사무실에 전화를 걸어주는 사람이었고, 집에 돌아가면 내가 기쁨을 주어야 할 대상이고, 목표며, 생활의 동반자였다. 물론 집착의 대상이기도 했다. 나는 그와 함께 살던 시절에 잠을 이루지 못하고 새벽 1~2시에 아래층 거실에 내려와 코냑 병을 마주하던 날이 많았다. 그럴 때마다 창밖을 내다보며 걱정했다.

'뭐가 문제지? 왜 우리는 만날 싸움만 하지? 나는 왜 저 남자를 이렇게 두려워하는 거지? 내가 느끼는 분노와 혼란은 뭐지?'

몇 시간이 그렇게 지나갔다. 그렇게 걱정하면서 술을 마시다 보면 어느새 잠이 들었고, 다음날이면 다시 똑같은 일과가 반복되었다. 직장에서 쓰는 집착의 편지, 집착의 생각, 한밤중의 말다툼 그리고 와인, 코냑. 중독은 언제나 원형 궤도를 그린다.

이런 식으로 감정을 다스리려고 술을 마신다면, 그 감정을 극복하는 일은 절대 불가능하다. 두려움과 분노를 잠재우려고 술을 마신다면 우리는 이런 감정과 완전히 유리되어, 자신도 믿을 수 없고 자신의 판단과 정직성도 믿을 수 없다. 내가 AA 모임에 나간 지 얼마 되지 않았을 때, 30대 후반의 남자 한 명이 술만 마시면 여자친구와 무지하게 싸웠다는 이야기를 했다. 그는 알코올에 방출 효과가 있다고 했다. 술을 마시면 하루 동안 겪은 온갖 사소한 상처가 마음 깊은 곳에서 흘러나와 표면에서 요란스럽게 부글거렸다. 그는 곱상한 얼굴에 말투도 조용해서 도대체 저런 사람이 어떻게 싸움을 했을까 싶었지만, 술만 마시면 미쳐서 날뛰다가 다음날이 되면 아무것도 기억 못 하는 일이 비일비재했다고 한다.

여기저기서 사람들이 고개를 끄덕이며 발끝을 내려다보았다. '맞아. 나도 그런 적 있어' 하는 표정들. 알코올 중독자라면 누구나 경험하는 일이다. 술을 마심으로써 감정을 마비시키지만 그 감정에 다가가기도 하는 이율배반적인 경험, 술을 마심으로써 분노가 폭발하고, 술을 마심으로써 속에 있는 말을 다 퍼붓게 되는 경험.

나와 줄리안은 그렇게 살았고, 그렇게 마셨다. 어쩌다 며칠 혹은 몇 주가 아무런 다툼 없이 지나가기도 했지만, 언제라도 폭발은 다시 일어났다. 속에서 부글거리던 분노가 확 끓어 넘치면 나는 술을 마셨다. 그것은 줄리안과 함께 사는 괴로움을 덜어주는 듯하면 서도 언제나 나를 본래 자리로 돌려놓는 방출의 음주였다.

그러던 어느 가을날 오후, 회사에서 조퇴하고 장을 보러 갔다. 싸움이 벌어질 때마다 줄리안이 내가 그를 위해 해주는 것도 없고, 관계 개선을 하려는 구체적인 노력도 하지 않는다고 핀잔을 주었다. 그런 말을 들으면 내 마음은 격심한 갈등에 휘말렸다. 한편으로는 그의 말을 수긍하면서도, 또 한편으로는 내가 그를 행복하게 해주려고 쏟아부은 노력을 그가 인정하지 않는다는데 분노가 치밀었다. 하지만 대개는 결국 수긍하는 쪽으로 기울었다. 그날 나는 네 곳의 가게에 들러 그가 좋아하는 온갖 음식 재료를 샀다. 아루굴라, 브로콜리레이브, 방목 사육 닭, 올리브 두 가지, 그러다 마지막 가게에 들렀더니 딸기를 팔고 있었다. 가격이 엄청나게 비쌌지만 싱싱해 보여서 그것도 샀다. 그리고 집으로 돌아와 장바구니를 조리대에 내려놓고 하나하나 꺼냈다. 줄리안이 나를 가만히 지켜보았다. 그 무렵 우리 관계는 말 한마디만 꺼내면 싸움이 벌어질 만큼 긴장 상태였다. 그가 나한테 장을 봐와서 고맙다고 했던가? 기억이 안 나지만, 그가 한 말은 아직도 생생하다.

"캐롤라인, 이 계절에 딸기를 왜 산 거야? 제철이 아니잖아."

그런 식의 말은 내 마음에 들러붙어서 며칠이고 떨어지지 않았다. 하지만 마음 한구석에선 그런 말을 반겼다. 줄리안이 그런 정 떨어지는 말을 자꾸자꾸 해서, 내가 그걸 잊지 않고 간직했다가 나중에 그를 원망할 수 있기를 바랐다. 그래서 어떤 때는 며칠 동안 분노가 무르익기를 기다렸다가 기회를 놓치지 않는 타격으로 원하던 싸움을 얻어내기도 했다.

딸기 사건이 있던 날 밤, 우리는 함께 칵테일 파티에 갔다가 술도 더 마시고 식사도 할 겸 보스턴 시내의 한 바에 갔다.

줄리안이 갑자기 나를 바라보며 물었다.

"당신이 내 옷 가운데 하나를 버릴 수 있다면 무얼 버리겠어?"

나는 뭐라고 대답해야 할지 몰랐다. 그는 옷에 대한 안목이 뛰어났다. 그가 입는 옷은 무엇이나 잘 어울렸다. 하지만 술을 마실 때면 나는 그런 위험하고 도발적인 질문에서 빠져나오는 법을 모른다. 그저 던져진 미끼를 덥석 물고, 불난 곳에 부채질할 뿐이다.

나는 담배를 피워 물고 말했다.

"그러면 그걸 나로 바꾸면? 당신이 내 옷 가운데 하나를 버린다면 뭘 버리겠어?"

그날 밤 심기가 사나웠던 나는 이미 취한 상태였지만 더 망가지고 싶었다. 그리고 내가 원하던 것을 얻었다.

"당신이 운동할 때 입는 녹색 티셔츠."

그는 덧붙였다.

"굳이 입겠다면 적어도 셔츠를 안으로 넣으면 좋겠어."

그의 독설은 내 분노를 촉발하는 도화선이 되기에 충분했다. 나는 담배를 피우며 운동하는 내 모습을 못마땅하게 바라보는 그를 떠올렸다. 나를 바라보면서 '저 녹색 티셔츠는 안으로 넣어 입어야 하는데,' 생각하는 그를. 나는 그때 이미 만취 상태라서 무슨 일이 일어났는지 자세히 기억하지는 못한다. 분명한 건 내 속에 있던 분노에 찬 작은 사람이 튀어나왔다는 것이다. 나는 화가 나서 참을 수 없었다. 금방이라도 터져버릴 것 같았다.

우리는 곧 그 바를 나왔다. 그리고 집으로 오는 길에 펄펄 뛰며 싸웠다. 앞뒤 가리지 않고 질러대는 고함이 몇 시간 동안 난무했다. 누구의 처지가 더 가련한지, 누가 누구를 실망시켰는지 하는 뻔한 비난과 욕설의 막장 드라마였다.

그러던 어느 순간 줄리안이 나를 보고 말했다.

"이제 우리가 같이 살 필요는 없는 것 같아. 이만하면 충분해."

줄리안의 말은 옳았다. 애초에 함께 산 것이 잘못이었다. 우리는 상대를 더 비참한 수렁으로 몰아가고 있었다. 하지만 다음날 잠에서 깨자 모든 것이 초현실적으로 느껴졌다. 분노는 사라지고, 기억에 남은 것은 옷이 어쩌고 하던 말도 안 되는 대화와 고함, 자기 통제력이 빠져나가는 느낌, 혼자 남는 것에 대한 두려움뿐이었다. 우리의 대화는 반도 기억나지 않지만, 내가 이성적인 방식으로 분노를 표출하지 않았음은 분명했다. 나는 진실로 그 밤을 무르고 싶었다. 내가 한 말을 모두 주워 담고 다시 시작하고 싶었다.

줄리안과 다툰 다음 날이면 내 마음은 늘 그렇게 혼란의 도가니였다. 마치 지난밤에 광기와 혼돈의 별에 갔다 온 느낌이었다. 나는 그 무렵 가장 절친하게 지내던 일라이자와 저녁을 먹으며 지난밤의 일을 시시콜콜(줄리안이 뭐라고 했는지, 내가 어떻게 대꾸했는지, 그 속에 담긴 뜻은 무엇인지 등을) 설명했다. 선량한 그녀는 내 기운을 북돋기 위한 말을 열심히 해주었다.

"너도 행복할 권리가 있어. 그게 전부 네 잘못은 아니야."

그러면 나는 술잔을 내려다보며 고개를 끄덕였다. 하지만 그녀의 말을 믿지는 않았다.

술을 마시고 줄리안과 싸울 때는 마치 화산이 폭발하듯이 내 안에 숨어 있던 온갖 끔찍한 것들(분노와 불안, 원한 같은 것들)이 사납게 쏟아져 나왔다. 나는 정말 나쁜 사람인데, 내가 이렇게 나쁘다는 걸 아는 사람은 줄리안뿐이니, 이 세상에서 나를, 진정한 나를 이해하는 사람도 오직 줄리안뿐인 것 같았다. 자기혐오가 들끓으면서, 그를 잃을 거라는 두려움도 함께 끓어올랐다. 나는 일라이자에게 그런 말까지 하기는 두려웠다.

'나는 정말 거지 같은 여자친구야. 딸기도 살 줄 모르잖아. 너는 몰라.'

그 싸움이 있고 나서 나는 집을 보러 다녔다. 내 처지는 참담했다. 그래서 술을 더 마셨다. 누구라도 그럴 수밖에 없지 않은가? 나에게는 술이 필요했다. 숙취가 악화하면 그만큼 내 인생도 악화하였다. 의존성이 높아질수록 일과 후에 술을 마셔야 한다는 집착도 더 강해졌다. 그리고 이 모든 것은 어쩔 수 없는 상황이라 여겼다. 어려움이 걷히면 술을 줄여야지. 술 마실 이유가 줄어들면 반드시 줄이고 말 거라고 다짐했다.

"너라도 나 같은 처지라면 술을 마셨을 거야. 나는 술 마셔서 불행한 게 아니라 불행하니까 마시는 거라고."

이것이 바로 지상의 모든 알코올 중독자가 되뇌는 논리다.

이런 패턴이 고착될수록 음주는 지속하고 증대한다. 시간은 흐르지만 변하는 것은 아무것도 없다. 마냥 기다릴 뿐이다. 기다리면서 술을 마신다. 술을 마시는 동안 우리의 두 발은 점점 더 깊은 곳으로 빠져든다.

술을 끊은 사람들이 대부분 그런 느낌을 말한다. 인생이 움직임을 잃고 색깔을 잃고 마침내 덜컥 멈춰서는 듯한 느낌. 우리가 도달한 곳은 전혀 원하지 않던 곳(마음에 안 드는 직장, 건강하지 않은 관계)이고, 탈출구는 짐작되지 않으며, 상황을 변화시킬 방법도 보이지 않는다.

고통은 격심해진다. 괴로움 속에 허덕이는 동안 우리는 하루하루 위엄을 잃어가고, 두 발은 바닥에 더욱 찐득찐득 들러붙는다. 누군가 이 상황을 설명해주었으면. 도대체 누구의 잘못인가? 내 애인이 문제인가? 직장 상사가? 가족이? 아니면 그냥 불행하게 사는 것이 내 운명인가? 진실은 흐려진다. 다시 한번 폭음에 빠지고, 다음날이면 아무것도 기억하지 못한다. 무얼 가지고 싸웠는지, 어쩌다가 이 사람의 침대에 오게 되었는지, 전날 밤에 무슨 일이 있었는지 기억하지 못한다. 그리고 내가 왜 이렇게 비참해졌는지, 왜 이렇게 우울증과 원망에 찌들게 되었는지 이해하지 못한다. 그래서 또 마신다. 당연히 또 술을 마신다. 하지만 참을 수 없다. 너무 고통스럽다. 그리고 술은 그런 느낌을 내칠 확실하고도 유일한 방법이다.

우리를 둘러싼 둥근 궤도는 좁아지고, 순환이 일어난다. 중독의 춤 한가운데 서 있으면 무대에서 나갈 통로는 보이지 않는다.

A Glimpse

...

줄리안은 가구에 달라붙은 나를 떼어내서 아파트 밖으로 쫓아
내다시피 했다. 나는 그 정도로 그에게 매달렸다. 악착같이 매달렸
다. 막무가내로 울고불고했다. 그에게 길고 긴 편지를 써서, 원하
는 대로 변하겠다고 약속하며 용서를 빌었다. 하지만 결국 나는 그
의 집을 떠났다. 서른 번째 생일을 며칠 앞둔 때였다. 내가 구한 집
은 창고를 개조한 스튜디오였는데, 천장이 높고 벽난로가 있으며
창밖으로 보스턴의 멋진 스카이라인이 내다보였다. 아주 예쁜 집
이었지만, 그런 건 아무래도 상관없었다. 내가 그 집을 택한 이유
는 그곳이 줄리안의 집에서 매우 가까웠기 때문이다. 반 블록, 정
확히 예순다섯 발자국 떨어져 있었다.

하지만 그렇게 정신을 잃은 상황에서도 때로는 진실의 빛을 감
지하는 법이다. 그의 집에서 나오고 2~3주가 지났을까, 나는 심리
치료사에게 전화를 걸어 긴급 상담을 요청했다.

"오늘 시간 있으세요?"

갈라진 내 목소리에서 그는 절박감을 눈치챘을 것이다. 그날 오후 2시로 약속이 잡혔다.

상담실은 매사추세츠 종합병원 7층에 있었다. 숙취가 너무 심해서 당장 쓰러져 죽거나 모두 토해버릴 것 같았다.

"알코올이 저한테 심각한 문제가 되는 것 같아요."

나는 감정을 배제하고 사무적인 어조로 말했지만, 마음은 두려움에 출렁거렸다.

"무슨 일인지 말해봐요."

치료사가 의자에 등을 기대고 말했다.

나는 고개를 흔들었다. 똑같은 이야기. 줄리안 그리고 싸움. 동거를 끝내고서도 우리는 계속 만났고, 그 전날 역시 술에 취해 악을 쓰며 싸웠다. 아침에 깨어나면 늘 그랬듯이 어렴풋한 기억의 토막들만 남아 있다. 부엌에서 소리 지른다, 문을 쾅 닫고 나간다, 비틀거리며 밤길을 걷는다, 엉엉 운다, 집에 도착해서 그에게 전화를 건다, 더 싸우고 싶어서, 더 울고 싶어서, 내가 받은 상처를 그에게 이해시키고 싶어서, 하지만 그는 전화를 받지 않고 나는 침대에 쓰러진다.

치료사가 나를 바라보았다. 그는 1년이 넘도록 내가 줄리안을 헐뜯는 소리를 들었다.

"싸울 때마다 알코올이 곁에 있었어요. 술에 안 취한 적이 한 번도 없어요. 나 자신을 통제할 수 없어요."

그날 아침 일어났을 때 몸에는 아직도 술기운이 남아 있었다.

손이 덜덜 떨렸고, 후회와 모멸감이 몰려왔다. 뭔가 결정적인 기회를 날려버린 것 같았는데, 그게 무엇인지도 알 수 없었다. 샤워하고 옷을 입은 뒤 줄리안에게 전화를 걸었다. 여전히 전화를 받지 않았다. 그의 아파트로 가서 초인종을 눌렀다. 문을 열어주지 않았다. 출근해서 걱정하고 집착하고 나 자신을 욕하며 오전을 보냈다. 그리고 결국 심리치료사에게 전화를 걸어 약속을 잡은 것이다.

술 이야기를 꺼냈더니 약간 안도감이 들었다. 그동안 술 이야기를 전혀 안 한 것은 아니지만(내가 술을 좀 많이 마시는 편이라는, 술을 마셔서 싸움이 커졌다는 식으로), 온갖 합리화와 축소 속에 두루뭉술하게 표현한 것이 대부분이다. 만약 치료사가 그다음 주쯤에 술 문제를 물었으면 "아 네, 좋아지고 있어요"라며 넘어갔을 것이다. 하지만 그때 나는 정직해지는 것을 느꼈다. 술은 우리 관계를 둘러싼 한 가지 테마가 아니라 우리 문제의 핵심이었다.

나는 그에게 조용한 목소리로 물었다.

"술을 끊어야 할까요?"

나를 담당한 치료사는 과격한 선언이나 직접적 조언을 하는 사람이 아니었다. 하지만 그날 그는 분명하게 대답했다.

"네, 그러셔야 할 것 같습니다."

나는 사무실로 돌아가서 AA에 전화를 걸었다. 그날 저녁 백베이에서 모임이 있다고, 게다가 그 모임은 마침 초심자들의 모임이라고 했다. 머릿속에 한 장면이 떠올랐다. 내 또래의 젊은 전문직 여자들이 조용히 앉아 있고, 친절하고 온화한 중년 여자가 읽을거리를 나눠주는 모습.

그러나 교회 지하에서 열린 그 모임은 내가 상상하던 것과는 전혀 달랐다. 방은 동굴처럼 어두웠고, 철제 의자들이 줄지어 놓여 있었다. 두 사람에 하나꼴로 담배를 피워 물었고, 늙수그레한 남자들이 일회용 컵에 담긴 커피를 홀짝였다. 전문직에 종사하는 듯한 젊은 여자도 몇몇 보였지만, 전체적인 분위기는 칙칙하고 남자들 중심인 데다 낯설었다.

　사회를 맡은 나이 지긋한 남자가 서로 자기 이름부터 소개하자고 했다.

　"저는 조라고 하고요, 알코올 중독자입니다."

　"제 이름은 행크. 알코올 중독자입니다."

　내 차례가 되자 나는 간단하게 말했다.

　"전 캐롤라인입니다."

　그 모임의 형식이 어떤 것이었는지 기억나지 않는다. 아마 참가자들이 자유롭게 자기 생각을 발표하는 공개토론 모임이었던 것 같다. 내 기억에 뚜렷이 남은 사람은 추레한 청바지에 티셔츠 차림의 젊은이 한 명뿐이다. 스물다섯에서 서른 살 정도로 보이는 그는 구석 자리에서 일어나 자신이 느끼는 분노를 설명했다.

　"젠장, 금요일 저녁 아닙니까? 친구들은 모조리 술을 마시고 있어요. 도대체 내가 어떻게 해야 합니까? 친구들은 모조리 술꾼인데 말입니다."

　어떤 사람들은 AA 모임에 나가자마자 자신과 똑같은 사연을 듣고 크게 공감한다. 나는 그 젊은이의 이야기를 듣고 주변을 둘러보았다. 일회용 컵으로 커피를 마시는 노인들이 가득한 우중충한 방.

나는 생각했다.

'말도 안 돼. 이런 데서 내가 뭐 하는 거야? 여긴 내가 올 곳이 아니야. 나한테 안 맞아.'

나는 모임이 끝나자마자 자리를 떴다. 다시는 AA 모임에 나가지 않을 것 같았다. 나는 다짐했다. 어쨌든 술은 줄여야 한다. 과음은 피해야 한다. 절제하며 마셔야 한다. 그렇지 않으면 그 담배 연기 가득한 교회 지하실이 내 운명의 종착지가 될 것이다.

그날 밤 나는 술을 마시지 않았다. 한 방울도.

때때로 우리는 그렇게 뻔히 보면서도 행동에 옮기지 못한다. 결국 그날은 그 후 5년 동안 내가 술을 마시지 않은 단 하루로 남았다.

술, 그리고 줄리안도 마찬가지였다.

Double Life

. . .

알코올 중독의 폐해를 이야기할 때 빈번히 거론되는 수치가 있다. 연간 경제 손실 986억 달러(알코올 중독과 남용으로 생기는 의료비 지출, 생산성 저하, 알코올 연관 범죄, 교통사고, 화재 등의 비용을 모두 합한 수치)라는 것이다. 게다가 음주운전으로 말미암은 사망자가 연간 2만 3000명이고, 그밖에 다른 음주 사고로 죽는 사람이 3만 명이다. 그런데 그렇게 구체적이지는 않지만, 현실적으로 그 못지않게 큰 손해를 끼치는 영역이 있다. 그것은 바로 음주자 자신과 주변 사람들에게 입히는 상처다.

아버지가 돌아가시던 해의 어느 날, 베카가 전화를 걸어 울먹이며 말했다.

"이러다가 사랑하는 사람을 다 잃어버릴 것 같아. 너도 포함해서 말이야. 한밤중에 자다 깨서 네가 교통사고로 죽었다는 전화를 받을 것 같다고."

베카는 '음주운전을 하다가'라는 말은 하지 않았지만, 말할 필요가 없었다. 그건 뻔한 일이었으니까. 하지만 나는 베카의 말을 일축했다.

"바보 같은 소리. 내가 뭐 어떻다고 그래? 아무 문제 없으니까 걱정하지 마."

내 말투에는 자신감 대신 신경질이 배어 있었고, 베카도 더는 말하지 않았다. 그저 전화기에 대고 숨죽인 채 울음을 쏟을 뿐이었다. 전화를 끊자 죄책감이 좀 들었지만, 그보다는 짜증이 일었다. 나는 베카의 걱정을 뿌리쳤다.

'뭐야, 바보 같은 소리.'

그리고 와인을 땄다. 셔터가 내려지고 상황은 종료되었다.

'알 아논'은 알코올 중독자의 친구와 가족을 위한 12단계 프로그램이다. 이 프로그램의 주창자들에 따르면, 알코올 중독자는 적어도 네 명의 타인에게 영향을 미친다. 우리는 부모님, 애인, 동료뿐 아니라 우리와 인연이 있는 그 어떤 사람에게도 걱정을 끼칠 수 있다. 그들에게 화를 내고, 우리의 잘못을 덤터기씌우며, 그들을 저 멀리 밀쳐낸다. 우리는 그들을 마음속에 들이지 않고, 그들에게 우리를 이해시키지 않는다. 그들이 우리와 너무 가까워지면 우리의 본 모습에 기겁할 것으로 생각하기 때문이다.

그러다 보니 중증 알코올 중독자의 에너지는 많은 부분이 겉에 두를 휘장을 만드는 데 쓰인다. 멀쩡해 보이는 휘장, 사랑스러워 보이는 휘장, 가치 있어 보이는 휘장, 온전해 보이는 휘장을. 그렇게 해서 내면과 외면이 어긋난다. 버전 A와 버전 B. 이중생활은 갈

수록 교묘해지고 더 깊은 곳까지 뿌리 박힌다.

우리는 대부분 거짓말을 한다. 이것은 명백한 사실이다. 큰 거짓말도 하고, 작은 거짓말도 한다. 다른 사람에게도 거짓말을 하지만, 무엇보다 자기 자신에게 거짓말을 한다. 존 치버는 그의 일기에 이런 거짓됨을 알코올 중독의 가장 혐오스러운 특질로 들었다. 그의 글을 인용한다.

> 낮잠을 자면서 고된 일과를 탓한다. 캐비닛에 술병을 숨기면서 벽장에 숨기는 것보다는 현명하다고 생각한다. 아이와 함께 서커스에 가기로 해놓고 숙취 때문에 일어나지도 못한다. 노모에게 돈을 보내기로 해놓고 보내지 않는다.

큰 거짓말, 작은 거짓말, 알코올 중독자들은 들어나 봐야 별것도 아닌 사소한 것들까지 왜곡하고 조작하곤 한다. 내 친구 게일은 영화나 책에 관해서도 거짓말을 했다. 직장 동료가 책 이야기를 하면, 본능적으로 "나도 그거 읽었어" 하고 끼어든다. 실제로 읽었는지는 상관이 없었다. 또 사람들이 어떤 영화가 재미있다고 말하면 제목조차 낯설어도 자기도 재미있게 봤다며 맞장구를 쳤다.

평범한 사람들이 볼 때 이런 행동은 어리석기 짝이 없겠지만, 끊임없이 술을 마시는 사람들은 그 어떤 것에 관해서도(영화나 책에 대해서조차) 자신의 진정한 느낌을 알지 못한다. 그러다 보면 술꾼들은 과잉 반응이 몸에 밴다. 그렇게 의견이 있는 듯 꾸미는 것은 우리 내부에 진정한 의견이 없기 때문이다.

내가 술을 끊은 해에 만난 리넷이라는 여자는 거짓말을 너무 많이 해서 미쳐버릴 지경이었다고 했다. 이 사람 저 사람에게 한 모순되는 이야기들이 머릿속에서 뒤죽박죽 엉켜서, 자신은 이제 현실감을 완전히 상실한 같은 절망에 사로잡혔다. 그녀는 어머니에게 아파트의 창문에 방범창 해야 한다며 받은 돈으로 마약을 샀다. 회사에는 어머니가 위중한 병에 걸렸다고 휴가를 내고 사흘 동안 술에 빠져 지냈다. 남자친구를 속이고 다른 남자를 만나다가 그 남자도 속이고 또 다른 남자와 섹스를 했다. 어느덧 그녀의 인생은 거짓말로 쌓아 올린 합리화와 정당화의 거대한 봉우리가 되어 있었다.

서른네 살의 리넷은 150센티미터 정도로 작았지만, 웨이브 진 갈색 머리와 커다란 초록색 눈이 발랄한 아름다움을 풍겼다. 게다가 그녀의 밝은 표정은 무엇엔가 놀란 듯 천진한 인상이어서 이중생활을 한다는 사실이 더욱 믿어지지 않았다.

'당신이 그런 거짓말을 했다는 말이야? 당신이?'

나는 이런 질문을 쉰 번은 한 것 같다. 그녀는 못마땅하다는 표정으로 되물었다.

"당신은 안 그랬다는 말인가요?"

처음에 리넷은 남자친구 제이슨에게 거짓말을 했다. 그는 줄리안과 비슷한 인물이었다. 제이슨을 처음 만난 스물한 살 때부터 리넷의 인생은 온통 제이슨에 의해 지배되고 결정되었다. 그들은 5년 동안 함께 살았는데, 불행한 생활로 리넷의 음주량은 급격히 치솟았다. 익숙한 이야기였다. 내 이야기였고, 일레인의 이야기였으니까. 그녀는 제이슨 앞에서 철저히 무력했고, 그런 상황에 분노했고, 자기 자신과 끝없는 전쟁을 벌였다. 그를 떠나기에는 자신이 너무 불안했지만, 마취제 없이 견디기에는 그 관계가 너무도 불행했다.

리넷은 직장 동료 로버트를 꼬셨다. 사려 깊은 그는 제이슨이 준 결핍감과 그에 따른 깊은 욕구(애정과 접촉과 따뜻함에 대한)를 채워 주는 것 같았다. 하루는 퇴근해서 로버트와 함께 술을 마시고, 결국 로버트의 집에 가서 잤다. 일주일쯤 지나서 술에 취해 제이슨과 대판 싸우고, 그녀는 로버트의 집으로 갔다.

그녀는 곧 대책 없는 사이클에 휘말렸다. 두 남자와 잠자리를 같이하면서 자신의 행적에 관해 거짓말을 늘어놓고, 충동이 이끄는 대로 행동하고, 로버트에게 달려가고, 다음에는 제이슨에게 돌아가고, 끊임없이 변명거리를 만들고, 이야기를 지어내고, 합리화 논리를 개발했다.

"그건 정말 한 편의 거대한 드라마였어요."

어느 날 함께 커피를 마시는 자리에서 그녀가 말했다. 나도 고개를 끄덕였다.

"잘 알아요. 알코올성 드라마라고 할 수 있죠."

알코올 중독에 오래도록 빠져 있다 보면 비디오 속에 사는 듯, 남이 써준 대본을 읽는 듯, 인생의 사건에 무력한 느낌을 받는다. 인생은 수많은 장면이 뒤엉킨 꼴사나운 연극이 되고, 우리가 할 수 있는 것은 그저 맡은 역할을 소화하는 것이다. 왼쪽으로 입장, 오른쪽으로 퇴장, 대사를 읊고, 평론가들이 이 공연에 오지 않았기만

을 기도한다. 알코올 중독자들의 인생 대본에 핵심을 이루는 요소
는 바로 기만이다.

리넷은 로버트와 만난 일을 감추려고 그동안 어디서 무엇을 했
는지를 정교한 거짓말로 둘러댔다. 그래야 제이슨과 관계가 손상
되지 않을 테니. 진실을 감추는 한, 제이슨과 헤어진다는 두려운
가능성에 직면하지 않아도 되었다. 그녀는 로버트에게도 제이슨과
의 관계를 정교한 거짓말로 둘러댔다. 삼각관계가 만들어진 상황
에 관해 자신의 책임을 최소화하고, 제이슨을 떠날 의지를 늘 과장
했다. 그래야만 로버트도 끝까지 이 연극에 참여시켜, 그의 역할을
진행할 수 있었다. 이런 식으로 몇 달이 흘러갔다.

리넷은 제이슨과 있을 때는 죄의식을, 로버트와 있을 때는 결핍
감을 느꼈으며, 이런 감정은 두 상대를 먹이 삼아 쑥쑥 자라났다.
제이슨에 대한 죄의식이 커질수록 무력감도 커졌다. 그를 당당하
게 마주하는 일이 점점 어려워졌다. 그리고 무력감이 커질수록 로
버트에게 느끼는 결핍이 커졌다. 한 가지 감정이 다른 감정을 증폭
시켰다.

그녀의 반응은 당연히 술을 마시는 것이었다. 그녀는 죄의식과
혼란을 막으려고 술을 마셨고, 이중생활에 따르는 자기 일체감의
상실을 막으려고 술을 마셨고, 오늘은 이 남자와 자고 내일은 저
남자와 자는 정신적 고통을 마비시키려고 술을 마셨다. 이런 생활
이 1년 정도 이어져 두 관계가 이루 말할 수 없이 추악해지고 손댈
수 없을 만큼 꼬여버렸을 때, 리넷은 또 다른 남자 에드를 만났다.
그리고 그 남자와도 섹스를 시작했다.

AA에서 말하는 회복의 12단계 가운데 첫 단계는 이렇다.

우리는 알코올에 대해 자제력을 잃었음을 인정했다.
우리의 인생은 우리가 수습할 수 있는 범주를 넘어갔다.

리넷은 자신의 이 정교한 드라마를 가리키며 말했다.
"내 인생을 일컫는 말이에요."

줄리안의 집에서 나온 지 몇 달 뒤에 마이클을 만났다. 그러니
까 처음 AA 모임에 갔다가 도망쳐 나온 그 무렵이다. 그는 줄리안
의 안티테제였다. 나는 오랫동안 일라이자에게 마이클을 '안티줄
리안'이라고 말했다. 그만큼 그는 수수하고 다정한 사람이었다. 그
는 조건 없는 애정을 쏟을 줄 알았고, 버드와이저를 마시는 평범하
고 느긋한 남자였으며, 고급 패션 세계를 줄줄 꿰지도 않았다.

나는 그를 직장에서 만났다. 프리랜서 일러스트레이터인 그는
여성 잡지에 대한 특집 기사를 준비하고 있을 때 우리 회사를 방
문했다. 나는 〈글래머〉를 뒤적이고 있었다. 잡지에서 은색 망사 셔
츠를 입은 모델의 모습이 펼쳐지자, 내 옆에 다가와 있던 그가 놀
란 목소리로 말했다.

"우와! 벽난로 안전망으로 만든 옷 같네요!"

나는 웃었다. 마이클은 그런 사람이었다. 편안하고 여유롭고 애
정적인 남자를 원하는 내 마음속 한줄기 갈망에 들어맞는 남자였
다. 하지만 동시에 그는 세련되고 지적이며 강인한 남자를 원하는

다른 갈망과 충돌했다. 그래서 장장 4년에 걸친 알코올 드라마가 시작되었다. 나중에야 깨달았지만, 그것은 진실로 내가 수습할 수 있는 범주를 넘어서는 드라마였다. 두 명의 남자가 등장하고, 두 종류의 상반된 욕구가 춤을 추고, 너무 많은 술이 흐르는 미친 드라마.

마이클은 내가 만난 남자 중 가장 따뜻한 사람이다. 처음에 그의 집에서 밤을 보냈을 때, 그는 잠에서 깨어 나를 그윽한 눈빛으로 바라보며 말했다.

"어떻게 이런 일이 일어났을까? 복권이라도 당첨된 것 같은 기분이야."

밖에는 눈이 펑펑 쏟아졌지만, 그는 가게에 가서 달걀과 치즈, 우유와 신문을 사 가지고 왔다. 그리고 그것으로 오믈렛을 만들면서 코네티컷에 있는 어머니와 통화를 했다. 그가 커다란 그릇에 달걀과 우유를 넣고 휘젓던 모습, 어깨와 귀 사이에 수화기를 끼워 넣은 모습, 무슨 이야기를 하는지 구김 없이 웃던 모습이 아직도 생생하다. 그의 웃음소리는 깊게 울리면서도 꾸밈이 없었다. 그리고 전화를 끊기 전에 그는 어머니에게 사랑한다고 말했다. 그는 하룻밤을 같이 보낸 여자 앞에서 어색한 기색 하나 없이 "엄마, 사랑해요"라고 말할 수 있는 남자였다. 나는 생각했다.

'좋은 남자로군. 어머니를 사랑하는.'

마이클과 만나면 나는 스펀지처럼, 또 굶주린 아이처럼 그의 애정을 정신없이 빨아들였다. 하지만 술에 취해 사는 사람들의 애로 사항 하나는 좋은 일이 찾아와 우리 눈을 깊이 응시해도 제대로 알아보지 못한다는 것이다. 너무도 많은 방해물이 우리 눈을 가리고 있다.

그날 아침 오믈렛을 먹고 나서 나는 소파에 앉아 이제 어떻게 할지를 두고 씨름했다. 바깥은 흐리고 눈이 거세게 쏟아졌으니, 오후 내내 마이클의 집에 머물러 비디오를 보는 것도 좋을 것 같았다. 하지만 줄리안의 그림자가 내 마음을 두드렸다.

'집에 가야 해. 줄리안이 전화했는데 내가 집에 없으면 어쩔 거야? 줄리안이 연락할 수 있는 거리에 있어야 해.'

그것은 한시도 끊이지 않는 마음의 전쟁이었다. 마이클에게 끌려 앞으로 가다가 다시 줄리안에게 끌려 뒤로 돌아갔다. 그리고 내 정신력으로는 두 사람 누구에게도 정직한 모습을 보일 수 없었다.

나는 결국 마이클에게 말했다.

"집에 가야겠어. 오후에 할 일이 많아서."

마이클은 술을 즐겼지만, 알코올 중독과는 거리가 멀었다. 그는 멈춰야 할 때를 잘 알았다. 그래서 처음에 그는 내 음주를 정상적인 사회생활의 하나로 여겼다. 술 마시는 느낌을 좋아하는 여자일 뿐, 날마다 술에 젖어 사는 여자라고는 생각지 못했다. 실제로 내가 술을 얼마나 많이 마시는지도 잘 몰랐다. 그것이 네 가장 큰 거짓말이었다. 함께 저녁 식사를 하면 나는 언제나 술을 적당한 만큼(와인 서너 잔)만 마셨다. 그가 나를 바래다주고 간 뒤 내가 그만큼, 아니 그 이상을 더 마신다는 사실을 그는 꿈에도 생각지 못했을 것이다. 나는 꽤 오랜 시간이 지날 때까지 그 앞에서 심하게 취한 모습을 보이지 않았다. 그리고 몇 번인가 취했을 때는 우리가 서로 잘 모르는 사이였다.

줄리안과의 관계도 숨겼다. 마이클은 내가 그와 동거했다는 사실을 알았고, 우리가 여전히 만나고 있다는 것도 알았다. 하지만 나는 언제나 그 관계의 의미를 축소했다. 어느 날 내가 줄리안과 전화로 말다툼하는데 마이클이 집으로 찾아왔다. 그는 소파에 앉아서 통화 내용을 듣지 않으려고 애쓰며 30분 동안 참을성 있게 기다렸다. 통화가 끝나자 그가 잡지를 보던 눈길을 들어 말했다.

"문제 있는 관계로군. 당신은 알아?"

그의 말투는 차분했지만, 아주 놀란 표정이었다. 그 후로 나는 마이클이 찾아오면 전화선을 뽑았다. 물론 줄리안이 찾아올 때도 마찬가지였다.

비틀린 드라마였고, 그 속에 거짓말이 거짓말을 키우며 자라났다. 나는 아직도 줄리안에게 인성받고 싶었고, 우리 관계가 망가진 건 내 잘못이라고 생각했다. 마이클과 함께하는 시간이 길어질수록 줄리안에 대한 죄의식이 커졌다. 나라는 인간은 이토록 한심하고 사악하니, 애초에 좋은 연애를 기대하는 것 자체가 말이 안 된다고 생각했다. 그리고 이런 감정이 깊어질수록 두 사람을 향한 내 태도는 거짓으로 두껍게 분칠 되어갔다.

이런 생활은 어처구니없을 만큼 오랫동안 이어졌다. 그리고 이런 하강의 행로를 견디게 한 마취약이 바로 술이었다. 나는 두 사람에게 매일같이 거짓말을 했고, 그런 이중생활의 괴로움 때문에 술을 더 마셨다. 줄리안과 만날 약속을 정한다. 줄리안이 말한다.

"수요일 어때?"

그날은 마이클과 약속이 있다.

"수요일은 일라이자랑 저녁 먹기로 했어."

마이클과 약속을 정할 때면 또 이렇게 말한다.

"하루쯤 아무 일도 안 하고 혼자 쉬고 싶어."

그리고 줄리안을 만나러 나간다.

하지만 나는 누구도 진실로 속이지 못했다. 심리치료사가 말했듯이, 내게는 내가 생각하는 만큼의 힘이 없었다. 줄리안의 집에서 나오고 나서 우리 둘의 관계는 점점 더 아리송해졌다. 줄리안도 나도 한편으로는 벗어나려 애쓰면서, 한편으로는 손을 꽉 움켜쥔 채 놓지 않는 그런 관계. 그 또한 다른 여자들을 만났고, 내가 마이클을 만나는 것도 알았다. 하지만 우리는 암묵적인 규칙에 따라 그런 사실을 언급하지 않았다. '묻지도 말고 말하지도 말라'는 이런 규칙은 우리 사이에 일정한 거리감을 주기는 했지만, 관계의 문이 닫히는 것은 막아주었다.

줄리안은 마이클의 존재를 알았지만, 그 관계의 강도는 알지 못했다. 마이클도 내가 줄리안을 만나는 것을 알았지만, 얼마나 자주 만나는지, 또 줄리안이 내 마음속에 얼마나 큰 자리를 차지하고 있는지는 몰랐다. 나는 때론 거짓말을 하는 대신 정보를 감추거나 사실을 조작해서 내 행동을 합리화했다. 나는 두 사람에게 상대에 대한 정보를 조금씩 주긴 했지만, 그것은 나 자신이 최악의 사기꾼이라는 자괴감이 들지 않을 정도에서 그쳤다. 나는 항상 다른 관계의 깊이를 숨긴 채, 두 관계를 모두 손에 쥐고 있다는 거짓된 환상을 유지했다.

이런 식으로 살다 보면 사람으로 체스를 두는 것 같은 느낌이 든다. 작전을 짜고, 다음 수를 구상하고, 상대의 수를 읽고자 전심 전력하는 게임. 회사로 전화가 걸려온다. 이런, 줄리안이다. 나는 지난밤을 마이클과 함께 보냈다. 줄리안이 그걸 짐작했나? 나를 떠보는 건가? 뭐라고 말해야 하나? 작전이 펼쳐진다. 목소리가 밝고 가벼워진다.

"오늘 아침에 전화했어? 샤워하고 나오는데 전화벨이 울리다가 끊어지더라고."

어디에 있었는지, 무엇을 했는지 줄줄 소설이 쓰인다. 그가 믿어준다. 휴, 안도의 한숨을 쉰다.

아니면 줄리안의 집에서 일요일을 보내면서, 마이클에게는 일라이자와 다녀올 데가 있다고 말한다. 그렇게 하루를 보냈는데 줄리안이 저녁까지 먹고 가라고 한다.

'아, 그래. 저녁 먹어야지.'

그렇게 대답하지만 머리카락이 쭈뼛 선다. 예상치 못한 상황이다. 그날 밤에는 마이클이 집에 오기로 했다.

'어떻게든 밖에 나가서 전화해야 할 텐데. 뭐라고 말하지?'

거짓말 위에 거짓말이 쌓인다. 줄리안에게 말한다.

"이런, 담배가 떨어졌어. 금방 사 올게."

얼른 집으로 돌아가 마이클에게 전화한다.

"아직도 일라이자랑 같이 있어. 저녁까지 같이 먹게 될 것 같아."

그리고 잠시 수다를 떤다. 아무 문제 없다는 목소리로. 그리고 다시 줄리안에게 달려간다. 의기양양하게 담뱃갑을 뜯는다.

후~유.

이런 치졸한 기만 행각은 참으로 한심하고 우스운 일이지만, 내 겉면을 멀쩡하게 유지하려면 더할 수 없이 중요한 것으로 여겨졌다. 그러다 상담실에 가면 나는 내 인생에 대해 울부짖었고, 치료사는 말했다.

"줄리안에게 사실대로 털어놓으면 어떨까요? 마이클은 또 어떨까요?"

나는 대답할 말을 찾지 못하고 고개만 저었다. 나는 솔직해지는 법을 몰랐다. 진실을 말하는 법을 몰랐다. 문제의 핵심은 그것이었다. 내 현실감은 기만과 짝을 이루고, 허위와 한 몸이 되었다. 솔직해진다는 것은 이런 전체 구조를 허무는 일이었다. 그동안 열심히 쌓아 올린 내 인상(나는 흐트러지지 않았어. 당신들이 내게 바라는 모습 그대로야)을 폐기하는 일이었다. 진실을 말하는 것은 내 전모를 드러내는 일이었다. 수치스럽기 이를 데 없는 내 결점과 약점, 혼란을 폭로하는 일이었다. 알코올 중독자라면 모두 이런 마음 상태를 안다. 마치 카드로 만든 집에서 사는 듯한 느낌. 카드 한 장이라도 빼내면(한 가지 거짓이라도 고백하면) 전체 구조가 와르르 무너져 내릴 것만 같다.

이런 기만의 이면에는 질긴 결핍이 숨어 있는데, 그것은 알코올을 향한 결핍과도 크게 다르지 않다. 리넷은 언젠가 이런 알코올성 드라마는 그 자체로 중독성을 띤다고 말했다. 나 또한 그 말에 동감한다. 우리는 자신의 욕구를 다른 사람에게(그들의 반응, 그들이 불러

일으키는 감정에) 결부시키는 데 너무나 익숙하여서 진실로 그들 없이는 살 수 없다고 믿고, 다른 방법으로는 우리의 깊은 욕구를 충족할 길이 없다고 믿는다. 그래서 우리의 에너지를 그 드라마에 집중해서, 거기 등장하는 모든 사람의 역할을 더욱 튼튼하게 엮어나간다.

내 드라마는 상충하는 양면적 감정에 기반을 두고 있었다. 줄리안은 내게 여러모로 아버지와 비슷한 존재였다. 나는 그에게 열등감을 느꼈고, 그의 승인을 갈망했으며, 그가 내 인생의 열쇠를 쥐고 있다고 믿었다. 이런 익숙한 느낌은 오래도록 나를 꽁꽁 옭아맸다. 그렇지만 마이클에게 느끼는 매력도 그에 뒤지지 않았다. 그의 다정함과 온화함이 충족시켜주는 욕구 또한 깊고 간절한 것이었다.

이 무렵 나는 매일 나 자신과 전쟁을 벌였다. 한편은 내가 사랑받을 자격이 없음을 증명하려고 안간힘이었고, 다른 한편은 그 반대를 위해 사력을 다했다. 내 마음 한쪽은 익숙한 가족 드라마의 반복을 원했고, 다른 한쪽은 그보다 튼튼한 관계를 열망했다. 이런 음과 양의 무도 속에 로맨스 생활은 이어졌다. 줄리안과 다툼, 마이클과 포옹. 줄리안의 비난, 마이클의 따뜻한 칭찬. 내 마음은 늘 전쟁 중이었고, 두 남자는 양쪽 진영을 대변했다. 줄리안은 내가 원하는 방식으로 나를 인정했고, 마이클은 내게 삶의 활력을 주었다. 나는 어느 한 쪽도 놓칠 수 없었다.

리넷도 마찬가지였다. 그녀 또한 각기 다른 남자들이 주는 각기 다른 위안을 찾아 강박적으로 달려갔다. 그녀의 전 존재는 그 관계들이 규정하는 각기 다른 방식에 묶여버렸다. 그녀는 어느 쪽도 놓아줄 수 없었다.

"중증 알코올 중독자들은 좌절에 대한 내성이 없어요. 충동에 의해 움직이죠. 원하는 걸 얻지 못하면, 당장 죽을 것처럼 괴로워요."

그녀가 말했다.

이런 마이클-줄리안 드라마가 1년쯤 이어졌을 때 나는 임신했다. 아기 아버지가 누구인지 알 길이 없었다. 마이클은 내가 임신 진단을 받을 때 함께 갔고(줄리안에게는 혼자 가겠다고 했다), 줄리안은 낙태 수술을 받던 날 함께 갔다(마이클에게는 일라이자와 함께 가겠다고 했다). 두 사람 모두 다른 사람의 개입 사실을 몰랐다. 나는 임신 사실을 오직 이 두 사람에게만 알렸다. 그래야 할 것 같았다. 나는 피임 기구가 불량이었다고 화를 냈지만, 사실은 술에 취해 피임을 잊은 것이 분명했다.

낙태를 하러 간 아침, 수술실 직원 한 명과 간단한 상담을 했다. 뚱뚱한 흑인 여자가 나를 친절하게 맞았다. 그녀의 역할은 내가 낙태의 의미를 정확히 아는지, 다른 대안은 없는지를 다시 생각해보게 하는 것이었다. 그녀는 나를 작은 방으로 데리고 들어갔다.

"기분이 어떠신가요?"

그때까지 눈물 한 방울 흘리지 않았는데, 그 말을 듣자 울컥 눈물이 차올랐다. 나는 타락한 것 같은 기분이 든다고 말했다.

"아이를 가질까말까 고민하는 그런 상태였다면 얼마나 좋았을까요. 하지만 지금 사정은 전혀 그렇지 않아요."

나는 목이 메었다. 안타깝기도 하고 부끄럽기도 했지만, 무엇보다 술에 취해서 나도 모르는 사이에 생명을 만들었다는 사실이 내 가슴을 짓눌렀다. 그 순간은 정말 필사적으로 다른 사람이 되고 싶었다. 다른 부류의 사람이 되고 싶었다. 한 남자와 결혼해서 단순한 인생을 살며 아이를 낳는 시골 아낙이 되고 싶었다.

상담을 마친 뒤 나는 대기실에 가서 5~6명의 여자와 함께 〈오프라 토크쇼〉를 보았다. 그날 토크쇼의 주제는 딸의 남자친구를 빼앗는 엄마들이었다. 다른 방식으로 인생을 망치는 사람들이 있는 걸 보니 약간 위안이 되기도 했다.

낙태를 한 뒤로 나는 줄리안과 잠자리를 하지 않았다. 우리 둘은 이 일에 대해서 아무 말도 하지 않았다. 이런 침묵에 휩싸이면서 우리의 관계는 더욱 모호한 영역으로 빠져들었다. 마치 만남은 계속하되 성적 접촉은 배제하자는 암묵적인 합의가 맺어진 것 같았다. 이런 변화는 나를 안도시켰다. 미약하게나마 죄의식이 줄어들었고, 위험 부담도 한 가지는 덜 수 있었다.

낙태 후 1년쯤 지났을 때 아버지가 병에 걸렸다. 그 무렵 나는 마이클의 집에서 보내는 시간이 점점 많아졌다. 그의 집이 부모님 집과 가깝기도 했거니와, 나에게는 그가 주는 위안이 필요했다. 그러다 보니 술을 숨기는 버릇이 생겼다. 집에 오는 길에 주류 판매점에 들러 금전등록기 옆에 진열된 미니어처 술병들을 본다. 격심한 피로와 침울함이 느껴진다. 온갖 스트레스가 어깨를 바윗돌처럼 내리누르면 '보험 삼아 사두는 거야. 꼭 필요할 때만 먹어야지' 생각한다. 그렇게 해서 핸드백에, 마이클 집에 마련된 내 전용 서랍에 미니어처 코냑을 숨기기 시작했고, 저녁이면 목욕 가운 주머니에 몰래 넣고 욕실에 들어가서 홀짝였다. 그래야 잠들 수 있었다.

그러던 어느 날 나는 이틀에 한 번꼴로 주류 판매점에 들러 미니어처 브랜디를 두세 병씩 사는 것이 민망해져서 아예 큰 병을 하나 통째로 샀다. 그것을 마이클 집 뒷문에 버려진 낡은 냉장고 뒤에 숨겨두고서, 밤이 되면 조용히 그리로 나가서 한바탕 들이켜곤 했다.

"담배 좀 피우고 올게."

나는 그렇게 말하고 뒷문으로 나갔다. 뒷문 현관은 별로 기분 좋은 장소는 아니었다. 겨울이면 추웠고, 낡은 가구와 페인트통 같은 것들로 지저분했다. 하지만 나는 그 틈바구니에 숨겨둔 술병을 꺼내서는 작은 천 의자에 앉아 술을 마시며 담배를 피웠다. 그러면 마음이 편안해졌다.

마이클은 내가 술을 감추는 건 몰랐지만, 지나치게 많이 마신다는 것은 알았다. 그렇지만 자신이 이 문제에 관여할 수 없다는 것도 알았다. 무수한 밤 나는 침대 위에 쓰러져 정신을 잃었다. 과음한 날은 악몽에 시달렸고, 그럴 때마다 사납게 뒤척이며 신음하고 이를 갈았다. 마이클은 기진맥진한 채 잠에서 깨기 일쑤였고, 자신이 마치 사나운 족제비와 함께 자는 것 같다고 말하곤 했다. 때로는 더 견디지 못하고 소파에 나가서 따로 자기도 했다. 아침에 깨어 그가 옆에 없으면 나는 '이런 젠장!' 하고 입술을 깨물었다.

그에게 사과했고, 그것은 언제나 진심이었다. 나는 거실로 나가서 소파에 누운 그의 몸 위로 기어 올라가며 속삭였다.

"나 때문에 잠을 못 잤지? 미안해, 마이클."

그러고서 이마에 키스하고 그의 가슴에 얼굴을 묻으면, 그는 나를 질책했다.

"이렇게 어물쩍 넘어가려고 하지 마."

그러면서 나를 가볍게 밀어냈다.

때론 그가 크게 화를 낼 때도 있었다. 그러면 나는 살그머니 빠져나와서 그가 분노를 삭일 때까지 기다려야 했다. 그러나 천성이 너그러운 마이클은 이런 갈등을 좋아하지 않았고, 아무리 크게 화가 나도 하루 이상 그런 상태를 지속하는 법이 없었다.

우리는 이런 일의 원인을 아버지의 병으로 돌렸고, 그다음에는 어머니의 병이 그 역할을 했다. 나는 이런 상황에서 어떻게 술을 안 마시느냐고 강력하게 주장했다. 부모님 집에 가지 않는 날은 적포도주 한 병과 여섯 개짜리 맥주 팩을 사 가지고 들어가서, 자못 위엄 있는 태도로 그것들을 부엌 식탁에 내려놓았다. 그러면 마이클은 내 태도의 심각성을 이해했다. 그는 이 시절의 나를 '와인 테러리스트'라고 불렀다.

'이 와인을 반드시 마시고 말 테다, 반드시.'

내 태도는 그렇게 말했다.

마이클도 이런 나를 방어하는 수단으로 술을 마셨지만 억지로 마실 때가 잦았다. 만약 그가 반 병이라도 마시지 않으면, 내가 한 병을 몽땅 마실 것이 분명했기 때문이다. 하지만 나는 와인 한 병과 맥주 몇 잔으로는 도저히 성이 차지 않아 비밀리에 보충했다. 그렇게 시간이 흐르자 이 행동은 아주 자연스럽고 나름대로 타당하며, 전적으로 상황에 따른 일이라고 여겨졌다.

그 무렵 나는 몹시 우울했다. 가족은 흩어졌고, 줄리안과의 관계는 여전히 그 타령이었으며, 스트레스는 격심했다. 나는 언젠가 이 모든 일을 끝낼 수 있다고 생각했다.

'상황이 나아지면 다 끝낼 거야.'

아버지가 돌아가시고 두세 달쯤 지난 어느 여름날 아침, 나는 숨겨둔 빈 병을 치우려고 뒷문으로 나갔다가 문이 잠기는 바람에 오도 가도 못 하는 신세가 되었다. 그날은 줄리안의 생일이어서 회사에 휴가를 내고 그와 함께 바닷가로 드라이브 가기로 약속했었다. 하지만 마이클에게는 그 사실을 알리고 싶지 않아서 베카를 만나러 간다고 거짓말을 해둔 상태였다.

냉장고 뒤에는 코냑 병뿐 아니라 스카치 병까지 있었다. 그래서 나는 마이클이 아침에 출근한 틈을 타서 증거를 은폐하려고 했다. 그런데 냉장고 뒤로 손을 뻗는 순간 등 뒤에서 문이 철컥 닫히더니, 집 안쪽에서 잠기고 만 것이다.

뒷마당으로 가는 문도 잠겨 있었다. 그 문은 밖에서 여는 문이었기 때문에 나는 안으로 들어갈 수도, 밖으로 나갈 수도 없는 처지가 되었다. 어깨에 핸드백을 메고 두 손에 빈 술병 두 개를 든 채 멍하니 서 있었다.

집 쪽의 문을 떨그럭거려보고, 뒷마당 쪽에 있는 문도 떨그럭거려보았다. 하지만 둘 다 꼼짝하지 않았다. 뒷마당 쪽 문을 쾅쾅 두드려보기도 했다. 집주인이 위층에 살고 있으니 혹시 그가 들을까 싶어서였다. 하지만 아무 일도 일어나지 않았다. 10여 분을 안달하며 서성거렸다.

'이런 젠장! 이제 어떻게 한담?'

그것은 정말 완벽한 상징이었다. 핸드백을 메고 빈 술병을 든 채 마이클의 집 뒷문 현관에 갇혀 있는 내 모습. 나는 그처럼 마이클의 집으로 돌아갈 수 없었다. 또 그처럼 두 관계의 중간에 갇혀 어느 한 쪽으로도 확고히 움직이지 못했다.

이런 식으로 사는 내가 혐오스러웠고, 언제까지 거짓의 드라마를 지탱할 수 있을지 암담했다. 이중생활은 내가 감당할 수 있는 수준을 벗어나, 독자적 생명체가 되어버린 것 같았다. 날마다 작전을 짜고, 헐레벌떡 뛰어다니고, 상대의 생각을 넘겨짚는 생활은 힘에 부쳤다. 때로는 내가 유리병에 갇혀 정신없이 몸을 부닥치는 파리같이 느껴지기도 했다. 그럴수록 내 마음에는 알코올에 대한 갈망만이 커졌다. 술은 그렇게 천천히 다가와서 우리 자신의 생각을 물리쳐주는 유일한 구원 수단이 된다.

그렇게 일은 흘러간다. 거짓말을 하고, 주변 상황을 비난하고, 자신의 행동을 합리화하며, 자기 방어벽만 높이 쌓아간다. 부정은 점점 테두리를 넓혀서(처음에는 그저 술 마시는 일을 부정하다가, 차츰 자기 자신을 부정하게 되고), 나중에는 말 그대로 진실에 까막눈이 된다. 이런 재난에 이르도록 자신이 어떤 역할을 했는지도 모르고, 자신이

285

누구인지도 모르고, 내가 무엇을 원하는지, 무엇을 선택할 수 있는지도 모른다.

이 무렵 이중 연애의 현란한 묘기 속에 내 인생은 마디마디 파편화되고 있었다. 다양한 가면이 점점 더 뚜렷한 형상으로 새겨지고, 그만큼 거짓의 두께도 커졌다. 회사에서 나는 진중한 기자이자 편집자였고, 줄리안의 집에서는 지성과 패션 감각을 겸비한 멋쟁이였으며, 마이클의 집에서는 조금 칭얼대는 여자친구였고, 부모님 집에 가면 도대체 내가 누군지 알 수 없었다(마지막의 내가 진정한 나에 가까웠다).

아버지가 돌아가시고 나서 음주량이 더 늘었다. 나도 이 사실을 잘 알았다. 하지만 아버지의 죽음과 그에 연이은 어머니의 발병이 훌륭한 핑곗거리가 되었다.

'그래 알아, 날마다 술타령인걸. 하지만 아버지가 돌아가시고 어머니가 투병 중이잖아. 그래 알아, 나는 두 남자 사이에서 꼼짝 못 하고 있어. 그렇다고 지금 와서 또다시 상실을 겪으라는 거야? 그래 알아, 내 인생은 난장판에 엉망진창이야.'

하지만 실제로 술이 한 일이라곤 파편화된 느낌을 가속하고, 통제력을 상실시킨 것뿐이었다. 술이 하는 일이란 것이 본래 그렇다. 인생이 추악해져서 술을 마신다. 그랬더니 인생이 더 추악해져서 더 마시게 된다. 이런 사이클이 반복되는 동안 우리는 점점 고립되고 더 막막해지며, 우리 자신이 만들어낸 이중성과 합리화, 혼란의 쳇바퀴에 갇혀버린다. 우리 앞에 두른 휘장과 진정한 내면의 간극은 계속 넓고 깊어져 간다.

스트레스가 늘고 절망이 쌓인다. 나는 미신을 믿는 편이라서, 십대에는 행운을 기원하는 나만의 몇 가지 행동을 열심히 했다. 차를 타고 묘지 옆을 지나갈 때 숨을 참는 일, 차를 타고 기찻길을 건널 때 바닥에서 두 발을 떼는 일, 그날 하늘에 가장 먼저 떠오른 별들을 보며 소원을 비는 일 등이 그것이다. 그때마다 내 소원은 아주 구체적이었다. '아무개가 내게 전화하게 해주세요' 아니면 '내가 이 회사에 취직하게 해주세요' 하는 식으로. 하지만 술 속에 빠진 채 이중 연애를 하던 시절, 그러니까 나에 대한 통제력을 점점 잃어가던 그 시절에는 구체적인 소원들이 모두 사라지고, 극히 막연한 소원만 남았다.

'마음에 평화를 주세요.'

하지만 실제로는 나 자신이 마음의 평화에 빗장을 닫아걸고 있으며, 술에 젖은 생활 탓에 그 거리가 점점 멀어진다는 사실은 알지 못했다.

알코올 중독자들은 술이 만들어낸 고통을 다스리려고 술을 마신다. 이는 술에 담긴 심대한 미스터리이자 역설이다.

'고통스럽다, 술을 마신다. 더 고통스럽다, 더 많이 마신다'

이런 과정의 연속으로 우리는 진정한 치유의 기회를 잃고 만다.

어느 날 마이클과 나는 그의 오랜 친구인 존과 앤드리아 부부를 저녁 식사에 초대했다. 변호사인 앤드리아는 갈색 피부에 초록빛 눈동자가 아름다운 흑인 여자로, 바네사 윌리엄스와 조금 닮았다. 존은 큰 키에 금발로, 목수 겸 극작가였다. 상냥하고 지적이며 위트가 넘치는 두 사람은 볼 때마다 더 친해지고 싶은 사람들이었다. 나는 그들에게 와인을 가져오라고 했다. 초대받은 손님들이 준비해갈 것이 없느냐고 물으면 나는 언제나 말했다.

"그냥 와인이나 좀 가져오세요."

그러다 보니 손님이 10명 오면 와인도 20병 정도 생겼다. 물론 마이클과 내가 미리 사둔 와인들도 언제나 모자람이 없었다.

우리는 치킨 카차토레를 만들었고, 나는 두 사람이 자리에 앉기 전에 올리브와 토티야 칩, 살사 접시를 세팅했다.

마이클은 늘 그렇듯이 내게 주의를 주었다.

"너무 초조해하지 마. 그리고 술을 조금만 조심해줘."

하지만 나는 그런 걱정은 귓등으로 넘겨버리고, 다시 고주망태가 되었다.

처음부터 그럴 생각은 아니었다. 진실로 그러고 싶지 않았다. 그렇지만 파티를 준비할 때는 늘 그랬다. 손님들이 오기 전부터 마음이 불안해서 맥주를 1~2병 마시며 요리를 하고, 손님들이 오면 더 불안해져서(뭐 부족한 게 없나, 음식을 내는 타이밍은 적절한가, 지루한 사람은 없나) 와인을 한 잔씩 돌린다. 그랬더니 내 잔이 순식간에 비어버려서 금세 다시 잔을 채운다. 내가 의식하는 한 나는 술을 벌컥벌컥 들이켜는 일이 없다. 하지만 내 의식의 바깥에서는 나도 모르는 일이 벌어지고, 어느 순간 나는 흐느적거릴 만큼 취한다.

그날 저녁 식사 전에, 와인 잔을 들고 소파에 앉아서 존과 앤드리아를 바라보았다. 나는 왜 저 사람들 같은 관계를 형성하지 못하는 걸까. 거짓말 같은 것이 필요치 않은 담백하고 안정된 관계, 옛 남자친구에게 매달려서 모든 걸 망쳐버리지도 않는 그런 관계를.

하지만 알코올 중독자들은 자신이 만든 혼란을 두고 외부 상황을 원망하는 데 선수들이다. 존과 앤드리아를 부러워하면서 내가 보지 못한 것(사실은 보지 않은 것)은 바로 그것이었다.

리넷도 그랬다. 그녀는 자기 손으로 그런 혼란스러운 상황을 꾸려놓고도 남자친구 제이슨을 탓했다(치졸한 인간, 내게 열등감만 심어주는 인간). 그녀는 로버트를 비난했다(그는 내가 얼마나 어려운 처지인지 몰라. 또 내가 제이슨과 얼마나 복잡한 관계인지 몰라). 그리고 그녀는 어린 시절 충분한 사랑을 주지 않았다는 이유로 부모님을 원망했다. 그렇게 그녀는 자기 눈길에 닿는 모든 사람과 사물을 탓했다.

나도 그랬다. 나는 줄리안이 줄리안다운 것에 화를 냈다. 그가 내가 원하는 방식으로 나를 사랑해주지 않는 것에 화를 냈다. 그리고 마이클이 내게 매우 친절한 것에, 내게 화를 내지 않는 것에, 나더러 자기에게만 마음을 쏟으라고 요구하지 않는 것에 화를 냈다. 그렇게 줄리안이 변하기를 바라면서, 마이클이 변하기를 바라면서, 줄리안이 다른 도시로 이사 가기를 바라면서, 이런저런 수많은 일이 일어나기를 바라면서, 그러면 모든 일이 달라질 것으로 생각하면서 몇 년이 흘러갔다.

존과 앤드리아처럼 행복한 결혼 생활을 하는 부부는 그 관계를 유지하고 발전시키려고 엄청난 노력을 한다는 것, 그들 또한 이따금 자신들의 관계에 깊은 회의를 느낀다는 것, 상대의 한계를 받아들이려고 고투한다는 것, 사랑하는 이가 자신의 욕구를 모두 만족하게 해줄 수는 없다는 실망감을 이겨내며 산다는 것, 이런 것은 전혀 생각하지 못했다.

술에 빠져 지내는 동안 알코올 중독자들은 그런 생각을 하지 못한다. 마음에 어떤 괴로운 기척이 스치기만 해도 술을 향해 손을 내뻗을 뿐이다. 그렇게 해서 힘든 순간을 지우고 술 속에 떠내려가는 것이다.

결국 그 여름날 아침, 나는 마이클의 뒷문 현관을 빠져나왔다. 집으로 통하는 창문은 길쭉한 유리 조각들을 연결해 만든 것이었는데, 나사를 풀어 유리 조각들을 창틀에서 떼어내면 내가 지나갈 만큼 틈이 생길 것 같았다. 유리 조각을 하나하나 떼어냈다. 유리가 더러워서 손이 금세 먼지로 뒤덮였다. 60센티미터쯤 틈을 벌리고 상자 위에 올라가 창을 넘었다.

그러는 동안 내내 덜덜 떨었다. 마이클이 집에 와서 창문에 매달린 나를 보고 도대체 거긴 왜 나갔느냐고 물어보면 어쩌나. 줄리안이 약속에 늦은 나에게 그동안 어디 있었는지, 왜 늦었는지, 왜 전화조차 못 했는지 물어보면 어쩌나. 하지만 나는 무사히 마이클의 창문을 넘어 집 안으로 들어왔고, 얼른 창문을 다시 조립해서 붙여놓았다. 그러고는 빈 병을 들고 나가 이웃집 쓰레기통에 버리고서 차를 몰고 나갔다. 이 모든 일을 하는 데 45분 정도가 걸렸고, 나는 약속 시간에 조금 늦었지만, 줄리안은 신경 쓰지 않는 눈치였다.

나중에 나는 AA 모임에서 자기 인생을 '수습할 수 없다'는 하소연을 무수히 들었다. 하지만 그때까지만 해도 그게 내게도 적용되는 표현이라고는 생각하지 못했다.

'그건 우연한 실수였을 뿐이야. 문이 잠길 줄 어떻게 알았어? 완전히 우연한 사고지.'

하지만 그런 수습 불가능함은 바로 내 인생의 이야기였다. 나는 내가 만들어낸 혼돈 속에서 거짓말하고 은폐하며 비밀을 만들고, 그런 상황에 갇힌 자신을 답답해하며 살고 있었다.

5
치유

I still think about drinking,

and not drinking, many many times each day,

and sometimes I think I always will.

We live in an alcohol-saturated world;

it's simply impossible to avoid the stuff.

Hitting Bottom

...

재활센터에 입원해 있던 중 나는 조지라는 남자와 카페테리아에 앉아 잠시 이야기를 나누었다. 그도 나처럼 보스턴 출신이었고, 나와 상당히 비슷한 음주 이력을 지니고 있었다. 그도 술 때문에 이렇다 할 문제를 일으킨 적이 없었다. 직장이 있었고(가족이 경영하는 사업체에서 일했다), 집도 날리지 않았으며, 친구도 많고, 정상적인 생활의 여러 가지 지표를 잘 거느리고 있었다. 우리는 바닥 치는 것이 무엇인지, 우리가 정말 바닥을 치는 한 것인지에 대해 이야기를 나누었다.

조지가 말했다.

"난 말입니다, 사람들이 알코올 중독 하면 떠올리는 그런 일을 저지른 적이 없어요. 차를 부순 적도 없고, 교도소에 가지도 않았어요. 필름이 끊겨서 사람을 죽인 적도 없고요. 그런 식의 문제는 겪지 않았어요."

"나도 그래요."

내가 고개를 끄덕였다.

"문제는 도대체 얼마나 깊이 떨어져야 술을 끊게 되는가 하는 겁니다. 도대체 상황이 얼마나 나빠져야 하는 건가요?"

조지가 다시 말했다.

잠시 후 크리스라는 남자가 합석하자 우리가 그에게 물었다. 얼마나 깊이 떨어져야 하는지, 얼마나 나빠져야 하는지를.

크리스는 30대 초반의 건설 노동자로, 파란 눈에 전봇대 같은 팔뚝을 자랑했다. 그는 잠시 생각에 잠겼다가 말했다.

"내가 볼 때 진짜 바닥을 치는 일은 죽을 때만 가능한 것 같아요. 그러니까 거기까지 내려가기 전에 엘리베이터에서 내려야죠."

AA 모임에서는 엘리베이터 비유를 많이 한다. 알코올 중독자들을 태운 엘리베이터는 오직 한 방향, 아래쪽으로만 움직인다. 그러나 다행인 것은 언제라도 우리가 엘리베이터에서 내릴 수 있다는 것이다. 우리가 알코올 중독자 집단에 끼어 있다는 것을 진실로 받아들인다면, 그리고 우리가 어디로 향하는지 파악할 만큼 상황이 절박하다면, 선택은 우리의 몫이다. 그곳을 떠나거나, 하강을 계속해서 죽음의 길로 접어들거나.

바닥을 치기까지는 오랜 시간에 걸쳐 지속적인 하강이 있는 법이다. 이런 하강은 반쯤은 의식적인 과정이고, 거의 의도적인 모험 행로이기도 하다. 보이지 않던 경계선, 지난 세월 수도 없이 건너갔다가 돌아온 그 경계선이 한순간(혹은 하루, 혹은 일정 기간) 뚜렷하게 떠오른다. 우리는 그것을 바라보다가 뛰어내린다. 자제를 촉구하는 목소리를 품에 꼭 끌어안고서 아래를 향해 곧장.

애비의 경우 강간당한 사건이 추락의 계기가 되었다. 누가 그녀를 탓할 수 있겠는가? 누구라도 그럴 수밖에 없지 않았을까? 강간은 애비가 몇 주 사이에 내게 들려준 여러 가지 충격적 일화 중 하나였다. 어느 날 그녀는 강간당한 적이 있다고 무미건조한 어조로 말했다. 다음에 만났을 때, 강간범은 그녀의 아파트에 침입한 전혀 모르는 사람이었다고 말했다. 그다음에 만났을 때는 그 남자가 자신의 눈을 가려놓고 강간했다고 말했다. 그리고 그다음에는 그 남자가 "어떻게 죽여줄까?" 하고 물었다고 말했다.

애비는 전에도 술을 많이 마셨고, 마리화나도 매일 피웠지만, 그 사건은 그녀에게 중대한 변화를 일으켰다. 조심하고자 하는 마음, 걱정하는 마음이 바람 빠지듯 새어나갔다. 꺼져. 영혼의 가장 깊은 곳의 목소리가 그렇게 말하는 것 같았다. 꺼져. 그렇게 우리는 개인의 불행을 자기 파괴의 패스포트처럼 받아들고 추락에 뛰어든다.

애비는 지층에서 살았다. 그녀의 집 근처에는 집주인의 와인 저장고가 있었는데, 그녀는 거기서 와인을 훔쳐 정신을 잃을 때까지 마셨다.

재닛은 결혼에 실패하고서 하강 엘리베이터에 올라탔다. 마음속 깊은 곳에서 무언가 덜컥 풀리더니 이런 목소리가 들렸다.

'그만둬. 더는 고통을 참고 싶지 않아.'

그 후 그녀의 음주량은 아찔한 곡선을 그리며 치솟았다. 그녀는 버몬트 주에서 보스턴으로 이사 왔는데, 밤만 되면 10시 45분에서 50분 사이에 시계를 쳐다보며 '이런 젠장!' 하고 낙담의 말을 내뱉었다. 그러고는 하던 일을 멈추고 재빨리 주류 판매점으로 달려가서 가게가 문을 닫기 전에 술을 한 병 사 왔다. 그 술이 있어야 수월하게 잠의 세계로 들어가 밤을 통과할 수 있었다.

재닛도 애비처럼 이런 추락을 반쯤은 의식하고 있었다. 이혼 후 자라나는 두려움의 괴물(혼자 남는 것에 대한, 새로운 인생에 대한, 그리고 자신의 분노와 실망에 대한)은 해거름이면 어김없이 그녀를 찾아와 괴롭혔다. 그녀는 임신부가 자궁 속 태아의 움직임을 느끼듯이 그것을 느꼈고, 그러면 광포한 공황 상태에 휘말려 그 괴물을 죽이려고 달려들었다.

어떤 알코올 중독자들은 일부러 뛰어내릴 이유를 찾기도 한다. 여러 가지 상황을 잘 조작해서 배치하고서, 끔찍한 일이 일어나기만을 기다린다. 그것은 우리를 경계선 너머로 확 밀어 보낼 수 있을 만큼 아주 끔찍한 사건이어야 한다. 나는 일레인을 생각하고, 그녀가 유부남과 사귀면서 겪는 절망들을 생각하고, 헤어질 때마다 폭음하는 그녀의 결연한 태도를 생각해본다.

많은 알코올 중독자가 평온한 물 위를 내려다보면서 자신을 거기 빠뜨려줄 사람을 찾는다. 알코올 중독자들 추락의 본질은 물에 뛰어드는 일이며, 뛰어들고자 하는 일이며, 완벽한 핑계를 찾아서 구명보트를 버리는 일이다.

"강간당했다는데 뭐라 하겠어? 누가 그런 내게 술 좀 그만 마시라고 타박할 수 있었겠어?"

애비의 말이다. 누구도 그녀를 탓할 수 없었다.

내 경우도 마찬가지였다. 마이클도 부모님이 돌아가시고 나서 폭증하는 내 음주에 토를 달지 못했다. 하강을 촉발하고 지속시키는 것은 상실감이다. 희망의 상실, 인생에 좋은 일이 있을 거라는 믿음의 상실, 자기 존중감의 상실, 의지의 상실. 그런데 위험한 것은 술을 통해서 그렇게 자신을 버리는 일이 마치 구원처럼 여겨진다는 점이다.

'집어치워, 이 고통을 견딜 수가 없어. 내가 의지할 건 이것뿐이야. 나를 구해줄 건 이것뿐이라고.'

하지만 하강을 시작하는 일은 바닥을 치는 것과는 다르다. 이 저주받은 엘리베이터를 떠나지 않으면 죽고 말 거라는 결단 속에서 굳건히 바닥을 치는 일은 절망과 은총의 절묘한 결합으로 이루어지는 것이다. AA에서는 그것을 '절망의 선물'이라고 부른다.

40대 초반의 저널리스트 메리 엘렌은 24년 동안 술을 마셨다. 그녀는 2년 전에 캘리포니아의 한 잡지사에 편집장으로 취직했다. 그것은 그녀가 몇 달 동안 애타게 바라던 직장이고 직위였다. 그런데 새 직장은 옛 직장에서 느끼던 초조함과 우울함을 달래주지 않았고, 새로운 직위는 두려움과 불안감만 증폭시켰다. 그녀는 일을 제대로 해내지 못할까 봐 전전긍긍했다. 자신의 능력이 보잘것없다는 생각, 그런 본모습이 드러날 걱정을 떨치지 못했다. 그녀는 전부터 날마다 술을 마셨지만, 이런 스트레스 속에서 음주량은 더 늘어갔다. 아침이면 현기증과 숙취, 불안감에 잠에서 깨었고, 어느새 손까지 떨리기 시작했다. 그래서 그녀는 커피에 칼루아를 조금

(불안감을 없앨 목적으로 아주 조금만) 넣었다. 이런 일이 몇 달 동안 이어졌다. 칼루아의 양이 점점 늘어갔다. 때로는 칼루아 대신 보드카를 넣었다. 몇 번인가는 술을 너무 많이 넣어서 커피인지 술인지 분간이 안 간 적도 있었다.

10월의 어느 금요일 오전 11시, 메리 엘렌은 로스앤젤레스 외곽도로를 달리다가 갑자기 자신의 모습을 보았다. 자신이 하늘에서 자기 모습을 내려다보는 듯한 느낌이었다.

'나는 취했구나. 11시에 출근하고 있구나. 지각이구나. 나는 취했구나.'

그 주말에 그녀는 몇 년 전에 AA 모임을 통해 술을 끊은 친구를 불러서 커피를 함께 했다. 그리고 그 일요일에 마지막 술을 마신 뒤 술과 완전히 이별했다.

애비에게 닥친 계기는 훨씬 사소했고 별로 드라마틱하지 않았다. 그녀는 뉴욕의 한 디너 파티에 참석해서 술을 마시다가 같은 테이블에 앉았던 여자와 싸움이 붙었다. 전혀 쓸데없는 싸움이었다. 어린 시절 학대받은 기억을 나중에 되찾았다는 사람의 말을 믿을 수 있느냐 하는 것이 싸움의 내용이었는데, 그녀는 그 분야에 대해 아는 것이 전혀 없었다. 싸우면서 그녀는 상대 여자에게 온갖 무례를 저질렀다. 그녀도 이런 다툼이(다투고자 하는 욕망이) 자기 마음속의 깊은 분노, 어른이 된 이후 내내 술로 다스려온 분노에서 뻗어 나왔다는 것을 어느 정도 인지하고 있었다. 다음 날 아침, 잠에서 깬 그녀는 자괴감과 수치심을 견딜 수 없어서, 회복기의 알코올 중독자인 어머니에게 전화를 걸었다.

"엄마, 도움이 필요해요."

그리고 바로 그날 그녀는 보스턴행 기차에 올라 뉴욕을 떠났다. 기차에서 그녀는 내내 스카치를 마시며 울었다. 그때 이후로 그녀는 술에 취하지 않았다.

마침내 현실이 치고 들어오면서 부정否定의 성곽이 허물어진다. 어떤 이는 직장을 잃고, 어떤 이는 배우자를 잃고, 또 어떤 이는 자녀를 잃는다. 어떤 이는 교통사고를 내고, AA 모임에 강제 참석 처분을 받는다.

내가 아는 리처드라는 남자에게 바닥을 치는 일이란 자살밖에 더 바랄 것이 없는 자기혐오의 밑바닥에 이르는 일이었다. 하지만 자신에게 그럴 용기마저 없다는 사실이 그를 더욱 절망시켰다.

트로이라는 남자는 어느 날 의자에 앉아서 방 안을 돌아보다가 자신에게 남은 것은 12인치 흑백 TV와 진 한 병뿐이라는 것을 깨닫는 순간 바닥을 친 걸 느꼈다고 한다.

내 친구 지니는 한밤중에 자제력을 잃고 곡선 도로에서 미친 듯이 차를 몰다가, 차가 길을 벗어나면서 앞 유리에 머리를 찧게 된 일이 그 계기였다. 그녀는 머리가 부딪치기 직전 운전대를 놓으면서 항복을 선언했다.

"그래, 이제 포기할게."

이들은 모두 30대였고, 좋은 직장에 나무랄 데 없는 가정이 있었다. 리처드는 도시 설계사였고, 트로이는 영어 교수였으며, 지니는 변호사였다. 만약 오다가다 그들을 보았다면, 설령 그들이 술 마시는 장면을 목격했다고 해도 아무것도 눈치채지 못했을 것이다. 바닥을 치는 것은 개인의 내면에서 일어난다. 바깥에서는 그것을 알 수 없다.

내 하강은 마치 백조의 하강처럼 부드러운 곡선을 그리며, 아주 오랜 시간에 걸쳐 이루어졌다. 물론 그것도 한참 후에야 이해할 수 있었다.

아버지가 돌아가시자 나는 하강을 시작했다. 1년 후 어머니마저 돌아가시자 나는 맹목적으로 그리고 의도적으로 하강을 계속했다. 그리고 열 달 후에 재활센터에 착지했다.

아버지는 자신의 죽음이 내 인생에 어떤 선택을 강제할 것을 예감했는지도 모른다. 그 선택이 알코올과 관련되어 있다는 것까지는 몰라도, 자신이 죽은 뒤 내가 어떻게든 달라질 것을 감지했던 것 같다.

그는 내게 무뚝뚝한 말투로 말했다.

"부모를 잃는다는 건 인생을 흔드는 사건이지."

아버지는 1991년 5월, 그러니까 뇌종양 판정을 받고 며칠 뒤에 이 말을 했다. 그는 조금도 흔들림이 없어 보였다. 어느덧 74세의 고령이었지만, 그는 여전히 유리알처럼 맑은 정신을 유지했고, 에너지와 추진력이 넘쳤다. 병실에 앉아서 아버지의 병을 마음에 받아들이려고 애쓴다는 것이 어처구니없어 보일 정도였다.

아버지는 하루 이틀 후면 생체검사를 받아 병명을 확정할 예정이었지만, 이미 상황은 명백했다. MRI 검사를 통해 수술할 수 없는 두뇌 중앙에 아교모세포종이라는 악성 종양이 커다랗게 자리

잡았음을 확인한 상태다.

"시간이 지나면 팔다리와 손의 기능이 조금씩 마비될 거예요. 그런 다음에는 말을 못 하게 되고, 정신도 혼미해지죠. 사고가 점점 더 분열될 거예요. 잠도 더 많이 주무시고, 고통도 잘 느끼지 못하게 됩니다."

며칠 전 신경과 레지던트 대표인 젊은 의사가 말했다.

그리고 결국은 돌아가시겠죠, 이런 말까지 하지는 않았지만, 굳이 말할 필요도 없었다. 뇌종양은 죽음이다. 분명한 방정식이다. 절망의 방정식이고, 아버지 말대로 인생을 흔드는 방정식이다.

아버지는 1992년 4월 7일에 돌아가셨다. 그리고 그 1년하고 11일 후인 1993년 4월 18일에는 어머니가 전이 유방암으로 돌아가셨다. 아버지가 돌아가실 때 나는 서른두 살이었고, 어머니가 돌아가실 때는 서른세 살이었다. 지금 나는 서른여섯이다. 두 분이 한꺼번에 떠남으로써 나는 어린 시절을 모두 잃었다. 그와 더불어 내가 매달려 있던 현실부정도 힘을 잃기 시작했다.

그러니까 아버지 말이 옳았다. 그걸 정확히 깨닫는 데 몇 년이 걸렸을 뿐이다.

아버지가 뇌종양 진단을 받은 후 나는 거의 매일 정시에 퇴근했고, 곧바로 길 건너 술집 아쿠에 가서 독한 스카치를 두 잔 마셨다. 그리고 케임브리지 부모님 집 근처의 주류 판매점에서 여섯 개들이 맥주 팩을 사서, 그중 두 병을 부모님 집까지 가지고 갔다. 나는 30분 간격으로 맥주 두 병을 모두 마시고, 부모님과 함께 시간을 보내거나 어머니에게 바람 쐴 기회를 주고 아버지와 함께 있었다.

맥주 두 병을 다 마시면, 나는 숨겨둔 위스키로 옮겨갔다. 부모님은 대개 집 뒤편 침실에 계셨고, 나는 담배를 피우러 자주 밖으로 나갔다. 술 장식장 곁을 지나다가 언제 처음 그 앞에 멈춰 섰는지는 기억나지 않는다. 또 언제 처음 그 장식장에서 올드 그랜 대드 한 병을 꺼내 들고 현관 앞으로 나갔는지도 기억나지 않는다. 자세한 과정은 잊었지만, 나는 다음과 같은 결론을 내렸다.

'이 술을 어디다 숨겨야겠어. 거실 옆 화장실 변기 뒤에 넣어두면 어떨까? 그도 아니면 벽장 속 낡은 스포츠용품 바구니도 좋을 것 같고.'

어느 순간부터 술을 감추는 것은 아주 괜찮은 아이디어 같았다. 내가 원할 때마다 술을 만날 수 있었으니까. 이런 구실은 당시에는 아무 문제가 없어 보였다. 나는 이 구실을 거의 3년 동안 날마다 써먹었다.

아버지의 병과 죽음, 뒤이은 어머니의 병과 죽음. 외부에서 보면 부모님의 잇따른 죽음과 내 음주량의 증가는 충분히 직접적으로 연관되어 보였을 것이다. 그리고 어떻게 보면 사실 직접적인 연관이 있었다. 부모님의 죽음이 내 추락에 필요한 핑곗거리가 되었기 때문이다.

아버지의 죽음은 오랜 시간을 두고 음울하게 진행되었다. 뇌종양은 의사의 말대로 차례차례 인체의 기능을 정지시켰다. 열한 달이 지나는 동안 아버지는 미세 운동 기능을 잃었고, 팔다리의 운동 능력을 잃었으며, 그리고는 인지 기능과 기억을, 마지막에는 자아를 잃었다.

아버지가 돌아가시고 곧바로 발생한 어머니의 질병은 악몽과도 같았다. 입원과 검사가 반복되고, 불안에 찬 통화가 끊임없이 이어졌다. 두 분의 질병과 죽음이 휘몰아치는 동안 나는 처절한 자기 연민에 휩쓸려서, 아무런 제약도 받지 않고 술을 퍼마셨고 매일 밤 정신을 잃었다.

입원과 간병, 공포로 점철된 그 2년을 가만히 돌이켜보면, 또렷하게 떠오르는 몇 장면이 있다. 그것은 모두 부모님의 병과 죽음에 대한 걱정보다는 그를 통해서 어쩔 수 없이 들여다본 나 자신의 모습과 더 깊이 관련되어 있다.

아버지의 뇌종양 진단이 있고 두 달이 지난 1991년 7월의 어느 아침, 나는 베카와 함께 부모님 집의 거실에 앉아 있다가 두 분이 방에서 싸우는 소리를 들었다. 짧은 시간이 흘렀다. 어머니가 상기된 얼굴로 계단을 내려왔다. 어머니는 사적인 이야기를 좀처럼 하지 않는 분이었지만, 우리가 어머니를 졸라 사연을 들었다.

아버지가 '임종 고백'을 하신 모양이었다. 아직 임종이 닥치려면 몇 달은 남아 있었는데 말이다. 그런데 그 고백이 바로 10년 전 두 분을 이혼으로 몰아갈 뻔한 외도에 대한 것이었다. 아버지는 그때 완전히 관계를 청산했다고 공언했고, 어머니는 아버지의 말을 믿고 살았다. 때론 어머니가 그 일을 들춰내면 아버지는 오래전에 끝난 일이라고, 다른 여자를 만나는 일은 없다고 어머니를 안심시켰다. 그런데 그것이 거짓이었다. 그 관계는 그때까지 중단 없이 이어지고 있었다. '그 여자'(어머니는 항상 그 여자라고 불렀다)는 불과 몇 주 전에도 병원에 다녀갔다고 했다.

　베카와 나는 사태를 진정시키느라 안간힘을 썼다. 내가 거실에서 어머니와 이야기를 하면, 베카는 방에서 아버지와 이야기를 하고, 그다음에는 역할을 바꾸는 식이었다. 어머니의 분노는 이만저만이 아니었다. 입에서는 온종일 사나운 말들이 쏟아졌고, 눈에서는 불을 뿜었다. 아버지는 당황했다. 아마도 아버지는 그 사실을 고백하면 마음의 죄의식을 덜고 용서를 얻을 수 있을 것으로 생각했던 모양이다.

　아버지는 거듭거듭 말했다.

　"위급할 때 가장 먼저 오는 사람은 언제나 너희 엄마였다."

　그 말이 배신에 대한 변명이 될 수 있다고 생각하는 것 같았다.

　베카와 나는 그날 저녁 집을 나오면서, 아버지에게 이 사건을 심리치료사에게 모두 말하겠다는 다짐을 받아냈다. 우리가 집을 나설 때 두 분은 식탁에 앉아 벽만 바라보고 있었다. 무거운 침묵이 끈끈한 안개처럼 느껴졌다.

　그날 저녁, 나는 술을 몇 잔 마시고 내 심리치료사에게 전화를 걸어 그날 일을 설명했다.

　그가 물었다.

　"그런 상황이 당신에게 어떤 영향을 미치나요?"

　나는 뭐 이런 뚱딴지같은 질문이 있나 하고 어리둥절해졌다.

　'내가 무슨 상관이란 말이야? 부모님 이야기를 하는 거잖아!'

　하지만 밤이 되자 아버지와 함께 나눈 대화가 떠올랐다. 그날 나는 유달리 의기소침하고 우울해져서 아버지의 격려를 기대하며 집에 갔다. 아버지에게 줄리안과 마이클의 일, 나의 양면적인 심리 상태, 계속되는 이중생활, 갑갑한 심정, 솔직하고 싶지만 그럴 수 없는 내 처지 등을 말했다. 이야기를 하다 보니 눈물이 나왔다.

"어떻게 해야 할지 모르겠어요. 완전히 엉망진창이에요."

나는 아버지가 나를 위로해줄 것을 기대했다. 그런데 아버지는 놀랍게도 화를 냈다. 아버지는 내 음주 문제를 거론하지는 않았지만, 간접적으로 그에 대한 암시를 주었다.

"그건 네 인생에 대한 직무유기야. 네가 만들어놓은 분열이고, 너 스스로 해결해야 해. 반드시 네가 해야 해."

아버지의 고백을 듣기 전에는 아버지가 그런 종류의 분열을 얼마나 깊이 이해하고 있는지, 얼마나 오랫동안 그를 몸소 실천하면서 살았는지 알지 못했다. 비록 돌아가실 때까지 병상을 지키기는 했지만, 어머니는 아버지의 배신도 아버지의 인격도 용서하지 않았다. 아버지는 자신의 질병이 자초한 것임을 확신하며 세상을 떠났다. 어머니에게 암종의 발병 위치(두뇌 정중앙 부분)로 보아, 해결되지 않은 오랜 심리적 갈등이 육체적 질병으로 표출된 것 같다고 말했다고 한다.

나는 그때 아버지와 나눈 대화를 곱씹어보았다. 아버지는 특유의 암시적·분석적 방법으로 내게 일종의 예지력을 준 것 같다. 즉 아버지의 말과 임종 고백을 둘러싼 정황이 내 앞날을 암시해준 것이다. 아버지는 해결되지 않는 갈등을 품고 사는 인생과 결국 그를 끌어안고 죽는 인생이 어떤 것인지를 보여주려 한 것 같다. 내 안의 분열이 불러일으키는 희생의 크기를 말해주려 한 것 같았다.

아버지가 발병한 지 여섯 달 정도 지났을 때, 나는 아쿠에서 스카치를 두 잔 마시고 집에 가서 아버지 곁에 앉았다. 어머니는 친구들과 바람을 쐬러 나갔다. 그 무렵 아버지는 무거운 피로에 쌓여 있었고, 많은 신체기능을 잃었으며, 정신도 빠르게 흐려졌다. 아버지는 침대에 누워 있고 나는 그 옆에 앉아 맥주를 한 병 마셨다. 어쩌면 두 병 마셨는지도 모른다. 그러다가 아버지도 나도 잠이 들었는데, 30~40분 후 깨어보니 아버지의 몸이 내 쪽으로 쏠려서 머리가 내 팔뚝에 놓여 있었다. 그토록 약해진 아버지의 모습을 바라보니 가슴이 뭉클해졌다. 그래서 한동안 그런 자세로 꼼짝 않고 있는데, 아버지가 깨어났다.

아버지는 흠칫 놀라더니 더듬거리며 호통을 쳤다.

"이런 부적절한 일이 있나. 부녀지간이 어떻게 이렇게."

사심 없이 한 일이 갑자기 나쁜 짓이 되어버린 것 같았다. 나는 담배를 피우러 나갔다. 그리고 그 길에 화장실에 감춰둔 올드 그랜대드 병을 꺼내서 현관 계단에 앉아 병나발을 불었다. 그렇게 해서 아버지에 대한 생각도 잊고, 친밀함과 소원함이 뒤죽박죽된 우리 부녀의 이상한 관계도 잊어버리려 했다.

술 속의 간병, 술 속의 두려움. 두려워서 술을 마셨고 마실수록 두려웠다. 부모님 집은 질병과 분노와 과거의 해결되지 않은 앙금 같은 것들로 무겁고 답답해서 숨이 막힐 지경이었다. 아버지의 계속된 외도의 내막이 하나둘 밝혀지기 시작했다. 아버지는 그 여자에게 돈을 주었고, 함께 여행도 했다. 집 안 공기가 어찌나 쓴지, 입안에서도 쓴맛이 느껴질 정도였다. 집에 가면 어머니는 부엌 스토브 앞에서 아버지가 한 어떤 말, 새로이 발견된 어떤 사실을 두고 노발대발했다. 그리고 아버지는 침대에 눕거나 휠체어에 묶인 채 어머니가 왜 그렇게 화를 내는지 이해하지 못했다. 성냥이라도 그어대면 집이 확 폭발할 것 같았다.

우리 자매와 오빠는 어머니의 분노가 어떤 좋지 않은 결과로 이어질 것을 두려워했다. 이런 참담한 상황에서 아버지를 돌봐야 한다는 스트레스가 암을 재발시킬 수도 있었기 때문이다. 누구도 그런 말을 직접 하지는 않았다. 우리는 그저 마음을 다잡고 두 분을 도우려 애썼을 뿐이다. 두 분을 위로하고 공감하고 변함없는 애정을 보여 드리려고 했을 뿐이다.

하지만 부모님 집에서 시간을 보내는 일이 점점 더 힘들어졌다. 밤이 깊어 부모님 집을 떠날 무렵이면, 마이클의 집 뒷문 현관에 숨겨둔 코냑 생각이 절실했다. 내게는 그걸 요구할 권리가 있다고 생각했다. 거의 매일 밤마다 술에 취해 잠이 들었고, 술 없이 이런 상황을 견뎌낼 수 있다고는 상상하지 못했다. 술을 마시지 않는다는 건 결코 생각할 수도 없었다.

발병 다섯 달째에 들어선 10월의 어느 오후, 나는 아버지를 모시고 드라이브를 나갔다. 그 무렵 아버지는 휠체어를 타지 않고는 꼼짝도 못 했기 때문에, 아버지를 내 차로 밀고 가서 조수석에 앉히고서 출발했다. 우리는 익숙한 지역을 지나갔다. 내가 열세 살 때 아버지가 운전하는 차에 앉아 친구 니나네 집으로 다니던 바로 그 길이었다.

나는 그 시절 아버지가 어떤 느낌을 받으며 그 길로 다녔을까

궁금해졌다. 핏기도 없고 말도 없는 딸을 옆에 앉히고 가던 느낌, 다른 사람 속에서 자신의 모습을 보면서도 편안한 유대감 같은 걸 얻지 못하던 느낌이란 어땠는지를.

그날 나는 아버지에게 그 편안한 유대감을 주고자 온 힘을 다해 수다를 떨었다. 하지만 예전보다 별로 나아진 것이 없었다. 조수석을 힐끗 보면 아버지는 주로 창밖을 응시하고 있었다. 슬프고 가련하고 다가가기 어려워 보이는 표정으로.

우리는 중간에 멈추고 차를 마셨다. 사실 그때 나는 아버지와 와인을 한 잔 마시고 싶었다. 이토록 오래되고 익숙한 침묵의 무게를 덜어줄 와인 한 잔을. 그날 내 가슴속에는 애정과 회한이 똑같은 크기로 부풀어 올랐다. 아직도 아버지가 살아 계시다는 것이 고마웠지만, 죽음이 임박한 상황에서도 우리 둘 사이에 팬 골짜기를 메울 수 없다는 것이 안타까웠다. 기억을 되살려 보면 그날 밤 나는 아주 심하게, 평소보다 훨씬 지독하게 술에 취했던 것 같다.

기억은 격심한 고통의 자취를 희미하게 뭉개버리는 기막힌 재주가 있다. 아버지 인생의 마지막 몇 달은 내게 온통 안개투성이로 남았다. 마치 옛 공포영화를 보는 것처럼 연관성 없는 장면이 여기저기서 불쑥 솟아오른다. 술을 너무 많이 마신 탓도 있겠지만, 술 때문만은 아니었다. 상황의 무게에 짓눌린 내 정신이 두뇌의 전원을 내리고 이따금 작은 섬광들만을 비춘 것이다. 그 섬광에 비친 장면이 사진첩의 사진처럼 남았다.

우리 가족이 빌린 커다란 수압 기중기가 생각난다. 아버지를 침대에 눕히거나 침대에서 내릴 때 사용하는 기중기였다. 기중기에는 커다란 멜빵 같은 것이 달려 있어서, 그걸 아버지 몸에 두르고 들어 올린 다음 휠체어로 이동했다. 그러면 아버지는 황새 부리에 매달린 아기의 그로테스크 버전처럼 한동안 공중에 매달려 있었다. 180센티미터의 덩치가 모든 운동 능력을 잃고 무력하게 흔들리던 모습이 너무도 안타까워서, 그 모습을 떠올리면 지금도 술을 마시고 싶다.

아버지가 의식을 잃기 직전의 모습도 생각난다. 4월 첫째 주가 되자 아버지는 거의 모든 감각과 능력을 잃어서, 우리 가족은 종양 주변의 부종을 막고자 투여하던 스테로이드 약물 처치를 중단했다. 이제 아버지의 죽음을 연기시킬 수단은 아무것도 없었다. 우리는 사나흘의 기간을 두고 천천히 약물을 줄여나갔다. 그리고 금요일에 마지막 약물투여를 했다. 그날 퇴근 후 나는 아버지가 누운 방으로 갔다. 아버지는 눈을 감고 있었지만, 아버지에게 몸을 기울이자 눈을 떠서 나를 바라보았다. 아버지는 그때까지도 아주 가끔 맑은 정신이 들 때가 있었다.

"아버지."

내가 웃으면서 말했다.

그러자 아버지가 힘겹게 입을 열었다.

"네 모습이 좋구나."

나는 그 한 해 동안 아버지에게 착한 딸이 되고자 무진장 노력했다. 그리고 평생 아버지에게 인정받는 딸이 되기를 무척 갈망했다. 그런데 마지막 순간, 아버지가 내게 그걸 준 것이다.

그날 밤 아버지는 혼수상태에 빠져들었고, 나는 술에 빠졌다.

그 이후 내가 기억하는 장면은 대부분 술에 젖어 있다. 아버지가 돌아가시기 전날 밤 마셔대던 코냑, 베카의 남편 앤디가 마이클의 집으로 전화를 걸었을 때 느낀 어지러운 몽롱함. 아버지가 돌아가신 다음 날, 나는 현관 계단에 나가 맥주를 마셨다. 점심 무렵이었다. 오빠와 베카 그리고 어머니는 식탁에서 샌드위치를 먹었고, 나는 집 밖에 나가 아버지와 내 동맹에 관해 생각했다. 가족 가운데 우리 둘이 한편으로 묶이고, 나머지 셋이 다른 편을 이룬 것 같던 그 느낌. 그렇게 가족 간에 편이 갈린 느낌이 현실적으로 근거가 있었는지 그저 내 환상이었는지는 모르겠지만, 당시에는 그런 것이 별로 중요하지 않았다. 나는 충격을 거둘 수 없었고, 갑자기 고아가 된 듯 처절하게 외로워져서 아기가 우유병에 매달리듯 맥주병에 매달렸다. 그것이야말로 내게 생명을 주는 듯했다.

이틀 후 장례식 날, 나는 검은 상복을 입은 채 맥주병을 들고 부엌으로 숨어들었다. 그리고 싱크대 앞에 서서 누가 볼세라 2분 만에 한 병을 싹 비웠다. 장례식이 끝나고 문상객을 접대하는 중에도 계속 술을 마셨다. 그날 밤 식탁 위에 백포도주 잔들을 쾅쾅 내리치던 일이 어렴풋이 기억난다. 그런 다음에는 잠시 기억이 정지하고, 얼마 후 나는 마이클의 침대에 널브러져 울고 있었다. 마이클은 그런 나를 가만히 끌어안았다.

술을 마시면 우는 일이 쉬워졌다. 그것만은 아직도 아쉽다. 아버지가 돌아가시고 나는 너무 오래 슬퍼해서는 안 된다고 생각했다. 애도의 기간은 한 달 반을 초과해서는 안 된다는 내면의 불문율이 있는 듯했다.

직장 동료가 나에게 물었다.

"요즘 좀 어때요?"

한 달쯤 지나자 나는 고개를 끄덕이고 대답했다.

"좋아졌어요."

너무 오래 슬퍼하면 주변 사람들이 불편해지는 법이다. 그들의 말투에서 내가 얼른 슬픔에서 벗어나기를 바라는 마음을 느낄 수 있었다. 그래서 그 봄부터 여름까지 모든 슬픔을 보이지 않는 작은 서랍에 숨겨두고 하루하루를 보냈다. 그리고 밤이면 술을 열쇠 삼아 그 서랍을 열고 엉엉 울었다. 어쩌면 술을 통해 그런 감정을 억누르고 슬픔을 멀리 몰아내고자 했는지도 모른다.

아버지가 돌아가신 지 반년 후, 어머니가 회사로 전화해 검사 결과를 전했다. 암은 전보다 더 넓게 퍼져 간에까지 이르렀으며, 더 많은 화학치료가 필요하다고 했다. 전화를 끊고 나서도 나는 복부를 가격당한 듯 한동안 책상 앞에 그대로 앉아 있었다. 이가 악물어졌다.

그런데 정작 두려움을 느낀 건, 그날 저녁 어머니를 만나고 돌아와 베카와 통화하고 와인 몇 잔을 마신 뒤였다. 술을 마시자 비로소 그것을 느낄 수 있었다. 그래서 나는 이따금 술이 없었다면 (나와 내 감정을 연결해주는 술이라는 다리가 없었다면) 내 내면은 화강암처럼 딱딱하게 굳어버렸을 것으로 생각했다.

다시 한번 흐릿한 기억들의 물결. 화학치료가 시작되고 어머니의 고통이 커졌다. 입과 식도가 헐고 머리카락이 빠지기 시작했다. 나는 집에 갈 때마다 침대 끝에 걸터앉아서 어머니를 찬찬히 살펴며 앞일을 짚어보았다. 그리고 술을 마셨다. 마시고 또 마셨다. 부모님 집에 있을 때는 술의 양을 열심히 제한했다. 마서스비니어드 해변에서 어머니와 약속한 뒤로 나는 술에 자제하는 모습을 보이려고 노력했다. 어머니 앞에서는 언제나 맥주 두 잔 정도로 음주량을 조절했다. 하지만 내 아파트나 마이클의 집으로 돌아가면 모든 제어 장치가 풀렸다.

그때까지도 줄리안과 마이클을 둘러싼 이중생활의 드라마는 이어졌고, 나는 여전히 사방을 뛰어다니며 거짓을 흩뿌렸다. 그때 내가 광란의 폭음을 한 것은 분명하지만, 당시 술이 내게 깊은 위안이 된 것 또한 사실이다. 술은 내 생활에 필수 불가결한 버팀목이었다. 그 무렵 스카치 한 병은 혼돈의 바다에 솟아오른 바위였다. 나는 그 바위에 매달림으로써 파도에 휩쓸려 내려가지 않을 수 있었다.

1993년 4월 7일, 아버지의 첫 기일에 나는 어머니에게 전화해서 아버지를 생각하면 어떤 기분이 드느냐고 물었다.

어머니는 잠시 생각해보고 대답했다.

"너도 알겠지만, 우리 결혼은 이상한 결혼이었어. 그런 만큼 좋은 점도 있고, 나쁜 점도 있었지."

어머니의 대답은 간단했지만, 그 속에는 깊은 포용이 담겨 있었다. 나는 어머니가 지난 1년 동안 기울였을 노력을 생각해보았다. 아버지를 이해하고 용서하는 것, 아버지 없는 인생을 새로 정립하는 것, 그것만도 힘들었을 텐데, 암 투병까지 해야 했다. 이러한 노력은 어머니의 작품에 많이 반영되었다. 아버지가 돌아가신 그해 여름, 어머니는 '아틀란티스'라는 콜라주 작품을 완성했다. 그것은 바다 밑에 잠긴 허위의 세계에 대한 것이었다. 다음 작품 '거짓 지도'는 잘못된 정보를 가지고 세계 항해에 나서는 시도에 관한 것이었다.

통화하던 중 나는 어머니가 술 한 잔 마시지 않고 이 모든 일을 감당하고 있다는 데 생각이 미쳤다. 어머니는 이런 거대한 고통을 똑바로 바라보면서, 알코올 한 방울의 도움도 없이 그 길을 헤쳐가고 있었다. 어머니가 돌아가시고 나서도 나는 이 생각을 자주 했다. 내가 어머니를 모범 사례로 삼아 관찰했는지 어떤지는 잘 모르겠지만, 어쨌든 어머니를 존경했고, 그 마지막 1년 동안 어머니가 더욱 성숙해지는 모습을 자세히 지켜보았다. 그날 밤 통화에서 어머니의 목소리는 꿋꿋했다. 힘과 온기가 느껴졌다. 술기운 같은 건 전혀 없었다.

통화하고 일주일 후, 어머니는 갈비뼈 부근의 통증으로 잠에서 깼다. 복통이 너무 심해서 신발 끈도 묶을 수 없었다. 차까지 걸어갈 기력이 없었기에, 우리는 어머니를 구급차에 태워 병원으로 모셔갔다. 그 일주일 동안 암은 무섭게 자라 있었다. 간 기능이 상실되고, 사방이 암세포였다.

어머니는 사흘을 입원했다. 사흘째 되는 날 담당 의사가 어머니에게 간 상태를 말해주며, 만약 심장 기능이 상실되면 어떠한 처치를 원하는지 물었다. 어머니는 반복하는 것은 원치 않지만, 한 번은 소생술을 시도해달라고 했다. 어머니는 예순다섯이었다.

어머니가 말했다.

"나는 아직 포기할 만큼 나이가 많지 않으니까요."

의사가 병실을 나가자 어머니가 말했다.

"병원에서 죽고 싶지 않아. 집에서 편안하게 죽고 싶다."

다음날 우리는 어머니를 집으로 모셔왔다.

병원에서 집에 가는 길에 나는 주류 판매점에 들러 드와즈 미니어처를 샀다. 그날 밤 나는 몹시 취했다. 그리고 다음 날 어머니의 신음에 잠에서 깼다. 어머니는 통증이 너무 심해서 말조차 하지 못했다. 호스피스 간호사가 상당량의 모르핀을 주사했다.

오전에 어머니는 혼수상태에 빠졌다. 사람들이 하나둘 모여들었다. 오빠가 왔고 베카가 왔으며, 아버지 형제들이 오고 마이클이 왔다. 정오 무렵에는 마이클과 이복언니 페니가 샌드위치를 사러 나갔다. 작은아버지가 와인을 한 상자 가져왔고, 냉장고에는 이미 맥주가 가득 들어 있었다.

나는 점심을 먹다가 와인 잔을 들고 어머니 방으로 상태를 보러 갔다. 숨소리가 전보다 가쁘고 얕아져 있었다. 몇 분 후 우리는 모두 방에 모였다. 베카와 내가 어머니의 손을 잡았다. 어머니는 오후 한 시에 돌아가셨다. 내 와인 잔은 침대 옆 나이트 테이블에 놓여 있었다. 나는 어머니의 손을 놓자마자 그 잔을 집어 들었다.

그날 이후 기억 속의 모든 장면은 알코올 속에 출렁거렸다. 나는 울면서 술을 마셨다. 장례식을 치르고 문상객이 식사하러 간 뒤, 나는 술에 젖은 채 거실에 앉아 있었다. 눈을 뜨고 있기조차 어려웠다.

베카가 서글픈 체념과 안쓰러움이 가득한 눈길로 말했다.

"들어가서 낮잠이라도 좀 자. 취했잖아."

나는 싫다고 고개를 젓다가 곧 그녀의 말이 옳다는 걸 깨닫고 위층으로 올라가서 한 시간 동안 죽은 듯이 잤다.

몇 주가 지난 어느 날, 나는 마이클의 집에서 혼자 술을 마시고 잔뜩 취해 있었다. 그러다 갑자기 전화하고 싶은 충동에 사로잡혀서, 어머니 친구분들의 전화번호를 찾아냈다. 술에 취한 상태로 4~5개의 전화번호를 눌러댔다. 아무도 전화를 받지 않았지만, 다음날 재닛이라는 친구분이 내게 전화를 했다. 아마도 내가 그분의 자동응답기에 녹음해놓은 모양이었다.

재닛이 말했다.

"너 괜찮은 거니? 울부짖는 목소리가 무슨 맹수 같던데."

지금 돌아보면 그토록 요란하던 내 슬픔에는 진정성이 빠져 있었다. 낮에는 마음을 꽁꽁 묶어두고 있다가, 어둠이 내리면 술에 젖어 온갖 감정을 발산하는 식이었다. 그때는 그런 것을 전혀 알지 못했다. 아니 알려고 하지 않았다. 어머니가 돌아가신 그해 여름, 나는 마이클의 집에서 술을 마시다가 9시 반쯤 정신을 잃고 쓰러졌다. 그러다 한밤중에 마이클의 고함에 깨어났다.

마이클이 내 팔을 잡고 말했다.

"정신 차려. 당신 도대체 뭘 한 거야?"

나는 침대에서 일어나 비틀비틀 그를 따라 부엌으로 들어갔다. 조리대 위에 반쯤 먹다 남은 코냑 병이 있었고, 또 4분의 3이 남은 럼주도 있었다. 그 럼주는 본래 마이클의 것인데 내가 훔쳐다가 뒷문 현관에 감춰둔 것이었다. 마이클은 얼굴이 납빛으로 변했다.

"도대체 내 눈을 믿을 수가 없군."

그러면서 그는 남은 술을 개수대에 부었다.

"도대체 당신 뭘 한 거야?"

나는 울음을 터뜨렸다.

"미안해, 마이클. 나도 어쩔 수 없어. 아무래도 나한테 술 문제가 있는 것 같아. 어쩔 수 없어."

그때까지도 나는 그것을 '술 문제'라고 불렀다. 여전히 나는 알코올 중독을 인정할 수 없었다. 그것은 너무 심각하고도 결정적인 타격이었다. 그래서 나는 그저 부엌에 서서 눈물을 흘리며 그의 동정심에 호소했다.

"나도 어쩔 수가 없어. 정말 어쩔 수가 없어."

마이클은 타오르는 분노를 누른 채 나를 가만히 끌어안았고, 나는 그의 품에서 계속 울었다.

다음 날 아침 커피를 마실 때 그가 나를 무릎에 앉히고 말했다.

"내가 얼마나 놀랐는지 알아? 뭔가 대책을 세워야 할 것 같아."

나는 그러겠다고 약속했지만, 그러지 않을 것을 알았다. 아직은 말이다.

'아직은.' 그 후로도 오랫동안 '아직은'의 행렬이 이어졌다. 나는 아직은 사람을 죽이지 않았어, 아직은 직장도 잃지 않았어, 아직은 교도소에 가지도 않았어, 차로 전봇대를 들이받지도 않았고, 총을 빼앗아 술집에서 사람을 쏘지도 않았어, 또 술에 취해 모르는 사람에게 강간당하지도 않았어, 아직은.

이렇게 아직은 일어나지 않았지만, 계속 술을 마시다 보면 일어날 수 있는 일들을 AA에서는 'yet'이라고 불렀다. 이런 일은 언제라도 일어날 수 있었다. 손짓 한 번, 발걸음 한 번 잘못하면 내 무릎 대신 어린 소녀의 머리가 깨질 수 있었다. 하지만 아직은 그런 일이 일어나지 않았다. 아직은.

YET은 AA에서는 'You're Eligible Too 당신도 예외가 아니다'의 약자로 해석한다.

나는 계속 술을 마셨다.

이 무렵 실제로 알코올은 모든 기능을 잃었다. 술 마시는 일은 전과 같은 즐거움이 없었다. 이미 오래전에 재미없는 일이 되어버렸다. 퇴근 후 친구들과 만나 술을 나누는 일은 변함없이 유쾌했지만, 술을 마시다 보면 언제나 본능적이고 강박적인 욕구에 휘둘려서 즐거움 같은 것은 애당초 기대할 수 없었다. 즐거움은 목적이 아니었다. 결국 술이 몇 잔 들어가지 않은 나는 내가 아니라는 느낌마저 들었고, 이런 느낌은 두려움을 안겨주었다. 알코올은 내가 정상적인 감각을 되찾으려고, 정신을 차리는 데 필요한 물질이었다. 술이 한두 잔 들어가면 내 본래의 거죽을 쓴 듯한 느낌(정신이 맑아지고, 초조감이 누그러드는)이 들었지만, 그런 느낌은 30분 이상 지속하지 않았다. 몇 잔을 더 마시면 다시 그 상태가 되었고, 그렇게 망각을 향한 걸음이 지속하였다.

진성 알코올 중독이란 그토록 참담한 상황이다. 우리 마음속에도 두 눈을 크게 뜨고 사태를 냉정하게 바라보는 관찰자가 있다. 때때로 늦은 밤에 거울을 들여다보면, 그 관찰자가 혐오스러운 눈길로 나를 응시하는 것이 느껴졌다. 관찰자의 눈에 비친 나는 자기 편견에 갇혀 밖으로 한 발짝도 떼어놓지 못하는 서른네 살의 우울하고 불안한 대책 없는 여자였다. 어느새 눈 밑은 거뭇거뭇해지고, 이마에 주름이 잡히고, 피부에는 혈관 터진 자국들이 점점이 박혀 있는 병들고 지친 모습. 그런 여자의 모습이었다.

어머니가 내게 남긴 마지막 말은 "담배 끊어라"였다. 어머니가 돌아가시기 전날, 밖에서 담배를 피우고 방으로 돌아가 어머니에게 굿나잇 키스를 했다. 내 입에서는 술 냄새도 났을 것이다(5시부터 와인과 스카치를 마셨으니까). 하지만 어머니는 담배만을 언급했다. 방을 나가려는데 어머니가 말했다.

"담배 끊어라."

'담배를 끊으라고.'

어머니가 돌아가시고 두 달 후 나는 인근 병원에서 실시하는 금연 프로그램에 참여했다. 내 마음 한쪽은 내가 엉뚱한 걸 가지고 변죽을 울린다는 걸 알았다. 어쨌건 나는 3주 만에 프로그램을 도중 하차하고 다시 담배를 피웠지만, 어머니의 말은 뇌리에서 떠나지 않았다.

'담배를 끊어라.'

지금 생각하면 그 말은 '인제 그만 괴로워해라. 자학도 그만해라. 너를 죽이는 일을 그만해라'였던 것 같다.

절망의 선물은 영적인 차원의 일이다. 우리에게 행운이 찾아온다면, 어느 순간 이런 식으로 계속 살다가는 결국 자신을 죽이고 말 것을 깨닫는다. 음주운전으로 사람을 치거나 교도소에 가거나 직장에서 쫓겨나는 일, 이런 일은 모두 시간문제일 뿐이다. 우리의 행운이 언제까지 이어질지 알 수 없다. 행운이 따라준다면 어느 순간 우리 미래를 조율할 수 있는 것은 우리뿐이고, 지금과 다른 삶을 살 수 있게 해주는 것도 우리뿐임을 깨닫게 된다.

내 마음속에는 이 세상에 혼자뿐이라는 고립감이 커졌다. 부모님을 잃고서 누구나 뼈저리게 느끼는 그런 감정이었다.

나는 부모님을 한꺼번에 잃고서 혼자가 되었다. 앞으로 내가 크나큰 실패를 겪을 때(직장을 잃는다거나 집을 잃는다거나 심각한 우울증에 빠진다거나) 돌아가 기댈 사람이 없었다. 나를 일으켜줄 사람이 없었다. 오빠도, 베카도 그런 일을 할 수 없었다. 마이클도 마찬가지였다. 계속 그렇게 술을 마신다면 그가 내 곁에 남아 있다는 보장이 없었다.

이런 깨달음은 하룻밤 사이 얻은 것이 아니었다. 술의 강에서 노를 저어 그 결론에 이르렀다. AA에서 흔히 말하듯이, 그 많은 술이 쌓이고, 타락과 절망에 대한 그 많은 각성의 순간이 쌓여서 거기 이르렀다.

어머니가 돌아가시고 몇 달 뒤, 베카가 회사로 전화했다. 5분 정도 통화를 하다 보니 우리가 전날 밤에 통화했다는 사실을 알게 됐다. 하지만 그때 나는 술에 취해 있었기에 그것을 기억하지 못했다. 베카가 그 사실을 알고 울음을 터뜨렸다.

"네가 어쩔 수 없다는 건 알아. 하지만 이제 저녁 7시 이후로는 너한테 전화할 수가 없을 것 같아. 네가 온전한 상태인지 알 수가 없을 테니까."

베카의 목소리에는 체념의 기색과 뭐라 말할 수 없는 슬픔이 어려 있었다.

나는 생각했다.

'베카 말이 맞아. 나는 온전한 상태가 아니야.'

나는 수화기를 움켜쥐고 한동안 가만히 앉아 있었다. 뭐라고 말해야 할지 몰랐다. 사과하고도 싶었고, 내가 왜 그렇게 내 세계에 갇혀 있는지 설명하고도 싶었지만, 그럴 수 없다는 걸 알았다.

몇 달 후 어머니가 남긴 차를 타고 음주운전으로 귀가하던 길에, 인도의 경계석에 부딪혀서 오른쪽 앞바퀴가 찢어지고 말았다. 그러고도 세 블록을 더 운전한 뒤에야 타이어에 구멍이 났다는 것을 알았다. 일면식도 없는 사람의 집 앞에 차를 세우고 그 집 문을 요란하게 두드렸다. 그 사람은 친절하게도 카센터에 전화를 걸어주었다. 나는 수리공이 도착하기를 기다리며 차 안에서 정신을 잃었다. 그리고 나서 추수감사절이 다가왔고, 친구의 아이들을 데리고 넘어진 사건이 발생했다.

그다음 날 나는 마이클 집의 소파에 앉아 하루를 보냈다. 무릎에 열세 바늘을 꿰매서 온 다리가 욱신거렸다. 집에는 와인이 한 병 있었고, 그날은 일요일이라 주류 판매점은 문을 열지 않았다. 와인 한 병으로 하루를 버틸 수는 없었다. 오후 5시 반 무렵이 되자 나는 온종일 집에 갇혀 있어서 답답하다며 마이클에게 나가서 술이나 한잔하자고 졸랐다.

"맥주 한잔 어때? 좀이 쑤셔서 죽겠다니까."

나는 무릎이 벌써 많이 나았다고 큰소리치며(물론 그렇지 않았다) 소파에서 벌떡 일어났다.

"자, 어서. 계속 이러고 있다가는 미쳐버리겠어."

마이클은 결국 승낙했다. 마이클의 차는 지프였다. 절뚝이며 아파트를 나와 계단을 내려가는 일, 찻길까지 걸어가는 일, 또 그의 차에 올라타는 일은 고문과도 같았다. 게다가 차에서 내려 술집까지 걸어가는 일도, 무릎을 받쳐놓을 데가 없는 바의 둥근 의자에 앉아 있는 일도, 맥주를 마시는 일도 고문이기는 마찬가지였다. 하지만 그래도 나는 술을 마셨다. 맥주 두 잔을 마셨다. 사실은 테킬라를 몇 잔 더 들이켜서 통증을 마비시켜버리고 싶었지만, 무릎이 너무 아파서 결국 집에 돌아왔다.

어머니가 돌아가시고 여덟 달이 지난 12월 19일, 나는 줄리안과 크리스마스 파티에 갔다. 그 무렵 그와 내 관계는 기괴하기 짝이 없었다. 우리는 반년 단위로 심각한 파열을 겪었다(아버지가 돌아가신 직후에도 그랬고, 어머니가 돌아가신 지 몇 달 만에도 그랬다). 그러면 우리는 몇 주 동안, 때로는 몇 달 동안 말도 안 하고 지냈다. 때로는 양심의 가책을 못 이기고 술김에 마이클과 내 관계를 있는 그대로 고백해서이기도 했고(그것은 아버지가 어머니에게 한 고백과도 같았을 것이다), 때로는 무슨 일인가로 다투다가 자제력을 잃어 그렇게 되기도 했다. 더는 참을 수 없다며 먼저 손을 떼는 것은 언제나 줄리안이었다. 그는 내가 너무 혼란스럽고 감정적이라 어떻게 할 수가 없다고 했다. 그럴 때 먼저 손 내미는 것은 언제나 나였다. 그의 분노가 가라앉기를 기다려 적당한 때에 그의 집을 찾아갔다.

크리스마스 파티가 있던 그 날 밤, 우리 관계는 완전히 봉합되지도 않고 그렇다고 적개심이 끓지도 않는 어정쩡한 긴장 상태였다. 그날 줄리안과 함께 파티에 가는 길에 내가 부모님의 삶을 한꺼번에 살고 있다는 생각이 들었다. 어머니도 나처럼 자신의 가치를 인정해주지도 않고 충분한 사랑을 주지도 않는 남자의 곁을 떠나지 못했다. 아버지도 나처럼 두 개의 관계 사이에서 분열된 채 자신이 만든 이중생활의 덫을 빠져나오지 못했다.

마이클을 향한 죄책감도 내 가슴을 무겁게 눌렀다. 그는 내가 파티에 간다는 것은 알았지만, 줄리안과 함께 간다는 사실은 몰랐다. 머릿속에 너무 많은 생각이 뒤엉켜서, 당장에라도 두뇌 기능이 정지될 듯 갑갑하고 피곤했다. 하지만 이런 감정에 새삼 별다른 관심을 기울이지는 않았다. 정신의 혼란은 내게 아주 익숙한 것이었다.

나는 술을 너무 많이 마시지 말자고 다짐했다. 그 파티는 출판계 사람들이 모이는 자리라서 작가, 에이전트, 편집자들이 가득했다. 나는 약간 위축감도 들었지만, 바보같이 굴고 싶지 않았기 때문에 뒤쪽에 조용히 서서 행동을 자제하기로 했다. 3~4시간 동안 파티가 이어졌을 무렵, 나는 백포도주가 담긴 플라스틱 컵을 들여다보다가 이미 반이나 비었다는 것을 깨달았다. 술꾼에게 반 잔이란 결코 충분한 양이 아니다. 몇 모금을 마셔도 금방 바닥날 양이었다. 그래서 나는 사람들 틈을 비집고 바로 갔다. 바에 가보니 백포도주가 보이지 않았다. 다 떨어진 모양이었다. 나는 그곳을 뜨지도 않았고, 주최 측이 샤르도네 와인을 다시 채워놓을 때까지 기다리지도 않았다. 그냥 그 자리에서 적포도주 병을 붙들고 내 잔에 든 백포도주와 섞었다. 즉석 로제 와인을 만든 것이다.

파티가 막바지에 이르렀을 때 해리슨 포드를 조금 닮은 키 크고 매력적인 남자와 이야기하는 나를 보았다. 물리적으로 보았다는 것이 아니다. 창문에 비친 모습을 본 것도 아니고, 거울에 비친 모습도 아니었다. 나는 이미 술에 취했고, 내 안에 있는 작은 관찰자(약간의 진실성과 의식과 지각을 간직한 내 안의 일부)가 속삭이기 시작했다.

'또 술에 취했구나. 혀가 마구 꼬이고 있어. 다리도 후들거리고 말이야. 정말 한심한 꼬락서니야.'

다음날 그 남자와 나눈 대화는 모두 잊었지만, 술 취한 내 모습을 본 기억만은 또렷했다. 그 순간의 내 모습은 젊고 예쁜 여자도, 젊고 세련된 여자도 아니었다. 그저 자제력을 잃고 비틀거리는 술꾼일 뿐이었다. 그 후 줄리안과 나는 파티장을 나왔다. 내가 운전을 했다. 차가 정신없이 비틀거렸다.

"왜 그래? 내가 운전할까?"

그가 물었다.

"괜찮아. 와인 두 잔밖에 안 마셨는데 뭘."

나는 늘 그렇게 말했다. 와인 두 잔밖에 안 마셨다고. 내가 밤 9시나 10시에 비틀거리며 거실로 들어와서 "정말 피곤하다. 어떻게 이렇게 피곤할 수 있지? 겨우 와인 두 잔밖에 안 마셨는데 말이야"라고 말하면 마이클은 빙긋 웃기만 했다. 아마 속으로는 '아무

렴, 그렇고말고'라고 생각했을지도 모른다. 그날 줄리안이 내 말을 믿었는지 어떤지는 모르겠지만, 그의 아파트에 이르기 전에 나는 한 번 더 그 말을 했다.

"괜찮아. 딱 두 잔이었다니까."

줄리안의 집까지는 10분이 걸렸다. 그의 아파트 앞에 차를 세우자, 그는 잘 가라는 말도 없이 차에서 내렸다. 화가 난 것 같았는데 왜 그런지는 알 수 없었다. 나는 그가 들어와서 한잔하고 가라고 하기를 바랐다. 그와 이야기를 하고 싶었다. 내가 원하는 건 언제나 변함이 없었다. 우리 사이에 아직도 깊은 유대감이 흐른다는 걸 알고 싶었고, 그가 아직도 날 사랑한다는 걸 알고 싶었고, 내게 아직도 그를 붙들 힘이 있다는 걸 알고 싶었고, 그가 나를 버리지 않을 것을 알고 싶었다. 하지만 그는 아무 반응 없이 차에서 내렸고, 나는 그냥 차를 몰았다.

나는 길을 쭉 내려간 다음 그 블록을 돌아갔다. 그리고 다시 그의 아파트 건물 앞에 차를 세우고, 그의 집에 올라가 벨을 울렸다. 그다음에 무슨 일들이 있었는지는 잘 기억 나지 않는다. 그가 문을 열어주었고, 나는 다시 한번 분노가 폭발했고, 지겹도록 익숙한 장면이 이어졌다. 골백번도 더 겪은 일이었다. 우리 관계는 도대체 뭐냐고 부엌에 서서 소리치는 나, 역시 화를 내며 맞받아 소리치는 줄리안. 나는 아파트를 나와 울면서 차를 몰았다. 그리고 복시 현상을 막으려고 한쪽 눈을 감았다.

나는 부모님의 집으로 갔다. 어머니가 돌아가시고 나서, 그 집을 빈집으로 만들기 싫어서 내 짐을 많이 옮겨다 놓았다. 하지만 잠은 거의 마이클의 집에서 잤다. 부모님 집은 왠지 꺼림칙한 기운이 느껴졌다. 그렇지만 그날 밤에는 그 집으로 가서 어머니의 침대에 앉아 베카에게 전화를 걸었다. 새벽 1시 반쯤 되었을 것이다.

나는 술에 취해서 울먹이며 말했다.

"어떻게 해야 할지 모르겠어. 나는 이제 정상적인 생활이 불가능할 것 같아."

나는 아직도 그때 베카의 목소리를 또렷이 기억한다. 그녀는 마치 생전의 어머니처럼 조용하고 참을성 있게 말했다.

"내가 너한테 바라는 것이 뭔지는 너도 잘 알 거야."

베카는 벌써 여러 해 동안 내 과도한 음주 문제에 주의를 주었다. 그녀는 정신의학 수련 과정에 있었기에 병원에서 늘 보는 것이 알코올 중독자였고, 때로는 그들이 응급실로 실려 오는 상황도 목격했다. 내가 베카에게 우울한 심정에 대해 털어놓으면 베카는 늘 "그런 상태를 벗어나려면 넌 술부터 끊어야 해"라고 말했다. 베카는 언제나 참을성 있고 조용하고도 끈질겼다. 그녀는 또 내 음주문제가 말할 수 없이 심각하며, 언젠가는 내가 술 때문에 완전히 망가질 것을 확신하면서도, 내게 비난하는 기색을 보이지 않으려고 애썼다.

"내가 너한테 바라는 것이 뭔지는 너도 잘 알 거야."

나는 어둠에 잠긴 어머니의 침대 위에 웅크리고 앉아 잠시 가만히 있었다.

내가 입을 열었다.

"그러니까 술을 끊으라는 말이니?"

"그래."

나는 고개를 끄덕였다. 베카 말대로 나는 잘 알고 있었다.

그날 나는 예전에 베카가 쓰던 방에서 잤다. 아주 어렸을 때는 우리 둘이 함께 쓰던 방이었다. 아침에 일어나자 머릿속에는 술꾼들이 항상 느끼는 자기혐오와 후회가 가득했다. 나는 침대에 누워 천장을 바라보며 생각했다.

'내 인생의 어느 지점부터 나는 나 자신을 상황의 희생자로 여기며 살았어. 아주 우연히 혼란과 분노와 우울함에 찌든 사람으로. 나에게는 선택의 여지가 별로 없었어. 그러니까 이렇게 술에 빠져 지내고, 엉망으로 연애하고, 우울함에 허덕이는 건 내 운명인지도 몰라. 글 쓰는 사람들의 피할 수 없는 고통, 이를테면 입장료 같은 거지.'

하지만 그러기에는 입장료가 위험할 정도로 비싼 것 같았다. 나는 여전히 높은 업무 능률을 과시할 때도 있었지만, 반대로 한심하기 짝이 없을 때도 있었다. 우울증이나 숙취에 휩싸인 날은 정신을 집중하는 것 자체가 불가능하고, 헤드라인이나 사진 캡션 말고는 어떤 글도 쓸 수 없었다.

이런 것들을 깨닫자 문득 겁이 났다. 내 직업 영역은 그때까지 타격을 받지 않은 유일한 분야였고, 글은 나를 이 세상과 연결해주는 가장 확고한 수단, 진정성을 지닌 관계를 열어주는 단 하나의 열쇠였다. 나는 12구경 엽총으로 자살한 어니스트 헤밍웨이를 생각했다. 또 마흔다섯 살에 알코올 중독으로 세상을 떠난 제임스 에이지도 생각했다. 어둡고 무거운 체념이 나를 감쌌다. 마치 상자에 들어가서 나오지 못하는 것 같았다.

오전 중에 줄리안에게 전화를 걸어 사과했다. 그는 화난 기색은 없었고 그저 조금 피곤한 것 같았다.

그가 말했다.

"당신은 자신이 뭘 원하는지 몰라."

반박할 말이 없어서 가만히 있었다.

그가 다시 말했다.

"당신은 나를 믿지 않아. 당신 자신을 믿지 않으니까."

나는 수화기에 대고 고개를 끄덕였다. 그의 말이 옳았다. 나는 오래전에 나에 대한 신뢰를 버렸다. 내 직감에 대한 신뢰도, 내 행동에 대한 신뢰도 다 잃었다. 내가 언제 술에 취할지, 술에 취하면 무슨 행동이나 말을 할지, 다음 날 아침에 일어나면 어떤 기분이 될지도 알 수 없었다.

정오 무렵에 숙취와 자괴감에 휩싸인 채 마이클의 집으로 갔다. 그리고 부엌에 앉아 오래도록 〈에스콰이어〉 잡지를 읽었다. 잡지 에는 피트 해밀이 쓴 『드링킹 라이프』 일부가 발췌 수록되어 있었다. 그 글에서 해밀은 술꾼들을 비난한 셜리 매클레인 이야기를 꺼냈다. 셜리 매클레인은 영화에서 등장인물이 술에 취해 무너지는 장면이 나오면 고개를 설레설레 젓고 이렇게 말했다.

"사기야, 사기. 저건 술을 핑계로 고통스러운 선택을 피하는 거야."

딸각. 내 머릿속에서 스위치가 올라갔다. 불이 켜졌다.

'맞아. 줄리안이랑 술 마실 때 내 모습이 바로 이거야.'

고통스러운 선택을 하는 대신, 그에게서 벗어나는 대신, 나 자신을 추스르는 대신, 내가 진정 원하는 것이 무엇인지 고민하는 대신 술을 마셨다. 술을 마시고 그런 역학에 무너졌고, 남자 앞에 무너졌으며, 분노에 무너지고, 처절하게 집착하고 있었다.

'바로 내 얘기야.'

그 순간 나에 대한 오기가 솟았다. 처참한 내 인생이 한눈에 들어왔다. 술 마시고 싸우고 이 남자 저 남자에게 뛰어다니는 것이 전부였다. 민망한 인생, 지루한 인생, 게다가 극도로 피곤한 인생이었다. 결국 남는 게 무엇인가? 이 모든 소동이 도대체 어디로 간다는 말인가? 우리는 고통스러운 선택을 피하고자 술을 마시지만, 다음날 아침 깨어나면 그 선택은 그대로 남아 있다. 해결되지 않은 문제들은 개의 목에 걸린 줄처럼 우리를 끌어 내리고 우리의 전진을 방해한다. 모멸감, 이 모든 일의 끝이 보이지 않는다는 아찔함. 마이클, 줄리안, 우울증, 불안, 거짓말, 술, 술, 술……. 내 인생은 그렇게 흘러가고 또 흘러갈 것이다. 아버지의 인생이 그랬듯이.

그날 아침 아버지를 생각했다. 예전부터 우리 두 사람을 한 데 묶은 듯하던 묘한 슬픔, 깊은 허전함, 중심에서 비켜선 듯한 느낌을 생각했다. 그리고 평생 그런 감정과 씨름하며 산 아버지의 인생을 생각해보았다. 아버지는 심리치료사에게 그런 감정을 호소했을 것이고, 또 그것을 베어내려고 지성을 다해 노력했을 것이다. 하지만 죽음이 임박한 상태까지 아버지는 자신이 원하던 수준의 평화를 찾지 못했고, 우울증에서 해방되지도 못했다. 나는 아버지가 마치지 못한 일을 생각했다. 그는 와병 전에 정서를 주제로 한 저작에 착수했다. 거기에 정신분석가로 살아온 자신의 일생을 압축해 쏟으려고 했지만, 언제고 1장을 벗어나지 못했다.

아버지가 돌아가신 그해 여름, 어머니와 함께 아버지의 서재를 청소했다. 어머니는 아버지의 책장을 정리하다가, 한순간 허리에 손을 얹고 한숨을 쉬었다. 그 한숨에는 무겁고 깊은 좌절과 서글픔이 담겨 있었다. 어머니는 다른 정신의학자들이 쓴 많은 저작을 바라보았다. 어머니가 볼 때 그들의 통찰력은 아버지의 반에도 미치지 못했다.

어머니가 말했다.

"아버지는 그 책 집필 이야기를 10년도 넘게 하셨단다. 하지만 집중을 못 했어. 정말 안타까운 일이지."

그날 아침 마이클의 집 부엌에 앉아 아버지를 생각하자니, 뭐라 말할 수 없을 만큼 슬퍼졌다. 그리고 두려웠다. 아버지의 발자국을 따라간다는 것이. 그가 간 길을 그대로 밟아가면서, 나 또한 아무 데도 집중하지 못한다는 것이.

아버지가 내게 남긴 말을 생각했다.

'그건 네 인생에 대한 직무 유기야. 네가 만들어놓은 분열이고, 너 스스로 해결해야 해. 반드시 네가 해야 해.'

그것 외에도 아버지가 내 마음에 깊게 남긴 말이 한 가지 더 있다. 발병한 지 얼마 지나지 않았을 때, 아버지가 특유의 방식으로 불쑥 내던진 알쏭달쏭한 명제였다. 그때 아버지는 병원에서 휠체

어에 앉아 있었고, 나는 혼자 병문안을 간 길이었다. 조용한 방에
서 아버지가 나를 올려다보며 침착하게 말했다.

"통찰이란 사실을 재배열하는 일이지."

무력감에 사로잡힌 채 마이클의 집 부엌에서 〈에스콰이어〉를
뒤적이던 내게 그 말이 떠올랐다. '사실을 재배열한다'는 말이.

사실 하나 : 나는 술을 너무 많이 마신다.

사실 둘 : 나는 절망적인 불행에 빠져 있다.

나는 언제나 생각했다. 불행하기 때문에 술을 마신다고. 사실을
재배열해서 방정식을 변형시켜보았다.

'어쩌면, 정말 어쩌면 나는 술을 마셔서 불행한지도 몰라.'

그런 생각이 내게 어떤 희망이나 낙관을 안겨준 것은 아니다.
나는 너무나 절망적이었고, 그 순간 내가 매달려야 했던 것은 아주
조그만 믿음의 씨앗뿐이었다. 그러니까 '어쩌면' 술을 끊으면 세상
이 나아질지도 몰라. '어쩌면' 술은 해결책이 아니라 문제의 핵심
이었는지도 몰라.

그날 오후 베카를 만나서 재활 프로그램을 소개해달라고 부탁
했다. 두 달 후인 2월 19일, 내 인생의 마지막 술을 마셨다.

Help

. . .

술을 끊겠다고 마음먹은 날부터 실제로 술을 끊은 날까지, 나는 매일 밤 울었다. 마이클의 작은 오디오 방에 틀어박혀 드와이트 요컴의 애절한 노래 〈내 하나의 사랑You're the One〉을 듣고 또 들으면서 울었다.

이제 내가 가진 평화와 안식의 유일한 방편, 가장 진실한 친구, 20년간 한결같던 애인을 떠나보내야 할 때인 것 같았다. 한 불행을 다른 불행으로 대체하는 것 같았고, 허공으로 뛰어내리는 것 같았고, 인생이 당장 막을 내려버릴 것 같았다.

이런 공황과 격렬한 절망은 술을 끊으려고 결심한 알코올 중독자들에게 공통적이다. 윌프리드 시드는 『밝은 햇살 아래서 : 회복의 기록In Love with Daylight: A Memoir of Recovery』에 이렇게 썼다.

술을 끊는 일은 마치 거대한 미술관에 앉아서 그림이 하나하나 떼어지는 모습을 보는 것과 같았다. 모든 그림이 다 떼어져 흰 벽만 남을 때까지.

노먼 메일러는 더 간략하고 음울하게 술을 끊는 일은 '유쾌한 삶의 모세혈관'을 모두 파괴하는 일이라고 썼다.

몇 주 동안 내 머릿속에는 다음과 같은 문장들이 맴돌았다.

'이제 다시는 파티에서 즐겁게 놀지 못할 거야.'

'다시는 친밀한 대화도 나누지 못할 거야.'

'나는 이제 결혼도 못 할 거야. 샴페인 없이 어떻게 결혼을 할 수 있어?'

나는 그때도 밤마다 술을 마셨지만, 그것은 마치 사형수가 형 집행을 앞두고 하는 식사 같았다. 베카는 뉴햄프셔 주에 있는 비치 힐이라는 재활센터를 소개해주었고, 입원 날짜는 두 달 후인 2월 20일로 정해졌다. 그리고 마지막 달, 마지막 주, 아쿠에서 마시는 마지막 스카치, 마이클의 부엌에서 마시는 마지막 맥주, 마지막 백 포도주가 지나갔다.

내가 마지막 술을 마신 장소는 마이클의 집 거실이었고, 시간은 자정 직전이었다. 재활센터 입원 사실을 아는 몇몇 사람 중 필라델피아의 친구 샌디가 보스턴까지 와서, 입원 전 마지막 저녁을 함께했다. 식전에 맥주와 와인을 마셨고, 식사 중에는 와인을 마셨으며, 식후에는 바에 가서 코냑을 마셨다. 샌디가 화장실에 간 사이에 그녀의 잔에 담긴 술도 훔쳐 마셨다. 마이클의 집에 돌아오자 적포도주 한 병을 땄다. 마이클의 말에 따르면, 나는 거실에 우뚝 서서 "이제 자러 간다"고 말하고는, 적포도주 한 잔을 쭉 들이켜고서 비틀비틀 거실을 나갔다.

뒷좌석에 옷 가방 두 개를 싣고, 마이클의 집을 떠나 재활센터로 차를 몰았다. 숙취가 온몸에 가득했다. 내내 담배를 피웠고, 몇 번인가 연기에 목이 메었다. 지난밤의 음주로 속이 메슥거렸고, 머리가 어지러웠다. 오래전 어느 날의 아침이 떠올랐다. 그때 나는 20대 초반이었을 것이다. 아침 식탁에서 어머니가 나를 바라보며 말했다.

"얘야, 왜 그렇게 머리를 떠니?"

그랬다. 지독한 숙취에 휩싸이면, 머리 전체가 미세하지만 분명하게 떨렸다. 마치 뇌를 프라이팬에 올려놓은 듯한 느낌. 그날 재활센터로 가는 길에도 그렇게 머리가 떨렸다. 하지만 그걸 빼면 겉모습은 별문제 없었다. 그래도 만약을 대비해서 나는 비치힐 재활센터가 있는 뉴햄프셔 주 더블린 시 외곽에 차를 세우고 립스틱을 다시 발랐다. 겉모습. 나는 끝까지 그것을 잘 유지했다. 재활센터에 도착하자, 접수 담당 간호사가 서류를 만들고자 폴라로이드 카메라로 내 사진을 찍었다. 창백하고 해쓱한 얼굴에 립스틱만 또렷하게 반짝이는 사진이 나왔다.

비치힐은 산꼭대기에 있어서 멋진 경치와 조용한 분위기를 기대하게 했지만, 실제로는 전혀 그렇지 않았다. 적어도 2월 말에는 그렇지 않았다. 입원한 동안 날이 지독히 추웠고, 하늘은 늘 안개에 가려 있었다. 카페테리아의 창밖으로 눈길을 던져도, 보이는 건 무채색의 겨울 풍경과 끝없이 뻗은 갈색과 회색의 형체들뿐이었다.

내 방은 세 명이 쓰는 방이었는데, 룸메이트 두 명도 나처럼 30대 중반이었다. 한 명은 이름이 기억나지 않는 뉴저지 주 출신의 덩치 큰 흑인 여자로 코카인 문제 때문에 거기 왔고, 또 한 명은 코네티컷 주에서 온 작은 체구의 금발 여자로 이름은 엘리슨이었다. 엘리슨은 나처럼 알코올 중독자였고, 역시 나처럼 그곳에 처음 온 경우였다.

마침내 키가 크고 홀쭉한 남자 직원이 나타나더니, 나를 접수 장소로 데리고 가서 혈압과 맥박, 체온 등 기초 사항을 측정하고, 내 차에서 짐을 내렸다. 재활센터에서는 짐 검사를 하기 때문에(약물이나 알코올을 몰래 들이지 못하게 하려는 기본 수칙이다) 그는 내 짐을 가지고 사라졌다. 다른 직원이 나더러 간호사가 와서 좀더 복잡한 검사를 하게 될 테니, 그때까지 라운지나 흡연실에서 기다리라고 했다.

나는 흡연실에 앉아 30분쯤 기다리며 생각했다.

'도대체 여기서 뭘 하는 거지?'

옆 탁자에는 레이라는 중년 남자가 우울한 얼굴로 앉아 있었고, 약간 히스테릭해 보이는 40대 여자(원래 이름은 팻인데, 그곳에서 무슨 일인지 페니로 바꾸었다)와 헤로인 중독으로 피폐해진 한 남자가 각각 앉아 있었다.

나는 재활센터에 가지 않고도 술을 끊을 수 있다고는 한 번도 생각하지 않았다. 집에서 자제하고 AA에 참가하는 것만으로는 결코 술을 끊을 수 없다고 생각했다. 그리고 내가 결국 AA 모임에 나가게 되리라고도 생각하지 않았다. 그때까지도 AA 하면 노인들이 모여 앉은 담배 연기 자욱한 방(5년 전에 보고 질겁했던 모임의 이미지)이 떠올랐기 때문이다. 또 나는 AA가 말하는 12단계 개선 프로그램에 의식적인 편견이 있었다. '우리보다 높은 힘'이 어쩌고 하는 AA의 방식은 뉴에이지 문화를 반영한 일종의 컬트 같았다. 게다가 AA를 본뜬 기이한 이름의 집단들이 날마다 우후죽순으로 생겨나는 것도 우스웠다. 12단계 프로그램은 한순간의 유행이며, 자기 연민의 한 형태로 보일 뿐이었다. 나는 재활센터에 2주간 입원해서 초기의 금단 증세를 이기고, 그다음부터는 홀로 이를 악문 채 견디리라 다짐했다.

하지만 재활센터가 좋았던 것은 희망과 두려움을 동량으로 처방해주었다는 점이다. 희망은 첫날 오후에 찾아왔다. 입원 검사를 하는 간호사에게 내가 얼마나 술을 마셨는지를 거짓말할 필요가 없다는 사실이 단순하고도 순수한 감동을 주었다. 희망은 또 내가 술을 마시지 않고 24시간을 견뎌냈다는 사실을 통해 찾아왔다. 그리고 그 시간은 72시간으로, 96시간으로 늘어갔다. 지난 5년여의 세월 동안 그런 일은 처음이었다. 희망은 또 첫날밤 엘리나라는 젊은 여자가(그녀는 맨해튼 출신의 스피드광이었다) 저녁 식사 후 내게 다가와 "담배 한 대 필요해 보이는 얼굴이네요" 하고 말했을 때 찾아왔다.

우리는 구석 자리를 찾아가 잠깐 이야기를 나눴는데, 무슨 말을 했는지는 기억나지 않지만, 그때 느낀 안도감은 아직도 또렷하다.

내 문제들이 생각만큼 특이한 게 아니라는 사실, 또 알코올을 개입시키지 않고도 다른 사람과 따뜻한 유대를 맺을 수 있다는 사실을 깨달았기 때문이다.

술을 끊은 초기 단계에서 일부 사람들은 '분홍 구름' 시기를 겪는다. 그것은 마침내 자신이 무언가 하고 있다는 것, 처음으로 자기 인생을 위해 책임 있는 행동을 한다는 데서 오는 열렬한 행복감이다. 나는 비치힐에 있는 동안 그 구름을 타고 안도감의 물결 위를 넘실넘실 떠다녔다. 드디어 내 문제를 알아냈다. 그리고 구조의 손길을 찾은 것이다.

조악한 비유지만, 재활센터는 내게 일종의 캠프와도 같았다. 우리는 여러 가지 프로그램을 옮겨 다니며 때맞춰 식사하고, 이렇게 저렇게 짝을 지어 공동의 경험을 만들었다. 재활센터는 내 안에 잠재된 성실한 인성을 끄집어냈다. 낮에는 강연과 심리치료를 받고, 밤에는 가까운 마을에서 열리는 AA 모임에 나가거나 카페테리아에 모였다. 나는 카운슬러나 강연자들뿐만 아니라 동료 알코올 중독자들의 이야기도 주의 깊게 들었다. 그곳의 일정에 순순히 따랐으며, 다른 모든 할 일에서 해방되어 당면한 문제(내가 왜 술을 마시는지, 어떻게 마시는지, 그것이 다른 사람들과는 어떻게 다른지)에만 집중할 수 있다는 것이 다행스러웠다. 길고 긴 길을 지나 마침내 올바른 선택을 한 것 같았다.

사흘째인가 나흘째 되던 밤에 보스턴의 심리치료사에게 흥분에 가득 찬 편지를 썼다. 나는 아주 잘 있고, 내 평생 가장 많은 사랑을 받고 있다는 내용이었다. 재활센터에는 총알이 빗발치는 전쟁터를 빠져나와 마침내 안전한 곳에 다다랐다는 극적인 안도감이 넘쳐났다. 그리고 그것은 어느 정도 꾸밈없는 진실이기도 했다. 나는 그곳에서 오랫동안 전혀 느끼지 못한 감정을 느꼈다. 그것은 고마움이었다.

소소한 일들이 내 이런 느낌을 더 키워주었다. 둘째 날 아침 나는 숙취 없이 깨어났고, 그건 다음 날도 그다음 날도 마찬가지였다. 술 마실 일이 아예 없으니 어디서 마실지, 언제 누구와 얼마나 마실지 골머리를 싸매지 않아도 되었다. 그것은 일종의 해방이었다. 나는 웃었다. 밤이면 노란색의 낡은 스쿨버스를 타고 동네의 AA 모임에 나갔다.

그렇다고 재활센터가 즐거움으로 가득 찬 곳은 아니었다. 그곳은 무시무시한 곳이기도 했다. 두려움은 알코올 중독이라는 병에 대한 깨달음, 지난날 내 생활에 대한 뼈아픈 통찰에서 나왔다. 강연에서는 섬뜩한 통계 자료들이 제시되었다.

강연자가 앞에 서서 말한다.

"자기 오른쪽에 앉은 사람을 보세요. 그리고 왼쪽 사람을 보세요. 그 세 사람 가운데 목적을 달성하는 사람은 한 사람뿐입니다."

재활센터에는 보통 30~40명의 입원자가 있었다. 그 가운데 겨우 3분의 1만이 성공을 거둔다니 도무지 믿어지지 않았다. 이전까지 나는 재활센터에 입원하는 사람들은 대개 나와 비슷한 부류(젊은 나이에 술에 찌들어 살다가 술 끊을 결심을 하고 처음이자 마지막으로 그곳을 찾은)일 것으로 생각했다. 하지만 예상과 달리 입원자의 연령대는 다

양했다. 젊은이도 있고 노인도 있었으며, 남자도 있고 여자도 있고, 나처럼 처음 온 사람도 있고, 오랫동안 술을 끊었다가 도로 알코올에 빠진 사람도 있었으며, 재활센터를 자기 집처럼 드나드는 사람도 있었다.

내게 공포를 안겨준 것은 그 만성적인 재발자들이었다. 테스(모르는 남자와 호텔에 들었다가 다음날 유산한)도 그중 한 명이었다. 그녀는 14년 동안 재활센터와 AA를 수없이 드나들었다. 나는 어쩌면 그렇게 번번이 결심을 깨는지 잘 이해가 되지 않았다. 테스와 나는 금세 친해졌고, 다른 입원자 네 명과 함께 밤마다 카페테리아에 모여 앉아 담배를 피우며 디카페인 커피나 과일 주스를 마셨다. 어느 날 밤 그 가운데 한 명인 크리스가 종이컵 바닥을 뜯어내더니 밑부분을 오므리고 거기다 커피 젓는 스틱을 꽂아서 내 주스 컵에 얹었다. 그리고 그걸 엄브렐라 드링크라고 했다. 비치힐 식의 농담이었다.

그런 작은 일들이 내게 희망을 보여주었다. 무슨 일이 있어도 우리는 유머를 잃지 않았고, 나는 친구들이 끝까지 해낼 것을 믿었다. 우리는 모두 결의가 굳었고 목적이 뚜렷했다. 크리스와 테스는 보스턴 인근 지역으로 돌아갈 예정이었고, 조지(나와 함께 바닥을 치는 일에 대해 이야기한)도 마찬가지였다. 키가 크고 홀쭉한 마케팅 전문가 숀은 매사추세츠에 있는 하프웨이 하우스(재활시설과 일반 거주시설의 중간 기관)에 들어가고자 했다. 또 코네티컷 주 하트퍼드 출신의 화가 토미는 보스턴에 가면 꼭 연락할 테니 그때 모두 만나자고 했다. 그래서 우리는 퇴원 후에도 계속 만나서 서로 도움을 베풀리라 생각했다. 그렇게 해야만 했다. 우리는 모두 그렇게 희망에 부풀어 있었다.

나는 특히 테스를 신뢰했다.

"내가 술을 끊는 데 당신이 아주 큰 역할을 할 거야."

그녀가 말하면 나도 화답했다.

"당신도 그래. 당신이 없다면 나는 이 일을 해낼 수 없어."

테스는 젊고 아름다운 데다 매우 영리했다. 내가 술을 끊을 수 있다면, 그녀도 당연히 그럴 수 있어야 했다.

퇴원 후 우리는 몇 번 만났다. 그녀는 매사추세츠 주 메드포드에 있는 하프웨이 하우스에 들어갔다. 나는 마이클의 집으로 돌아갔고, 마이클과 함께 서너 차례 AA 모임에 참가했다. 그런데 얼마 후부터 그녀의 소식을 듣기가 점점 어려워졌다. 하프웨이 하우스에 전화 걸어 메모를 남겨도 응답하지 않거나, 모임에서 보기로 해놓고 나타나지 않았다.

비치힐을 떠난 지 한 달쯤 지났을 때, 그녀가 다시 재활센터에 들어갔다는 소식을 전했다. 그리고 두 달 후에 다시 그곳에 들어갔다는 소식을 전했다. 마지막 소식은 뉴햄프셔 주 남부에 있는 한 소버 하우스(술 끊은 사람들이 전문가의 개입 없이 서로 재활을 돕는 집단 거주 시설)에서 술을 마시다가 쫓겨났다는 것이었다. 그녀는 AA 모임에 나갈 거라고 했지만, 잘 해낼 거라는 믿음이 생기지 않았다. 지금은 그녀가 어디 사는지, 또 술을 끊었는지 어떤지도 전혀 모른다.

테스에 이어 술 끊는 데 실패한 사람은 조지다. 그도 다시 한번 재활센터에 들어갔다 나왔지만, 또다시 술에 손을 댔다. 그는 처음 실패 후 비치힐에서 전화를 걸어왔다. 그리고 퇴원하면 나와 함께 모임에 참가하겠노라고 약속했지만, 그 약속은 지켜지지 않았다. 그 이후로 그를 만나지 못했고, 전화 통화조차 하지 못했다.

다음 차례는 숀이다. 나는 숀을 아주 좋아했다. 그는 오랜 세월 재활시설을 전전하면서도 놀라울 만큼 예리한 감각을 유지했다. 그는 3년 정도 술을 끊은 적이 있었는데, 어느 순간 이제 '조절하는 음주'가 가능하지 않을까 하는 생각이 들었다. 술을 마시면서 정상적으로 살 수 있다는 걸 증명해 보이고 싶었고, 또 한계선만 잘 설정하면 이번에는 성공할 수 있을 것 같았다.

어느 날 숀은 스카치 미니어처와 여섯 개들이 맥주 팩을 들고 숲으로 들어갔다. 짧은 통음의 순간이 있었고, 한동안은 그걸로 끝이었다. 그 후 어느 토요일 그는 다시 술을 마셨고, 그다음 주 토요일에도 마셨다. 집에서 흘러간 로큰롤을 틀어놓고 적당량의 술을 마시는 일, 언제까지라도 그런 식의 음주가 가능할 것 같았다. 하지만 불과 몇 달 지나지 않아 그는 다시 날마다 술을 마시는 생활로, 날마다 인사불성이 되는 생활로 돌아갔다. 그러던 어느 날 자신이 인사불성인 채 출근해서 사람들에게 온갖 험한 짓을 하며 하루를 보냈다는 걸 깨닫게 되자, 그는 재활센터로 돌아가기로 했다.

나는 퇴원하고 한 달쯤 지났을 때 숀을 만났다. 그는 코네티컷주의 하프웨이 하우스에서 3주를 지냈지만, 그곳을 떠나고서 다시 3주 동안 술을 마셨다. 그는 재활센터에서 전화를 걸어 다시 하프웨이 하우스로 돌아가려 한다며, 그전에 케임브리지의 우리 집에 들러 하룻밤 머물러도 되겠느냐고 물었다. 나는 흔쾌히 승낙하고 크리스도 불렀다. 그리고 셋이서 옛일을 되새기며 즐겁게 시간을 보내리라 기대했다.

숀은 술 냄새를 풍기며 찾아왔다. 눈에는 적의가 가득했다. 그는 부엌 식탁에 앉아서 크리스와 나에게 연설을 늘어놓았다. 자신은 술이 좋고 술이 필요해서 마신다고 했다. 우리 또한 술을 좋아하고 술이 필요하면서도 그 사실을 부정한다면 그건 자기기만이라고 했다. 그는 바깥에 맥주를 숨겨두고 왔다고 했다.

그가 맥주를 가지러 나가자 내가 크리스에게 말했다.

"나, 이런 일 감당 못 해요."

긴 언쟁 끝에 우리는 결국 그를 하프웨이 하우스로 데려가서, 그가 챙겨온 맥주 가방과 함께 나무 밑에 내려놓았다. 그때가 밤 11시 반이었다.

반년 정도 지났을 때 숀에게서 한 번 더 연락을 받았다. 그는 다시 술을 끊고 보스턴 외곽에 있는 다른 하프웨이 하우스에서 지내고 있었다. 하지만 나는 그와 서둘러 만나고 싶지 않았다. 알코올 중독으로 다시 미끄러져 들어간 사람을 눈앞에서 보는 것은 더없이 두려운 일이었다. 나는 그와 계속 거리를 유지했다.

그리고 마지막으로 토미가 있었다. 그는 나처럼 별다른 이유 없이 알코올 중독에 빠진 화가다. 나는 재활센터를 떠난 지 다섯 달쯤 되었을 때 그를 한 번 만났다. 그 사이에 그는 두 번이나 술을 끊는 데 실패했고, 그때도 프로빈스타운에서 열린 술 파티에 갔다가 보스턴에 잠시 들른 길이었다. 그는 이번에는 정말로 술을 끊고 싶다고, AA 모임들에 참석하고 싶다고 말했지만, 그 말에는 별로 진심이 느껴지지 않았다.

그날 밤 우리는 함께 저녁 식사를 했다. 그는 지난 일주일 동안 말할 수 없이 취해서 지냈다며, 한번은 브로콜리 수프 한 냄비 분량을 자기 아파트 2층 입구에 몽땅 토했다는 이야기도 했다. 그는 재미있지 않으냐고, 술을 마시면 그렇게 바보 같은 일도 저지르게 된다며 웃었지만, 함께 웃어주기가 쉽지 않았다.

토미는 헤어지기 전에 내게 말했다.

"당신을 보니까 희망이 생기네요. 아주 건강해 보여요."

하지만 그 말은 왠지 공허하게 들렸다. 그의 표정도 맥없어 보였고, 앞으로는 그를 만나지 못할 거라는 생각이 들었다. 그리고 역시 아직 만나지 못했다.

테스, 조지, 숀, 토미. 그들은 도미노처럼 연쇄적으로 쓰러졌다. 그때 우리 일당 가운데 지속해서 술을 끊는 데 성공하고 있는 것은 나와 크리스뿐이다. 실패한 동료가 생각날 때마다 몸이 떨린다. 술을 끊는 길은 그렇게도 험난하다.

재활센터는 AA의 신병 훈련소와도 같은 곳이었다. 그곳의 의사와 간호사, 카운슬러들은 AA를 지지하고 AA의 용어를 사용했으며, 퇴원 후에 술을 끊는 생활을 지속하려면 AA에 참가하는 것이 가장 좋다는 것을 끊임없이 전달했다.

어떤 사람들은 이런 확신에 찬 가르침이 억압적이라고 느끼기도 한다. 윌프레드 시드는 재활센터에서 보낸 30일이 따분하기 그지없었고, AA에서 보낸 한 달은 위압적이고 세뇌식이며 독선적이었다고 평가한다. 물론 그도 나중에는 AA 모임(드라마화, 우애 활동)의 장점을 인정하게 되었지만, 처음에는 "그들은 모든 신병에게 똑같은 크기의 군복을 입히는 것 같았다. 그들이 가진 군복은 한 가지 크기밖에 없기 때문이다"라고 적었다.

나는 그가 무슨 말을 하는지 이해한다. 12단계 프로그램이란 사실 별것이 아니며, 그렇지 않더라도 어쨌거나 지나치게 반복적인 것은 틀림없다. 그리고 처음 모임에 나가는 순간부터 참가자들은 무수한 구호와 표어, 격문들을 듣고 또 듣게 된다.

'술 마시지 마라, 모임에 참석하라, 도움을 요청하라.'

그리고 AA식 주문呪文도 있다.

'모든 걸 단순하게, 오늘 꼭 하루, 집착하지 말고 신神에게 맡겨라'

나는 이런 방식이 마음에 들었다. 그때 나는 두뇌를 강력히 세척할 필요가 있다고 생각했다. 그리고 공포심과 절망감이 너무 컸기 때문에, 그때까지 간직한 편견을 다 내려놓고 다른 사람들의 이야기를 들으며 조용히 흡수하고 싶었다. 나는 그들의 이야기를 믿었고, 내가 그들과 한 곳에 속했다는 걸 믿었으며, 사람들이 이야기할 때마다 그 이야기 속에서 조금이라도 나와 연관되는 지점을 찾았다. AA 모임에서 이야기를 하는 사람들은 자신을 차분하게 받아들이는 자신감이 있었다. 그런 평온함은 바로 내가 일생 갈망해온 것이었다.

재활센터에서 나온 나는 그곳에서 배운 모든 것을 하나도 빠짐없이 실천하려고 최선을 다했다. 90일 동안 AA 모임에 90회 참석했다. 모임에 나가면 억지로 손을 들어 나를 소개했다. 사람들의 전화번호를 묻고 그들에게 전화했다. 그럴 때면 좋아하는 소녀에게 데이트를 신청하는 소년처럼 부끄럽고 어색하기가 이를 데 없었다. 그런 내 인생 자체가 낯설었다. 처음 겪어보는 불안과 두려움이었다.

마이클의 집으로 돌아간 첫날, 냉장고를 열어보니 놀랍게도 맥주뿐 아니라 마실 만한 것이 아무것도 없었다. 그날 밤 우리는 소파에 나란히 앉아 영화를 보았다. 그날 밤 나는 마이클을 만난 이후 처음으로 그에게 술 한 방울 마시지 않은 모습을 보였다. 나는 '재생자들'에 나오는 마이클 키턴처럼 불안하고 초조하고 혼란스러웠다. 마치 신체를 절단해낸 상실감과 싸우는 사람 같았다.

이것은 전혀 과장된 비유가 아니다. 술과 이별하는 것은 내가 가진 가장 강력한 무기를 잃는 것이었다.

'소파에 앉아 TV를 보면서 어떻게 나 자신의 거죽을 그대로 쓰고 있을 수 있을까? 재빨리 도망갈 익숙한 마비의 길도 마련해두지 않고, 어떻게 진정한 감정(고통과 불안과 슬픔)을 맞아들이지? 어떻게 깊은 잠에 들 수 있지?'

AA가 주는 답은 단순하고도 복합적이다.

'그냥 하라. 오늘 꼭 하루. 연습하라. 도움을 요청하라. 한동안 공황감과 갑갑함에 괴롭겠지만 불편함을 그냥 견뎌라. 그러면 마침내 고통이 누그러들 것이다.'

그리고 진실로 고통은 누그러들었다.

나는 토요일에 재활센터에서 퇴원했고, 이틀 후 회사에 나갔다. 출근 첫날 회사 동료 중 유일하게 내가 재활센터에 다녀온 것을 아는 베스를 불러 퇴근 후에 커피를 함께 하자고 했다. 그녀는 내 절친한 술친구였다. 그녀와 함께 술잔을 기울이면서 다른 버전의 나로 변모하는 일이 너무도 익숙했기 때문에, 커피숍에서 그녀를 만난다는 생각만으로도 몸에서 힘이 쭉 빠져나가는 것 같았다. 우리는 하버드 광장에 있는 카페에 갔다. 내 행동이 극도로 예민하게 느껴져서 이야깃거리를 찾으려고 안간힘을 썼지만, 말이 제대로 나오지 않았다. 그 막막함이라니.

그렇게 난생처음, 내가 할 수 있는 온갖 노력을 다했다. 다음에는 저녁 약속을 잡아 술 마시지 않고 밥 먹는 연습을 했다. 다음에는 업무 관련 사교 모임에 가서 역시 술을 마시지 않았다. 그다음에는 술을 마시지 않고 내 생일을 축하했다. 거리 곳곳에 주류 판매점이 있고, TV와 영화에서 사람들이 쉴 새 없이 와인 잔이나 스카치 잔을 들고나온다. 우리 사회에 음주문화가 얼마나 만연한지, 술이 없는 곳이란 정말 거의 없다는 사실을, 술을 끊는 일이 사람들에게 얼마나 낯선 것인지를 깨달았다.

'술 한 잔 사줄까?'

'여기 와인 목록 좀 봐.'

'뭐 마실 거 없어?'

이런 말을 한마디도 듣지 않고 일주일을 지내기란 거의 불가능하다. 술을 끊은 초기에는 이따금 세상 모든 사람이 술을 마시며 하루의 피로를 푸는데, 왜 나한테만 그것이 허용되지 않는지 분통이 터지기도 한다. 딱 한 잔만 마시면 되는데. 딱 한 잔만.

술을 끊고 2~3주가 지났을 때였다. 퇴근 후 마이클의 집에 가서 소파에 앉아 있는데, 술이 마시고 싶었다. 백포도주 한 잔이면 될 것 같았다. 그 욕망이 너무도 강해서 울었다. 그리고 이를 악문 채 그 자리에 앉아 있었다. 부엌에서 와인 잔에 술을 따르고, 그 잔을 들고 거실로 나오고, 소파에 앉아 첫 모금을 들이켜는 장면이 눈앞에 떠올랐다.

와인의 맛이 혀끝에 느껴지는 듯했다. 그때 주류 판매점으로 달려나가 술을 사지 않은 것은 단 하나, 첫 잔은 바로 둘째 잔으로 이어지고, 둘째 잔은 다음 잔, 또 다음 잔으로 이어진다는 것을 분명히 알았기 때문이다. 두 가지 중의 하나다. 한 잔도 마시지 않거나, 한 잔을 마시고 한 병 혹은 그 이상을 갈망하는 것. 이러한 시기를 버틸 수 있게 해주는 것은 그렇게 첫 잔 이후의 일을 있는 힘껏 생각하는 것뿐이다. 내 인생의 어느 순간에도 '딱 한 잔'이란 없었다는 것을.

AA 모임에서 듣는 이야기를 마음에 새기고 또 새겼다.

'오늘 꼭 하루. 다시는 술을 마시지 않겠다고 다짐할 필요는 없다. 그냥 오늘 하루. 오늘 하루만 참아라.'

삶이 좋아지고 있다는 사람들의 이야기를 움켜쥐고 놓지 않았다. '처음 오셨다면, 계속 오세요'라는 AA의 문구를 따라 계속 그곳에 갔다. 술을 마실 때 그랬듯이 다른 길은 알지 못했다.

AA의 도움 없이도 지속해서 술을 끊는 데 성공하는 사람들이 있다. 피트 해밀이 그랬다. 그는 20년이 넘도록 술이라고는 한 방울도 입에 대지 않고 있다. 윌프리드 시드도 2년여 AA 모임에 참석했지만, 모임에 가는 목적이 여흥으로 변해버렸다는 걸 깨닫고는 혼자 술 없이 사는 생활을 하고 있다. 하지만 내 경우에는 AA 없이는 술 끊는 일을 계속하지 못했을 거라고 확신한다. 내게는 AA에서 받는 각종 도움과 동료애, 그리고 언제라도 AA가 곁에 있다는 믿음(곁에서 항상 내가 누구인지, 어디서 왔는지, 어떻게 해야 변할 수 있는지 일러준다는 믿음)이 꼭 필요했다.

한 달 정도 흐르는 동안, 일과 후 AA에 참석하는 일이 예전에 술 마시던 것과 똑같은 방식의 위로(어떤 안락함 속으로 미끄러져 들어가는 듯한)가 된다는 걸 깨달았다. AA는 매일같이 마시는 희망의 술이었다. 회원이 늘어가고 변화하고 행복해지는 것을 본다. 하루하루를 버텨내려고 고투하는 사람들의 이야기를 듣는다. 모임은 내 정신이 흔들리지 않도록 해준다.

AA에 나가기 시작한 해의 어느 모임에서 한 여자가 며칠 전에 오빠가 뇌동맥류로 급작스레 세상을 떠났다는 이야기를 했다. 그녀는 아직도 충격에서 벗어나지 못한 표정이었지만, 술을 마시지 않고 이런 일을 견디기가 얼마나 어려운지를 5분 정도 차분하게 이야기했다. 사건 자체는 고통스러웠지만, 이런 시기에 자신이 온전한 정신으로 가족 곁에 있을 수 있던 것과 이런 사건에 동반되게 마련인 온갖 감정을 피하지 않고 그대로 겪을 수 있었던 일은 귀중한 경험으로 남았다고 했다.

사람들이 이런 식의 깊은 고통을 꺼내어 이야기하면, 방 안은 침묵으로 가득 찬다. 그 침묵이 우리 마음속에 일으키는 뜨거운 공감은 거의 종교적인 경의敬意에까지 이른다. 그런 고요는 감정을 있는 그대로 느낀다는 것이 무엇인지, 인간으로 산다는 것이 무엇인지를 일깨워주었다. 바로 그 고요가 나를 계속 AA로 끌어당겼고, 계속 술을 끊고 살아갈 힘을 주었다.

Healing

...

술을 끊은 초기에는 맹렬한 훈련이 필요하다. 고통스러운 순간을 술에 의존하지 않고 견뎌내면 정서의 근육이 강화된다는 믿음을 가지고 버텨야 한다.

술을 끊고 1년쯤 지났을 때 부모님과 잘 알고 지내던 심리학자 잭을 만났다. 그는 내게 아버지의 가족사를 알려준 분이기도 하다. 그의 사무실로 차를 몰고 가면서 아버지 생각을 했다. 우리 부녀에게 있던 양면적 감정과 이중성의 패턴을, 우리 두 사람은 어쩔 수 없는 판박이라는 것을, 그리고 내가 지금 아버지를 몹시 그리워한다는 것을.

잭에게 내 생활이 예전과는 좀 달라졌으며, 우울증도 덜해졌다는 이야기를 했다. 그리고 마침내 그동안 품었던 의문을 확인하고자 질문을 던졌다.

"그런데 우리 아버지가 알코올 중독이었나요?"

잭은 그렇게 뻔한 것을 묻느냐는 듯 놀란 표정이 되었다.

"물론 그랬지. 네 아버지도 잘 알고 있었어."

나와 알코올의 관계를 좀 더 잘 이해하게 되면서, 아버지가 알코올 중독이었을 수도 있다는 생각이 들었다. 하지만 그렇게 딱 부러지는 진술을 듣고 움직일 수 없는 사실로 못 박아버리자, 아버지에 관한 통렬한 고통이 솟아올랐다. 그것은 우리 두 사람의 동맹이 얼마나 깊은 것이었는지를 깨닫는 데서 오는 고통이었고, 우리 가족에게 전승되는 행동 규범을 깨뜨린 자로서 느끼는 배신의 고통이었다.

잭은 아버지가 알코올 중독 사실을 받아들이는 데는 아주 오랜 시간이 걸렸으며, 죽을 때까지도 그 사실을 자기 입으로 직접 언급하지 않았다고 말했다.

내 두려움은 거기서 왔다.

아버지 인생의 마지막 시간을 생각해보았다. 1년 남짓한 그 시절이 아버지가 술을 마시지 않고 지낸 유일한 시간이었다.

'술을 마시지 않는다는 것이 아버지에겐 어땠을까? 술을 마시지 않고 자기 인생을 돌아본다는 것이 어떤 느낌이었을까? 술이 아버지의 인간관계에 행사한 가공할 영향력을 깨닫는 느낌이 어땠을까? 이 모든 것을 아무런 노력도 할 수 없는 죽음의 병상에서 확인하는 느낌은 어땠을까?'

그런 생각을 하자 너무도 슬퍼졌다. 그때 내 머리에 처음 떠오른 생각은 '아, 술 마시고 싶다'였다.

발병 초기의 어느 날, 아버지와 단둘이 식탁에 앉아 있는데 아버지가 나를 바라보며 혼잣말처럼 말했다.

"내가 죽으면 네가 해방될 수 있을까?"

나는 아무런 대꾸도 하지 못했다. 아버지의 말은 너무 섬뜩했다. 그런데 잭과 헤어져 주차장으로 걸어가는 길에 그 말이 떠올랐다. 그리고 보니 정말로 자유 비슷한 어떤 기이한 것이 느껴졌다. 나는 경계에 서 있는 것 같았다. 이제 아버지에게서 놓여나 나 자신을 바라보고 내 인생을 살 수 있을 것 같다는 느낌, 전에는 모르던 선택의 권한을 부여받은 느낌이다. 그런 느낌은 아버지의 죽음보다는 술을 끊음으로써 얻은 명징한 정신 덕분이지만, 아버지가 돌아가시지 않았다면 내가 과연 술을 끊을 수 있었을까 하는 의문이 들었다. 그럴 수도, 아닐 수도 있다. 하지만 주차장을 향해 가는 길에서 내가 무언가를 떠나보내고 있다는 느낌이 들었다. 그것은 나라는 인간을 규정할 때 언제나 아버지의 딸이라는 사실을 가장 먼저 내세우고, 그에 따르는 온갖 어두운 굴레를 함께 끌어안던 어떤 결핍이었다.

나는 알 수 없는 그리움에 사로잡혀 마이클의 집으로 차를 몰았다.

'만약 아버지가 내가 스스로 알코올 중독자임을 인정하는 것을 보았다면, 그리고 술을 끊음으로써 우리의 오랜 동맹을 끊으려 하는 것을 보았다면 나를 자랑스러워했을까?'

신호등에 걸려 서자 나는 눈을 감고 생각했다.

'아버지, 저를 자랑스러워해 주세요.'

정말 그러기를 바라는 마음이 간절하기도 했지만, 그 순간 실제로 아버지가 나에게 긍지를 가질 거라는 느낌이 들었다. 그것은 아마도 통증을 수반한 긍지이리라. 어쨌거나 아버지가 나를 내려다본다면, 내 이런 몸부림을 아버지의 실패를 딛고 앞으로 나아가려는 노력으로 보아줄 것 같았다.

그날 밤 아주 오랜만에 울었다. 아버지의 삶과 죽음을 생각하며 울었고, 임종의 회한을 생각하며 울었고, 이제 내가 아버지의 소중한 기억(그의 통찰력, 그의 지혜, 그의 매력)을 간직하면서도 결국 그를 떠나보내려 한다는 사실, 우리 두 사람의 오랜 맹약을 땅에 묻고 개선된 삶을 향해 나아가려 한다는 사실의 슬픔과 놀라움, 죄책감 때문에 울었다.

개선이라는 말은 허약한 느낌이 들며, 심지어 기만적으로 느껴지기까지 한다. 술을 끊는 것은 단선적 의미의 개선에서 한 발짝 나아가, 우리 자신을 변화시키는 일에 관련이 있다. 그것은 피할 수 없는 인생의 파도와 두려움, 감정, 성공과 실패를 있는 그대로 받아들이고, 그를 통해 성장하는 것이다. 물론 우리 삶은 개선된다(적어도 개선될 가능성은 생긴다). 하지만 우리가 우리 인생에 적극적으로 참여한다면, 깨어 있는 정신으로 우리가 만든 유대관계를 존중하며 행동한다면 삶의 개선이란 거의 저절로 이루어진다.

내 친구 미치는 술을 끊고 1년쯤 지나서 집 옆 뜰에 솟은 수도꼭지를 보았다. 그는 그 집에서 11년을 살았으니(그 가운데 10년은 술에 젖어서) 그것을 수도 없이 보았다. 그때마다 그는 생각했다.

'저게 어디로 연결되는 거지?'

그날 그는 지하실에 내려가서 천장에 얽힌 파이프들을 살펴보고, 그 수도꼭지와 연결된 파이프를 찾았다. 파이프에는 작은 핸들이 달렸었고, 그것을 시계 반대 방향으로 돌리면 집 옆 뜰의 수도꼭지로 물이 흐르게 되어 있었다. 아주 작은 발견이었지만, 그 후로 미치는 수도꼭지에 호스를 꽂고 물을 틀어서 편리하게 세차를 할 수 있었다.

그가 이 이야기한 것은 술을 끊으면 열리는 '의도성의 세계'를 상징적으로 설명하기 위해서였다. 알코올에 빠져 있으면 우리는 아주 사소한 일조차 해결하지 못한다. 한편으로는 변화를 이룰 자신감이 없어서고, 다른 한편으로는 아무리 작은 일도 엄청나게 어려워 보이기 때문이다. 마치 유사流砂 속에 갇힌 듯한 느낌. 조금만 꼼지락거려도 발아래로 쑥 꺼질 것 같은 불안 때문에, 우리는 완전한 무기력의 관성 속으로 빠져들고 만다. 예전에 미치는 현관에 앉아 그 수도꼭지를 보며 생각했다.

'도대체 저건 뭐에 쓰는 거지?'

오래도록 자기 인생에 수동적인 방관자로 살다 보면, 날마다 똑같은 무채색 일상과 패턴에 함몰되어 지내다 보면 아주 간단한 행동(수도꼭지를 트는 것, 물이 흐르는 길을 찾는 것)도 아무 소용없고 손댈 수 없이 어려운 일로 여기게 된다.

AA 모임에서 미치의 이야기를 들었을 때 주변을 둘러보니 10여 명이 고개를 끄덕이고 있었다. 많은 사람이 웃었지만, 그것은 공감의 웃음이었다. 우리는 무기력의 관성에 빠진 채 현관에 꼼짝 않고 앉아 있는 것이 어떤 상태인지 너무도 잘 알기 때문이다.

AA 모임의 참석자들은 지극히 사소한 문제와 씨름하는 경험을 자주 이야기한다. 빨래하는 일, 치실로 이를 닦는 일, 산책이나 조깅하는 일 따위. 이런 일은 어처구니없어 보일 수도 있지만, 실제로 이 싸움은 수동성과의 싸움이고 자기혐오와의 싸움이며, 우리가 매 순간 내리는 자기규정에 이바지하는 일상성과의 싸움이다.

'당신은 관성에 함몰되어 있는가? 움직임을 두려워하고, 자신을 게으르고 무가치하고 한심한 사람으로 여기는가? 아니면 그 현관에서 일어나 무엇인가 하는가? 자신이 가진 역량과 능력과 자질을 자신에게 보여주는가?'

수동성은 영혼을 좀먹으며, 성실성과 긍지를 부식한다. 때론 그것은 약물만큼이나 유혹적이다.

그리고 큰 움직임에는 당연히 더 큰 고통이 따른다. 술을 끊고 아홉 달이 지났을 때, 추수감사절을 맞아 이모 댁에 갔다. 이모 댁 거실에는 외가 쪽 친척이 가득 모여 있었고, 분위기는 절제와 세련미가 넘쳤다. 어린 시절 일요일마다 저녁을 먹으러 갔을 때 느낀 외가 분위기 그대로였다. 남자들은 넥타이를 매고 잘 닦은 구두를 신었으며, 여자들은 다리를 꼬고 앉아 오르되브르를 먹으면서 칵테일 냅킨으로 조심조심 입을 닦았다.

그곳에 섞여 앉아서 낮은 목소리로 오가는 대화와 가볍게 부딪히는 와인 잔소리를 듣다 보니, 내 안에서 그 옛날의 감정이 부글부글 끓어오르는 것을 느꼈다. 익숙한 분노, 출렁거리는 동요, 그 자리에서 벌떡 일어나 꽥 소리라도 질러 그 완벽한 절제를 깨뜨리고 싶었다. 내 안에 잠자고 있던 반항아가 튀어나오려고 했다. 그 반항아는 우리 가족의 질서 정연한 분위기에 저항하던 아이고, 그런 분위기에서 벗어나고 싶어 하면서도 벗어나기를 두려워하던 아이이며, 평온한 표면 밑에 감춰진 고통과 분노를 밖으로 끄집어내고 싶어 하던 아이다.

자기 연민은 어떤 감정보다도 강력하게 알코올에 대한 열망을 부추긴다. 그 방에서 나는 투명인간이 된 것 같았다. 한 시간도 넘게 그곳에 앉아 있었지만, 외가 특유의 점잖은 무관심 탓에 그들은 내가 겪은 이중 삼중의 상실, 아버지와 어머니, 알코올에 관해 단 한마디도 건네지 않았다. 나는 거식증에 시달리던 20대(칠면조 접시를 내려다보며 웅크리고 앉아 있던 37킬로그램의 해골 인간)로 돌아간 듯한 느낌이었고, 부끄러움에 쩔쩔매면서도 어머니 품으로 뛰어들지 못하던 여섯 살 시절로 돌아간 느낌이었다.

그 순간 눈앞에는 술 마시는 내 모습이 떠올랐다. 세련되고 우아한 음주가 아니라 사납게 들이붓는 술, 취하려고 마시는 술, 반항기를 이끌어내려는 술, 사람들에게 내가 얼마나 화가 났는지 보여주려는 술, 내가 그 자리에서 얼마나 큰 소외감을 느끼는지, 그에 대한 반응으로 내가 얼마나 파괴적인 짓을 할 수 있는지를 술을 통해서 보여주고 싶었다.

나는 생각했다.

'바로 그래서 내가 술을 마셨던 거야. 바로 이런 감정을 다스리고자.'

그리고 그 생각을 앞으로 좀 더 밀고 나갔다.

'바로 그래서 내가 술을 끊은 거야. 이 분노와 이 실망감을 해결하려고. 드디어 말이야.'

그 순간 정말 술 한 잔이 간절했지만, 끝까지 참았다.

술을 마시지 않는다는 것은 매일같이 하는 선택이다. 어떤 날은 하루에도 수십 번씩 그 선택을 해야 한다. 선택은 매우 간단하다. 술잔을 들거나 들지 않거나. 하지만 그 추수감사절 모임 같은 경우는 좀 더 복잡하다. 그런 날 술을 안 마신다는 것은 몇 가지 진실을 인정하는 것이다. 자기파괴는 아무런 도움이 안 된다는 것(적어도 나에게는), 그런 감정을 술로 다스리는 것은 문제를 해결하지도 변화시키지도 못한다는 것, 술이 제공하는 해법은 결국 무용지물이고 패배적인 방편이라는 것을. 알코올 덕분에 나는 오랜 세월 동안 여러 가지 번잡한 노역을 피할 수 있었다. 감정을 다스리는 일이라든가, 내가 물려받은 조용하고 억제되고 예민한 성격을 인정하는 것, 또 남이 와서 내 욕구를 해결해주기를 기다리지 않고 스스로 해결 방법을 찾는 그런 많은 것을. 그러니까 한마디로 알코올은 내 성장을 가로막은 것이다.

이런 말은 너무도 당연해서 말하자마자 그냥 상투적인 표현으로 여겨지지만, 그 순간까지도 나는 성장이란 우리가 선택하는 것이며, 어른이란 생물학적인 나이가 아니라 정서적인 수준에 따라 결정된다는 것을, 그리고 그 정서적 수준이란 고통스러운 경험을 통해 스스로 선택하는 것임을 전혀 깨닫지 못했다.

내가 아는 많은 사람들(알코올 중독자든 아니든 간에)이 그렇듯이, 나 또한 내 인생의 많은 시간을 성숙成熟이 외부에서 불쑥 찾아오기를 기대하며 지냈다. 마치 성숙이라는 것이 하룻밤 사이에 일어날 수 있는 사건인 것처럼. 아버지나 줄리안 같은 남자들이 소량의 세련미와 자신감을 줄 수도 있겠지만, 전반적으로 성장이란 우리에게 닥치는 사건이라고 생각했다. 어떻게 보면 중독을 벗어나는 것은 이런 오해를 뒤집어서 성장은 안에서 뻗어 나오는 것이며, 시도하고 실패하고 다시 시도하는 과정을 통해 얻는 것임을 이해하는 것이다.

술을 끊으면 우리는 이제 기다리지 않게 된다. 어느 날 누군가 찾아와서 내가 할 성장의 노역을 대신해줄 거라는 끈질기고도 인간적인 소망을 버린다. 비로소 자기 자신의 인생을 사는 것이다.

주변 상황들(특히 부모님의 죽음)은 한동안 내 어린 시절의 껍질을 부식시켰지만, 그 대부분은 내 의지로 한 일이 아니었다. 술을 끊은 건 아마도 내가 그때까지 내린 결정 가운데 진실로 어른스럽다고 할 수 있는 최초의 결정이었을 것이다. 그것은 나 자신을 위한 성장의 발걸음이었다.

추수감사절이 지나고 에드워드라는 옛 술친구를 만나서 저녁을 먹었다. 그는 내가 일레인이랑 어울리던 시절에 만난 40대 남자다. 에드워드는 출판 · 잡지계에서 제법 이름이 나 있는 사람인데, 유명인들을 거론하면서 거들먹거리기를 좋아했다. 게다가 그는 음험한 구석도 있어서 말하는 동안 여자들 몸에 손도 많이 대고, 입술이나 가슴 같은 곳을 뚫어지라 바라보는 그런 종류의 사내다.

예전에는 그의 이런 행동이 그리 큰 문제가 되지 않았다. 에드워드는 우리 가족과 반대되는 경솔하고 요란스러운 부류라서 선택된 가벼운 친구일 뿐이었고, 그와 어울려 노는 것은 언제나 즐거웠다. 아니면 즐겁다고 생각했다. 우리는 1년에 두어 번 함께 저녁 식사를 했는데 그때마다 그는 나를 호화로운 레스토랑에 데리고 갔고, 나는 값비싼 와인을 마시면서 그의 이야기를 들었다. 그의 음침한 눈길에서 느껴지는 불편한 감정 따위는 술 속에 떠내려보냈다.

술을 끊고 처음 만난 그는 나를 백베이의 품위 있는 레스토랑 비바로 데리고 갔다. 그는 나와 마주 앉지 않고 내 옆자리에 와서 앉았다. 그런데 그의 다리가 자꾸 내 다리에 스치고 그의 손이 내 머리칼과 팔을 어루만지자, 나는 포크로 그의 손을 찍고 싶은 격렬한 충동을 느꼈다. 나는 자리에서 벌떡 일어서거나 그에게 일어나라고 할 배짱도 없었고, 포크로 그를 찍거나 더러운 놈이라고 욕할 용기는 더더욱 없어서 가만히 앉아 음식을 먹고 그가 와인을 마시는 것을 바라보았다. 그런 극도의 불편함 속에 93분의 시간이 흘러갔다. 나는 시계로 1분, 1분을 쟀다. '지옥 체험 47분째, 53분째, 93분째' 하고.

넷째 잔을 마시다가 에드워드는 나를 보고 말했다.

"당신은 정말 놀라운 여자야."

그러고는 내 가슴팍에 눈길을 꽂았다. 그의 입에서는 술 냄새가 풍겼다. 그러자 나는 참을 수 없는 분노를 느꼈다. 그와 함께 있던 시간 내내 느낀 모멸감과 무력감이 한순간 똘똘 뭉쳐서 솟아오르는 것 같았다.

'술을 마시지 않으니 아무런 재미가 없어.'

나는 간신히 그의 곁에서 빠져나왔고 우리는 곧 헤어졌다. 하지만 그날 밤 겪은 느낌은 오래도록 잊히지 않았다.

차를 몰고 집으로 가는 길에 우리가 술의 대가로 지급하는 것들에 대해 생각해보았다. 진실한 친구보다 오히려 술친구를 만나고자 했던 일, 친밀감으로 둘러싼 온갖 장식(레스토랑, 촛불, 와인 따위)는 받아들이면서도 그 온기만은 거부하던 일 등. 그날 저녁 일은 내게 스멀스멀한 느낌을 남겼다. 불현듯 옛날 옷을 입어보고 새삼 그 불쾌한 감촉을 발견한 것 같았다. 나는 돌아와 바로 샤워했다. 그 후로는 에드워드를 만나지 않았다.

술을 끊고 나서의 첫날 아침 느낌을 이야기하고 싶다. 마치 나의 옛 인생에서 쑥 뽑혀 나와 맑고 깨끗하고 독립적인, 꽃과 빛이 가득한 새 들판에 내려진 느낌이었다. 물론 모든 사람이 이런 느낌을 받지는 않을 것이다. 처음 몇 주가 지나는 동안 내게는 자신감과 안도감, 드디어 내 인생의 개선에 나섰다는 인식에서 나온 희망이 파도처럼 몰려왔다.

그런 느낌은 언제나 사라지지 않았지만, 에드워드 사건 같은 것들이 있으면 어쩔 수 없이 그 기세가 한풀 꺾였다. 그래서 불안이 몰려오면 생각한다.

'그래서 내가 술을 마셨어.'

슬픔과 수치심이 차오르면 생각한다.

'그래서 내가 술을 마셨어.'

분노가 솟아오르면 생각한다.

'그래서 내가 술을 마셨어.'

술은 내가 변하는 길을 가로막는 주요 장애물이었다. 하지만 그 것이 걷히고도 남은 다른 장애물이 아주 많았다. 그 대부분은 감정 과 관련된 것이었다. 우리는 감정이라는 괴물을 술 아닌 수단으로 다뤄본 적이 없어서였다.

때로는 내가 감정 공포증이라도 걸린 것이 아닐까 하는 생각이 들었다. 어머니의 두 번째 기일을 앞두고, 며칠 동안 아무런 계획 도 없이 홀로 집에서 시간을 보냈다. 거실에 서 있다가 한순간 공 허감과 슬픔에 사로잡히면 얼른 달아나고 싶었고 어떻게든 그것 들을 마음에서 몰아내고 싶었다.

'그래서 내가 술을 마셨어. 그래서 내가 술을 마셨어.'

그런 감정은 즉각적인 데다 공황장애를 동반하며, 그에 대한 반 응도 마찬가지다.

'나를 마비시켜줘. 젠장!'

마침내 나는 담배를 피워 물고(담배 역시 격렬한 감정에 맞서는 또 하 나의 방어 수단이다) 차를 끓였다. 그러자 어느덧 그 감정은 완화되었 고(절대로 그럴 것 같지 않은 막막함 속에서도 그런 감정은 언제나 수그러든다) 곧 이어 사라졌다. 잠시 후 상황은 종료된다. 술 한 방울 마시지 않고. 정서의 근육이 다시 한번 강화된다.

강도 높은 운동이 그러하듯이 술을 끊고 사는 생활 또한 힘들고 피곤한 일이다. 알코올과 직접적으로 관련한 일상의 문제는 대개 술을 끊으면 빨리 사라진다. 술을 마시면 돈을 헤프게 쓰는 버릇이 있었다면 술과 헤어지는 순간 그 버릇도 떨친다. 술을 마시고 난폭 운전을 했다면 술을 끊음과 동시에 운전은 조심스러워진다.

하지만 알코올 중독의 중독성과 관련한 문제를 해결하는 데는 좀 더 많은 시간이 걸린다. 술을 끊은 첫날 상쾌한 정신으로 깨어난다고 해도 갑자기 우리에게 환상적인 돈 관리 능력이 생기지는 않는다. 우리를 자동차에 태워 고속도로를 질주하게 한 분노와 자기파괴 충동은 하룻밤에 사라지지 않는다. 우리가 두려움을 몰아내려고, 불안과 의심과 자기혐오와 고통스러운 기억을 잠재우려고 술을 마셨다면, 술을 끊음과 동시에 이런 감정이 전면으로 떠오르고 때로는 급류에 휩싸이는 것을 경험할 것이다. 술과 헤어지는 건 문제 해결의 기회는 되지만, 그것만으로 모든 문제가 저절로 해결되지는 않는다. 이런 깨달음은 우리의 정서 상태에 따라 부담감이 될 수도 있고 희망이 될 수도 있으며, 때로는 두 가지 다 될 수도 있다.

알코올 중독을 인정하는 것도 마찬가지다. 그것도 우리에게 엄청난 부담일 수도 있고, 희망의 원천일 수도 있다. 어떤 날은 알코올 중독자로 살아가고, 알코올 중독자로 생각하는 일 자체가 짜증스럽기도 하다. 술을 끊은 사람들의 계명(술 마시지 마라. 모임에 참석하라. 도움을 요청하라. 술 생각이 나는 행동을 하지 마라. 배고픈 일, 화나는 일, 외로운 일, 피곤한 일을 만들지 마라)을 일일이 지킨다는 것도 마찬가지다.

그런 날이면 나는 투덜거렸다.

'이런 내가 지겨워. 나 때문에 괴로워. 다음 세상에서는 명랑하고 중독 없고 절대 예민하지 않은 사람으로 태어나고 싶어.'

나는 자기 연민의 바다에 빠져 허우적거렸고, 정상인들은 가볍게 마시는 그 망할 놈의 맥주를 나는 마시지 못한다는 사실에 분개했다. 그럴 때마다 내가 할 수 있는 건 정신의 근육을 단련시키는 것뿐이었다.

나는 마음을 가다듬었다. 숨을 깊게 쉬고, 맥주 한잔 마신다고 해결되는 문제는 없다는 것을 열심히 되뇐다. 나쁜 감정의 반대편으로 가는 길은 에두르는 길이 아니라 정면 돌파하는 길이라는 것을.

나는 지금도 날마다 술 마시는 일을 생각하며 산다. 어쩌면 평생 할지도 모른다. 우리 사는 세상은 알코올이 넘쳐나고 있다. 술을 완전히 외면할 길이란 없다. 신문을 읽을 때면 술과 관련한 참사들을 잊지 않고 훑어본다. 그런 기사들을 보면서 내 선택이 옳았다는 확신을 굳힌다. 어떤 유명인이 음주운전으로 적발된 이야기, 대학생이 술에 취해 5층 건물에서 떨어진 이야기, 술김에 벌어진 부부싸움이 가정 폭력으로 번진 이야기. 술이 일으키는 재난의 증거들은 언제나 검은 잉크로 뚜렷이, 거의 하루도 빠짐없이 찍혀 있다. 하지만 그보다 더 강력한 위세를 떨치는 메시지도 있다. 술 광고 속에 담긴 즐겁고 낭만적인 이미지, '샴페인 브런치 19.95달러' 같은 문구. 나는 가끔 친구들에게 금주법 시절로 돌아가고 싶다는 투정을 하기도 한다. 나는 술을 못 마시는데 다른 사람들은 잘 마신다는 것이 억울한 그런 심정은 많은 알코올 중독자에게 익숙한 것이다. 하지만 알코올은 사회생활에서 아주 큰 역할을 하기 때문에 중요한 것은 나 자신이 그런 상황을 조용히 받아들이고 인내하는 것이고, 이제는 이혼했지만 나는 알코올과 관계가 있는 사람이라는 것을 상기하며 지내는 것이다.

그렇다. 그것은 이혼이었다. 나는 백포도주와 맥주와 스카치와 코냑과 이혼했다. 결별 첫해에 나는 사람들이 옛 애인 마주치는 일을 피하듯이 알코올을 외면했고, 술과 술친구를 만날 만한 곳을 멀찍감치 피해 다녔다. 나는 특히 와인에 약했기에, 와인 병을 보거나 냄새만 맡아도 그 시절의 어둡고 고통스러운 갈망이 되살아나는 건 아닐까 두려워했다. 그런 두려움은 시간이 지나면서 줄어들기는 했지만, 완전히 사라지지는 않았다.

한번은 모임에서 어떤 여자가 알코올 중독자로서 자기 마음속 일부는 언제나 알코올에 매혹을 느낀다고 말했다. 간단한 표현이었지만 진실이었다. 그 매혹, 인력, 허기, 열망은 술에 작별을 고한다고 바람처럼 사라지지 않는다. 그것은 나빴던 애인의 곁을 떠난다고 그에 대한 마음마저 사라지지 않는 것과 마찬가지다. 알코올 중독은 재발의 위험이 큰 질병이고, 그 어떤 방법도, 모임도, 의지력도, 기도도, 가르침도, 열망도, 우리가 다시 알코올 속으로 미끄러져 들어가는 것을 완전히 막을 수는 없다. 그것은 우리가 문제 많은 로맨스 속으로 번번이 빠져드는 것과도 같은 일이다.

'나는 알코올 중독자다. 그러니까 술을 마실 수 없다'는 자기 인정은 밀물과 썰물처럼 한순간 차올랐다가 다음 순간 빠져버린다. 술 마시던 시절의 일을 돌이켜보면, 내가 알코올 중독자라는 증거는 많고도 많았다. 알코올을 들이켜면 내게는 강박 충동과 자제력 상실이라는, 다른 사람들은 겪지 않는 일련의 생리적 반응이 일어났다. 그래도 나는 아직 알코올 중독이 영구적인 진행성 질병이라는 개념이 잘 이해되지 않는다. 내가 술을 마시고 자제력을 잃지 않았던 적도 있지 않은가? 어쨌든 알코올에는 인간관계를 부드럽게 하는 순기능도 있지 않은가? 그냥 꼭 한 잔만 하면 안 될까? 이런 질문은 수많은 알코올 중독자에게 같은 두려움과 걱정을 불러일으킨다.

'내가 너무 약한 사람인지도 몰라. 내가 술을 마시는 건 생리학적 조건 때문이 아니라 내가 가진 심각한 인격적 결함, 도덕적 결점 때문인지도 몰라.'

이런 두려움을 지고 살기는 쉬운 일이 아니다. 게다가 이런 견해가 광범위한 사회적 지지를 받고 있다는 사실이 더욱 우리를 어렵게 한다. 알코올 중독이 질병이라는 견해(적절한 치료를 하지 않으면 치명적인 위험을 일으키는 심각한 질병)는 질병을 백안시하면서 알코올은 극도로 미화하는 우리 사회의 문화에 정면으로 맞서는 것인지도 모른다. 날마다 적당량의 술을 마시는 사람이라면, 술 마시는 것은 성인의 당연한 권리라고 여기는 사람이라면 이를 참지 못하는 알코올 중독자들이 곱게 보이지는 않을 것이다.

'뭔가 인격에 문제가 있으니까 저러지. 내가 저러지 않아서 천만다행이야.'

지난 몇십 년 동안 알코올 중독에 대한 사회의 시선은 괄목할 만큼 관대해졌지만, 편견은 여전히 존재하며 때에 따라 아주 강력한 힘을 발휘하기도 한다. 술을 끊은 첫해에 나는 아주 가까운 사람들에게만 그 사실을 밝혔다. 다른 사람들에게 밝히지 않은 것은 그들에게서 인격에 대한 평가(허약한 사람이구먼)를 받고 싶지 않아서 였다. 객관적으로 보면 사실은 그 반대였다. 그렇게 지독한 중독을 이겨내는 데는 크나큰 힘이 필요하다. 하지만 나부터도 그러한 사실을 깊이 인정하기가 쉽지 않은데, 다른 사람들은 오죽하겠는가. 술을 끊고 1년 정도 지났을 때, 친지 한 분이 베카에게 이렇게 말했다고 한다.

"알코올 중독의 재발률이 그렇게 높다는데, 캐롤라인이 여태껏 술을 안 마시는 건 진짜 알코올 중독자가 아니었던 거 아니냐?"

그랬다면 나도 좋았을 것이다. 불행히도 나는 진짜 알코올 중독자였다. 어쨌거나 알코올 중독은 내 일부고 내가 감당하고 살아야 할 하나의 현실일 뿐, 도덕적 실패의 문제가 아님을 이해하는 것은 결국 나 자신의 몫이다.

하지만 이런 것이 언제나 명확하게 보이지는 않는다. 나 또한 많은 알코올 중독자와 마찬가지로 날마다 개념 규정을 둘러싸고 복잡한 마인드 게임을 벌인다. 모임에 나가서 다른 사람이 술을 마시고 나는 하지 않은 어떤 일 예컨대 교도소에 가거나 교통사고로 사람을 죽였다는 이야기를 듣는다. 내 마음은 재빨리 생각한다.

'어쩌면 나는 그렇게 심한 경우가 아니었을지도 몰라. 어쩌면……'

'새벽 2시 반에 천장을 바라보며 자문한다.

내가 정말로 음주를 조절하려는 노력을 해보긴 했던가? 다른

방법은 없었을까? 다시 한번 시도해볼 수는 없었을까?'

아니면 불현듯이 술을 향한 갈망이 뜨겁게 솟아올라 내 힘으로는 도저히 감당할 수 없다고 느껴지고, 완전히 술을 끊는다는 건 말도 안 되는 일처럼 여겨진다. '절대로?' 나는 '절대로' 이런 감정에 복종할 수 없는가? 나는 '절대로' 그런 위안을 찾을 수 없는가? 이런 생각이 드는 순간은 최악이고, 이럴 때 우리가 할 수 있는 건 그저 꾹 참아내는 것, 그런 감정이 지나가기를 기다리는 것, 그런 순간의 의미를 정확히 이해하는 다른 알코올 중독자와 이야기를 나누는 것뿐이다.

기다려라. 견뎌라. 사람들이 전해준 가르침을 새기고 또 되새겨라. 자신이 알코올 중독 여부에 의문이 생기면 이렇게 생각하라.

'내가 알코올 중독자라면 술을 마시면 안 되고, 알코올 중독자가 아니라면 술을 마실 필요가 없다.'

얼마나 깔끔한 논리인가.

이렇게 말하라.

'알코올 중독자가 아닌 사람들은 새벽 2시 반에 잠에서 깨어 자신이 알코올 중독자인지 아닌지 묻지 않는다.'

이 역시 훌륭한 현실 점검 논리다.

그리고 말하라.

'도와줘.'

그러면 놀랍게도 우리에게 도움이 찾아온다.

술을 끊으면 무료해지거나 외로워지지 않을까 하는 걱정은 금세 사라졌다. 게다가 시간이 지날수록 술 마시던 그 시절에 내가 정말로 무료하고 외로웠으며, 반대로 술을 끊고 내 인생이 훨씬 다채로워지고 있다는 걸 깨달았다. 한번은 애비가 술 마시던 시절 어떤 식으로 저녁 시간을 보냈는지를 물은 적이 있다.

나는 멋쩍은 표정을 짓고 말했다.

"뭐 매일 똑같았지. 퇴근해서 술 마시고 TV 보다가 자는 것이 다였어."

"지금은 어떤데?"

나는 잠깐 생각해보고는 웃었다.

"지금은 퇴근하면 모임에 가고 그다음에 TV 보다가 자."

내 어이없는 대답에 애비는 "뭐라고?" 하고 되물었다.

하지만 애비도 이해했다. 그것은 만화경 속의 형체가 흑백에서 컬러로 바뀐 것 같은 내적인 과정이었다. 나는 업무 시간에는 열심히 일한다. 업무 자체도 전보다 한결 수월해졌다. 업무와 내 관계가 전과 달라진 것 같았다. 일과가 끝나면 전에 없던 안정감(어떤 위엄과도 비슷한)을 안고 사무실을 나온다. 그리고 매일 밤 술집에 가는 대신 교회 지하실로 간다. 모임에서 말 한마디 안 한다 해도, 그곳에서 삶에 대한 고투의 사연들을 듣다 보면 인간의 향기를 느낀다. 모임을 마칠 때면 이전에는 낯설기만 했던 희망이 내 마음속에서 파닥이는 것이 느껴진다.

밤에는 TV를 보거나 책을 읽거나 전화 통화를 하지만, 예전과 달리 내가 한 일을 다 기억한다. 나는 소파에 쓰러져 정신을 잃지 않고, 젖은 솜처럼 널브러진 채 감기는 눈을 억지로 뜨지도 않는다. 밤에는 깊고 편히 자며, 아침이면 두통 없이 깨어난다. 사람들과 만나도 '지난번에 내가 저 사람한테 이상한 소리를 하지 않았나? 파티에서 바보짓을 하지 않았나?' 하며 머리를 싸매지 않아도 되었다.

이런 다름은 사소하게 보일지도 모른다(TV를 보는데 맨정신이면 어떻고 술에 취했으면 어떤가? 얌전히 잠들거나 쓰러져서 잠들거나 뭐가 다른가?). 하지만 둘 사이에는 질적인 간극이 있다. 얼마 전에 나는 술을 끊은 지 아홉 달째에 접어든 여자의 이야기를 들었다. 술을 끊기 전에 그녀에게 감정이라곤 오직 불안과 절망뿐이었다고 했다.

"하지만 지금은 너무 많아서 헤아릴 수조차 없어요. 물론 그중에는 나쁜 것도 있지만, 정말 좋은 것도 많아요."

그 방에 모인 사람들이 대부분 그녀의 말을 이해했다. 진성 알코올 중독의 마지막 단계에 이르면, 인생은 단절과 공허 그 자체가 된다. 술 마시는 일은 즐거움을 얻는 행위가 아니라 고통을 멈추는 행위가 된다. 그 과정에서 기쁨을 비롯한 여러 가지 다른 감정도 함께 차단되기 때문에, 그렇게 잃었던 감정을 술을 끊고 되찾는 경험은 매우 감격스럽다. 비유하자면, 고통스럽게 발을 옥죄던 신발을 벗어 던질 때 느끼는 안도감이라고 할까.

요사이 나는 아주 엉뚱한 곳에서도 작은 기쁨을 얻는다. 화요일 밤이면 재활용 쓰레기통을 내놓는데, 그 일이 그렇게 기쁠 수가 없다. 이즈음 내 재활용 통에 담기는 것은 플라스틱 우유 통과 빈 생수병밖에 없다. 친구와 만나 저녁 식사를 할 때, 술 없이도 이야기가 잘 통한다는 걸 느끼는 것이 기쁘다. 그런 굴곡을 겪고 나서도 나는 변함없이 나라는 사실이 기쁘고, 그런 내가 제법 마음에 든다는 사실이 기쁘다. 내가 안전 운전을 할 수 있다는 사실이, 아침에 일어나서 차를 세워둔 곳을 기억한다는 사실이, 차에서 내려 잠드는 순간까지 차곡차곡 기억한다는 사실이 행복하다.

웃음은 아직 낯설다. 화요일 모임이 끝나고서는 이따금 여자들끼리 저녁을 먹으러 나간다. 거기서 함께 웃고 떠들다 보면, 술에 빠져 지낸 세월 동안 내가 얼마나 웃지 못하고 살았는지 새삼 깨닫는다. 술은 그렇게 느리지만 확실한 손길로, 꺾인 꽃에서 생명이 사그라지듯 내게서 즐거움을 마르게 했다.

내 인생은 전체적으로 한결 밝고 가벼워졌으며, 내가 잃어버린 줄도 모르던 새로운 희망이 되살아났다. 하루하루가 전과 비교할 수 없이 단순하고 깨끗해졌다. 술을 끊은 초기에 누군가 AA 표어인 '모든 걸 단순하게'의 실천 버전으로 "드라마는 그만, 인제 대신 빨래를"이라고 말하는 걸 들었는데, 나는 그 제안을 충실히 따랐다.

대체 현상에 대해서도 조금 걱정했다. 새로운 형태의 중독이 생겨나서 다시금 내 성장과 감정 체험을 가로막는 것은 아닐까 싶었기 때문이다. 지금 나는 우리 집 진공청소기에 조금 비정상적인 집착을 하는 것 같다. 자기 통제력에 대한 갈망이 청결함과 정리 정돈에 대한 강박으로 이어져서, 집 안을 서성거리며 모든 것을 완벽한 줄과 각도로 맞춰놓으려고 골몰한다. 이런 성향은 전부터 있었지만, 요즘은 조금 심각하다. 그리고 스트레스 아래 놓이면 강박성이 더욱 높아진다. 술을 끊고 처음 맞은 어머니날에 나는 종일토록 부엌 바닥에 엎드려 걸레질로 하루를 보냈다. 누가 그 맹렬한 모습을 보았다면 내가 아예 마음속의 슬픔을 벗겨 내려 한다고 생각했을 것이다.

하지만 어떤 슬픔은 전보다 훨씬 직접적으로 대할 수 있었다. 술을 끊고 석 달째 되던 어느 날, 우리 가족은 어머니의 뼛가루를 마서스비니어드 별장에 있는 벚나무 밑에 묻었다. 구멍을 파서 뼛가루를 쏟고 다시 구멍을 메우고 그 위에 어머니가 좋아하시던 것들을 얹었다. 맨 가장자리에는 해변에서 가져온 하얀 조약돌을, 그 바로 안쪽에는 짙은 색의 매끈한 돌들을 두르고, 깃털과 파도에 깎인 유리 조각들을 얹었다. 그리고 나는 식구들과 함께 안으로 들어갔다가 다시 혼자 그곳에 나갔다.

AA 모임에서는 술을 끊고 1년을 지낸 회원들에게 그 기간을 표시하는 칩을 나눠준다. 포커 게임의 칩과 비슷하게 생긴 것으로, 한 달이 지나면 파란색 칩을, 두 달이 지나면 연보라색 칩을, 석 달이 지나면 남색 칩을 준다. 나는 주머니에 든 연보라색 칩을 꺼내서 돌멩이 아래 묻었다. 슬픔이 파도처럼 밀려들었다. 어머니는 내가 술을 끊은 모습을 보지 못한 채 돌아가셨고, 우리는 새로운 모녀 관계를 이루지 못했다. 하지만 어머니에게 나는 지금 잘 지낸다는 메시지를 보내고 싶었다. 그리고 어쩐 일인지 어머니가 그 사실을 알 거라는 느낌이 들었다.

그 무렵 나는 마이클과 줄리안 두 남자에게 거짓말하며 사는 일이 너무 힘들고 민망해서 차츰 진실을 밝히기 시작했다. 이것은 술을 끊은 생활의 핵심적 현상 가운데 하나다. 술을 끊기 전에 시달리던 문제는 그대로 남아 있지만, 그에 대응하는 방식이 달라진다. 전과 같은 방식으로 대응하는 것이 불가능해지기 때문이다. 그런 일은 마취제 없이 견디기에는 너무도 고통스럽다.

어느 날 나는 줄리안과 저녁을 먹고 커피를 마시러 나갔다. 그는 나더러 회사 일이 어떠냐고, 내년쯤에 직장을 그만두고 다른 일을 해볼 생각은 없느냐고 물었다.

"무슨 소리! 지난 1년 동안 이렇게 큰 변화를 겪었는데, 또 무슨 변화를 시도하라고."

그리고 나는 의미심장하게 덧붙였다.

"내년에 내가 할 일은 술을 끊은 상태를 유지하고, 마이클과 나의 관계를 어떻게 변화시킬지 고민해보는 거야."

그는 나를 바라보며 고개를 끄덕이더니 더는 캐묻지 않았다. 하지만 그를 집까지 태워다주는 길에 우리 관계를 어떻게 생각하느냐고 묻자, 그는 그때껏 골백번도 더 들은 이야기를 다시 한번 늘어놓았다. 나 때문에 낙심한 일들, 상처받은 일들, 실망한 일들을. 그의 이야기를 들으면서 전과 달리 내게 선택의 여지가 있다는 것을 깨달았다. 전처럼 발끈해서 누구 잘못이 더 큰지 따져가며 요란한 싸움을 벌이든지, 그의 말을 가만히 들으면서 그가 감정을 맘껏 발산하고 상황이 지나가기를 기다리든지.

나는 후자를 택했다.

술을 마실 때는 혼미한 정신과 강렬한 분노 때문에 그처럼 한 걸음 물러서는 일이 불가능하다. 사람을 만날 때, 인간관계의 협상점을 찾을 때 우리에게 선택 사항이 있다는 걸 인지하지 못한다.

그날은 줄리안과 내 관계에 하나의 전환점이 되었다. 드디어 그에 대한 집착의 손길을 놓은 것 같았다. 우리는 지금도 친근하게 지내지만, 이제 앞날에 대한 기대로 들뜨는 일도, 지난날에 대한 분노로 치를 떠는 일도 없다.

술을 끊고 넉 달이 되었을 때 부모님의 유산으로 작은 집을 사서 이사했다. 마이클과는 아직도 매일 만나다시피 하지만, 나는 이제 많은 시간을 혼자 지내면서 나 자신을 좀더 잘 이해해보려고 노력한다. 그런 후에 진정한 동반 관계에 관해 어떤 선택이든 할 수 있으리라.

여기서 키워드는 선택이다. 사실 이 단어는 아직도 내게 낯설다. 나는 처음으로 알코올에 휩쓸리지 않고도, 줄리안의 그림자에 쫓기지 않고도 마이클을 만날 수 있다. 처음으로 상황이나 고통, 결핍에 의해서가 아니라 내 결정에 따라 그의 곁에 있다는 느낌이 든다. 이런 사실은 내게 크나큰 위안이다. 요즘 마이클을 보면 이제야 왜곡이 없는 렌즈를 통해서 우리 관계를 들여다보는 것 같다. 술을 끊고서야 그의 친절한 품성을 깊고 순수하게 이해하게 되었다. 이전까지는 그것을 그 자체로 아름답게 여기지 못하고, 줄리안의 단점을 부각하는 수단으로 삼았을 뿐이다.

나는 마이클보다 더 믿음직하고 이해심 깊은 파트너를 상상할 수 없다. 그는 내가 재활센터에 다녀온 이래, 내 앞에서는 술을 마시지 않는다. 그런 그는 AA에서 만나는 사람들 못지않게 술을 끊고 지내는 생활에 큰 힘이 된다.

술을 끊으면 양면 감정 같은 것은 저절로 해소된다고 말할 수 있다면 좋겠지만 그렇지 않다. 나는 아직도 달아날 비상구를 마련해두지 않고 어떤 관계에 직면하는 일에 어려움을 느낀다. 크고 힘든 질문(중독의 마수를 벗어난 나는 누구인가? 내게 진정으로 필요한 것은 무엇인가? 어떻게 해야 갈등이나 실망, 의심 같은 감정을 잘 다룰 수 있는가?)을 피해서 달아날 수 있는 비상구를.

이런 질문들은 물론 내게 아주 친숙한 것들이다. 나는 대학 시절의 남자친구 데이비드에게도 그런 질문을 했고, 거식증을 벗어나려고 몸부림치던 20대에 나 자신에게도 그랬으며, 10년이 넘게 다니는 심리치료실에도, 줄리안에게도 똑같은 질문을 했다. 그렇지만 질문만 했을 뿐 그에 대한 결론을 끌어낼 수 있도록 술에 찌들지 않은 기회를 만들지 않았다. 지금 내게는 좀 더 크고 긴박한 질문들이 다가오고 있다. 나는 결혼하고 싶은가? 아기를 갖고 싶은가? 모르겠다. 그저 내 희망의 어렴풋한 그림자들을 볼 수 있을 뿐이다. 알코올이 가져다준 몽롱한 안개는 아직도 시간이 좀 더 지나야 벗겨질 모양이다.

마이클과의 관계에서 불편함을 느끼면 나는 이따금 그런 불편함을 알코올로 달래고 싶다는 충동이 들었지만, 그때마다 그 남자의 말을 떠올렸다. 신뢰란 개념은 아직도 내게 별로 친숙하지 않지만, 그것이 전혀 없는 상태는 아닌 것 같다. 내가 술을 마시지 않는 한, 또 내가 모든 의문과 두려움을 술로 씻어내지 않고 밝은 불빛 아래 비춰보려 노력하는 한, 언젠가 내가 한 개인으로, 또 한 커플의 일원으로 살아갈 길을 찾게 되지 않을까?

술을 끊고 반년쯤 되었을 때 새집으로 이사했다. 그 무렵 내 친구 제인이 우리 집에 와서 나와 함께 '검은 라이크라 드레스 자르기 의식'을 벌였다. 이 조촐하고 재미있는 행사는 우리가 며칠 전에 계획한 것이었다.

제인은 AA에서 만난 마흔세 살의 사려 깊은 여자로, 부조리한 것들에 대해 반짝이는 재치를 지니고 있었다. 그날 오후 그녀가 우리 집에 왔을 때, 그녀의 두 눈에서는 기대와 열의가 반짝거렸다.

"그래, 어디 있지?"

그녀가 물었다.

내가 위층에 올라가서 문제의 드레스를 가지고 왔고, 우리는 그것을 부엌에 걸어놓고 불빛을 비추었다. 옷걸이에 걸지도 않고 또 누가 입고 있지도 않다 보니, 드레스는 폭이 12센티미터 정도밖에 되지 않았다. 마치 기다란 고무 주머니에 기다란 고무 소매를 양쪽에 달아놓은 것 같았다. 우리는 검은 드레스가 상징하는 불행하고 불안하던 알코올 중독 시절 앞에 서서 잠시 몸을 떨었다. 제인이 가위를 집어 들어 옷을 자르기 시작하자, 마음이 가뿐해졌다. 내 마음의 일부가 태양을 향해 돌아선 것 같았다. 우리는 옷을 여남은 조각으로 자르고, 그 조각을 가까운 친구들에게 나눠주고 원하는 대로 처분해달라고 하기로 결정했다(베카는 매사추세츠 주 고속도로에서 차창 밖으로 던져버렸다고 한다). 그리고 밖으로 나가서 '검은 끈 속옷 태우기 의식'을 벌였다. 우리는 하늘거리는 속옷을 조그맣게 뭉쳐서 기름에 적신 뒤 바비큐 통에 넣고 불을 붙였다.

제인이 말했다.

"아, 이제 한 시대가 끝났어!"

나는 웃고 또 웃었다. 속옷을 태운 연기가 하늘로 치솟는 것을 바라보며 저 연기가 하늘에 계신 부모님께도 가 닿을까, 두 분의 영혼이 어떤 식으로든 지금의 나를 지켜보고 내가 올바른 길에 들어섰음을 알았으면 좋겠다는 생각을 했다.

요즈음도 나는 일주일에 4~5회 모임에 나간다. 모임은 내가 흔들리는 것을 막아주고, 굳건한 자신감을 준다. 어떤 때는 퇴근 후에 멋진 바에 가서 예쁜 잔에 담긴 와인을 들이켜는 대신, 교회 지하실 같은 데 가서 스티로폼 컵에 담긴 커피나 홀짝이는 일이 나 자신도 믿기지 않는다. 그것은 내가 그렇게 오랫동안 갈고 닦아온 이미지와는 정반대인 것이다. 내가? AA 모임에? 하지만 모임은 내 기억을 거들고, 두려움을 잊게 해준다. 사람들의 구체적인 이야기를 들으면 그 내용은 몇 시간이고 생생하게 머릿속에 남는다(이 사람이 술을 퍼마시고 음주운전을 한 이야기, 저 사람이 벽장 속에 숨을 감춘 이야기, 그 사람이 자존심과 긍지와 희망을 모두 잃은 이야기 등). 그런 이야기들은 나를 다잡아주고 내가 새로운 방식의 삶을 찾았다는 사실에 다시 한번 감사하게 해준다.

아직도 힘든 싸움의 과정에 있는 사람들, 처음 시도에서 원하는 결과를 이루지 못한 사람들도 마찬가지다. 모임에 가면 술을 끊은 새내기들도 있고, 주눅이 든 사람, 낙심한 사람, 또 모임의 효과에 반신반의하는 사람들도 있다. 이들을 보며 우리는 안도의 한숨을 쉰다. 그것은 이제 내가 최악의 단계는 벗어났다는 안도며, 희망을 품고 산다는 것이 어떤 것인지 깨닫는 안도다. 또 알코올 중독이 재발한 사람들도 보게 된다. 모임을 뛰쳐나가 술에 빠져 지내다가 매 맞은 듯 지쳐 돌아오는 이들도 있다. 그러면 우리는 눈을 감고 그들이 이번에야말로 성공하기를 진심으로 빈다. 우리는 안다. 그들의 모습이 내 모습일 수 있다는 것을, 그 모습이 바로 '예전의 내 모습'이었다는 걸.

술을 끊고 두세 달 지났을 때, 나는 수요일 AA 모임이 열리는 보스턴 외곽의 한 교회로 갔다. 수요일 모임은 매번 50명 정도가 모일 정도로 규모가 크고, 술을 끊은 지 1년이 안 된 회원 중심이다. 먼저 한 사람이 나와서 약 30분간 자기 얘기를 하면 그 후 본격적으로 모임이 시작되어 술을 끊고 첫 달을 지나는 사람, 두세 달째 되는 사람, 넉 달에서 여섯 달째 되는 사람의 순서로 진행된다. 그날은 여남은 명이 이야기를 한 것 같다. 술을 끊은 지 여섯 달이 지나는 미건 이라는 여자가 그동안 직장도 잃고 아들 양육권도 빼앗기는 이중의 아픔을 겪으면서도 술 한 방울 마시지 않고 버티고 있다고 했다. 또 빌이라는 남자가 두려움에 싸인 삶을 말했다. 그는 직장을 잃었고, 새 직장을 구하기도 막막한 형편이지만, 술의 힘 없이 두려움을 돌파하는 것과 술을 통해 두려움에서 도망가는 것은 크게 다름을 되뇌며 지낸다고 했다. 분노에 관한 이야기, 절망에 관한 이야기, 감사함에 관한 이야기, 안도에 관한 이야기, 그리고 그저 하루하루를 살아내는 이야기들도 있었다.

모임 마지막에 존이라는 젊은 남자가 발표했다. 술을 끊은 지

1년이 되는 그는 AA 공화국의 모범 시민이었다. 모든 모임에 참석하고 늘 앞자리에 앉았으며, 언제나 손을 번쩍 들고 발표했다. 나는 그를 1년 내내 지켜보았다. 그는 감정을 피하지 않고 사는 법을 익히려고 악착같이 노력하며 날마다 모임에 참석했다. 그날 저녁 1주년 기념 메달을 받은 그는 행복감을 감추지 않았다. 그는 그동안 모임에서 받은 도움에 감격의 눈물을 흘리며 갈라진 목소리로 말했다.

"어떻게 해야 제 고마운 마음을 다 전할 수 있을지 모르겠습니다."

그의 얼굴은 희망의 표상이었다. 나는 뒷자리에 앉아 방을 둘러보았다. 낯익은 얼굴도 있었고, 낯선 얼굴도 있었다. 모두 존과 비슷한 얼굴들, 존과 같은 방향으로 나아가는 얼굴들이었다. 그때 내 눈앞에는 거기 모인 사람이 모두 잠자리에 드는 영상이 떠올랐다. 50명의 사람이 술에 젖지 않은 하루를 보내고 청결하고 개운한 잠자리에 드는 모습. 단순한 이미지였지만, 그걸 바라보는 내 마음에는 아주 복잡한 감정이 밀려들었다. 그들이 거기 모였다는 사실에 대한 고마움, 그들의 용기와 노력에 대한 감탄, 그들 한 사람 한 사람이 술잔을 내려놓으려고 겪었을 엄청난 고통에 대한 연민, 그리고 그들의 인간다운 모습에 대한 공감.

나는 얼마간 시간이 흐르자 이런 감정에 이름이 있다는 걸 깨달았다. 그것은 사랑이었다.

감사의 글

도쿠버 에이전시의 에이전트 콜린 모하드와 다이얼 출판사 편집자
수잔 카밀에게 말로 다할 수 없는 빚을 졌습니다.
그들의 지혜와 열정과 격려가 이 책을 세상에 태어나게 했습니다.
그리고 다이얼 출판사의 캐슬린 제이스와 수잔 슈워츠가
보내준 정신적 · 기술적 후원에 감사합니다.
또한 이 책을 써나가는 동안 내 생명줄이 되어준 친구들
수잔 버밍엄, 샌드라 시어, 베스 울렌스버거, 브루시 하비,
모린 드젤, 제인 뱀버리, 빌 리건, 메리 스타브라카스, 글리 개라드,
로빈 이스너, 캐리 바버에게 감사의 말을 전합니다.
마지막으로 나를 인도한 데이비드 허조그에게 감사합니다.

옮긴이 • 고정아

연세대학교 영문학과를 졸업하고 전문 번역가로 활동하고 있다. 문체가 수려한 것이 특징이다. 2012년 제6회 [유영번역상]을 수상했다. 옮긴 책으로는 『개와 나』 『하워즈 엔드』 『우울증에 반대한다』 『미스터 플레이보이』 『오만과 편견』 『커리어 오브 이블 1,2』 외 다수가 있다.

드링킹, 그 치명적 유혹
혼술에서 중독까지, 결핍과 갈망을 품은 술의 맨얼굴

첫판 1쇄 발행 2017년 11월 10일

첫판 6쇄 발행 2024년 04월 01일

지은이 캐롤라인 냅 | 옮긴이 고정아

디자인(본문,표지) 빈집 binjib.com

발행인 권혁정 | 펴낸곳 나무처럼

주소 고양시 일산동구 강촌로26번길 49, 3층

전화 031) 903-7220 | 팩스 031) 903-7230

E-mail nspub@naver.com

ISBN 978-89-92877-44-2 (03180)

책값은 뒤표지에 있습니다.

「이 도서의 국립중앙도서관 출판예정도서목록(CIP)은 서지정보유통지원시스템 홈페이지(http://seoji.nl.go.kr)와 국가자료공동목록시스템(http://www.nl.go.kr/kolisnet)에서 이용하실 수 있습니다.(CIP제어번호: CIP2017025637)」